MASHLE

MAGIC AND MUSCLES

HAJIME KOMOTO

4

Mash Burnedead und das Gesetz des Stärkeren

CHARAKTERE

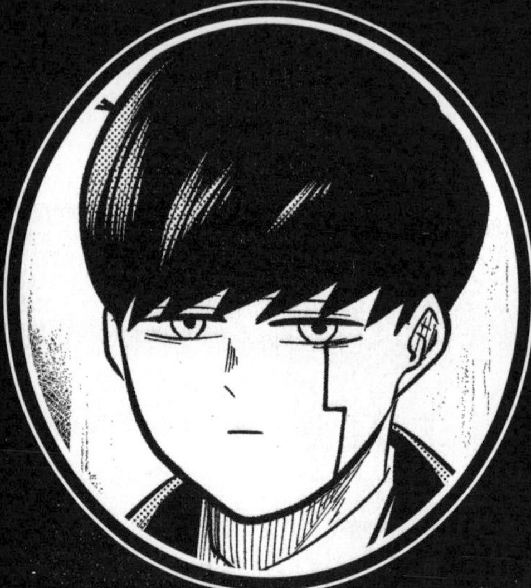

Mash Burnedead

Ein ungewöhnlicher Junge mit muskulösem Körper. Er kann nicht zaubern, stellt sich aber jeglicher Magie. Sein Weltbild ist sehr unkonventionell. Er schätzt seine Familie und Freunde und liebt Windbeutel. Außerdem hat er Schwierigkeiten, zu erkennen, ob eine Tür aufgezogen oder aufgedrückt werden muss.

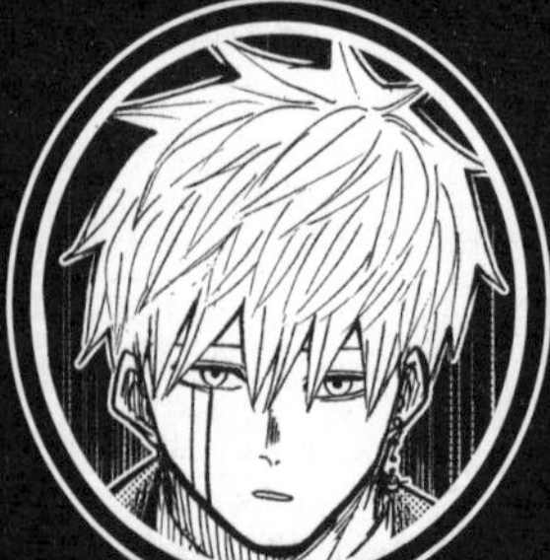

Lance Crown

Ein gut aussehender Junge, der bei der Aufnahmeprüfung die höchste Punktzahl erreicht hat. Er hat einen ausgeprägten Schwesterkomplex.

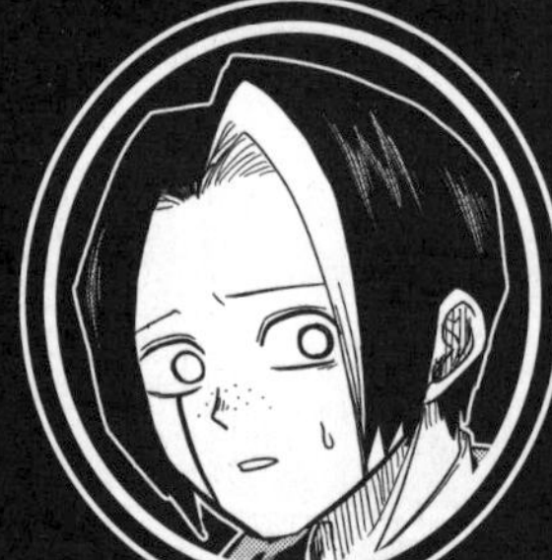

Finn Ames

Mashs lustiger Zimmergenosse und sein allerersten Freund

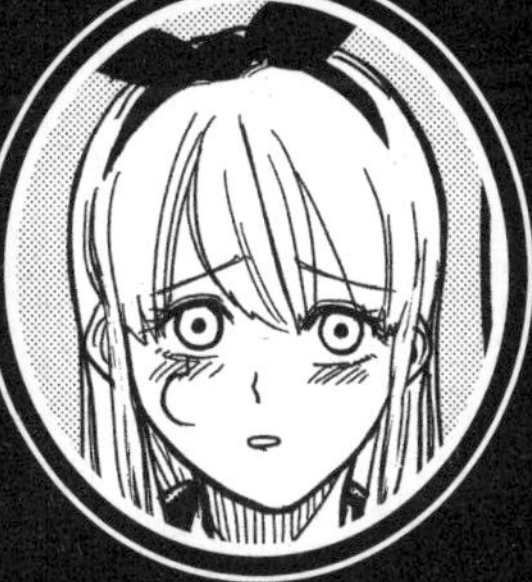

Lemon Irvine

Hat sich bei der Aufnahmeprüfung in Mash verliebt.

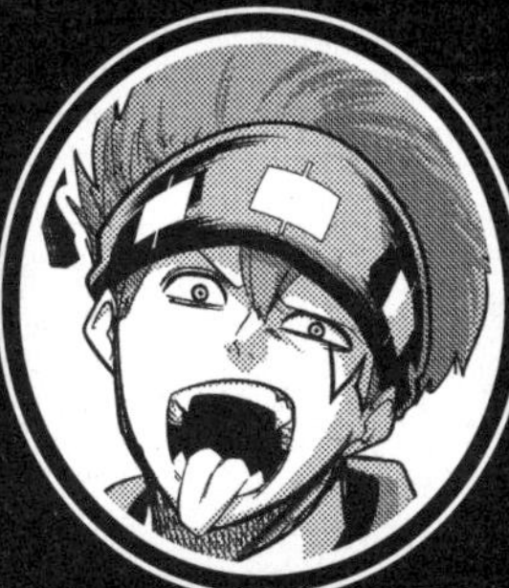

Dot Barrett

Ein direkter und aufbrausender Typ. Er kommt nicht gut bei Mädchen an und hasst gut aussehende Kerle.

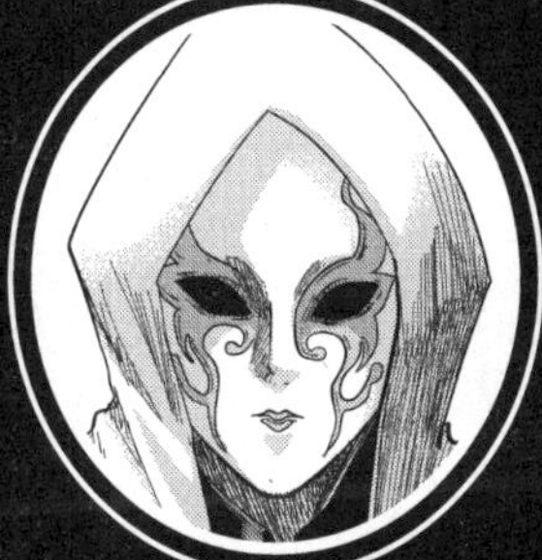

Abyss Razor

Nummer zwei der Magia Lupus. Ein maskierter Magier voller Rätsel.

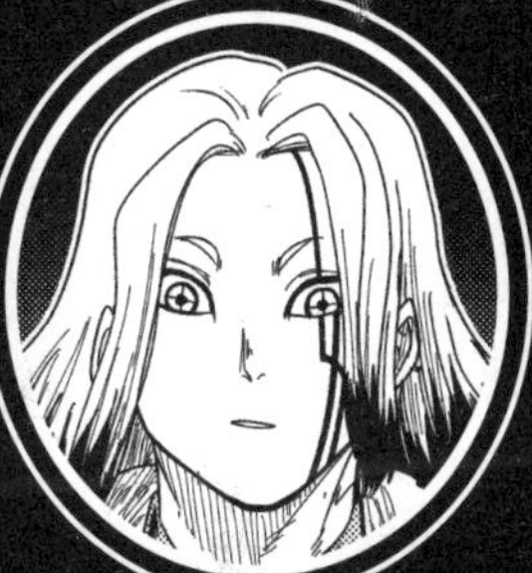

Abel

Anführer von Langs elitärer Magiergruppe Magia Lupus. Er nennt seine Puppe »Mutter«.

STORY

In dieser Welt bestimmt Magie über alles! Tief im Wald lebt ein Junge namens Mash. Hartes Training hat ihm einen stahlharten Körper beschert, aber er hat ein Geheimnis: Er kann keine Magie anwenden! In der magischen Welt ist das ein Grund zur Vernichtung. Um sein Geheimnis zu wahren, geht Mash in die Magieschule mit dem Ziel, sich den Titel »Gottesseher« zu verdienen - jemand, der von den Göttern auserwählt wird. Zum Glück hilft ihm seine außergewöhnliche Stärke dabei, seinen Mangel vor der Welt zu verbergen und die Münzen zu sammeln, die er braucht, um sein Ziel zu erreichen.

Doch eines Tages begeben sich die Magia Lupus, die höchsten Tiere des Hauses Lang, auf die Jagd und stehlen Schülern ihre Zauberkraft! Als die Adler-Jungs sich auf den Weg machen, um Lemon zu retten, werden sie getrennt und müssen sich einzeln starken Gegnern stellen. Lance kann sich gegen einen Magier behaupten, der immun gegen seine Schwerkraftmagie ist. Doch was passiert dann mit ihm? Währenddessen nimmt es Mash mit dem maskierten Magier auf. Nach einer immensen Attacke kann er endlich sein Gesicht freilegen! Ein hitziger Kampf um die Münzen und die Befreiung der Freunde beginnt!!

Inhalt

27. Kapitel

Mash Burnedead und die stark beschleunigte Magie

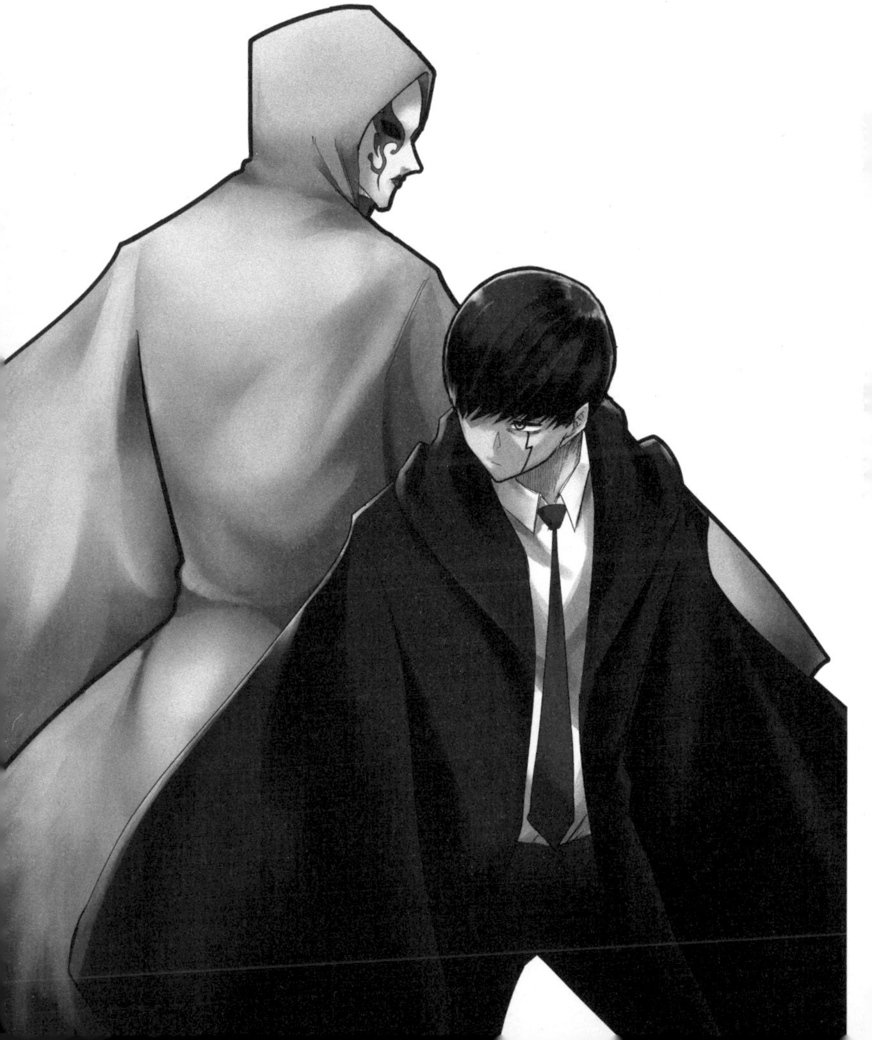

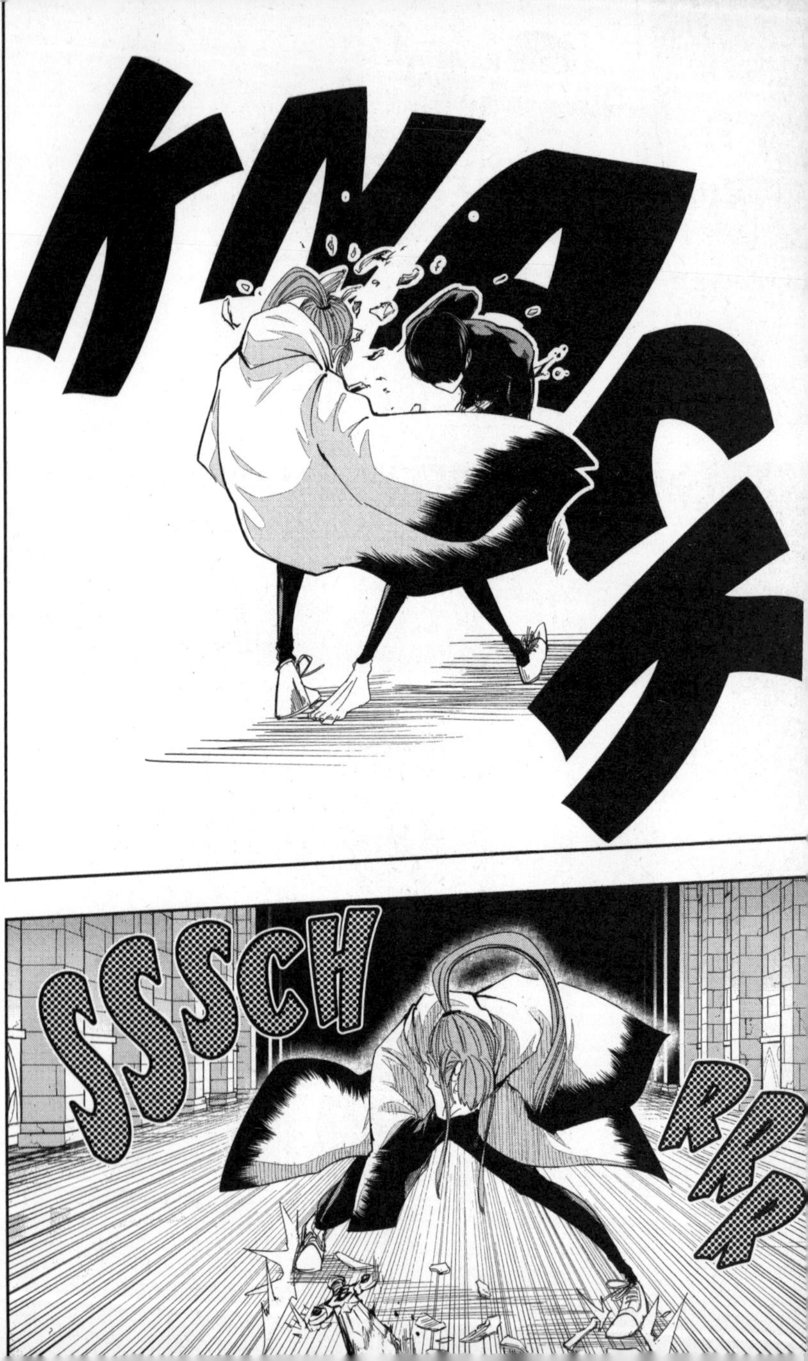
KNACK
SSSCH
RRRR

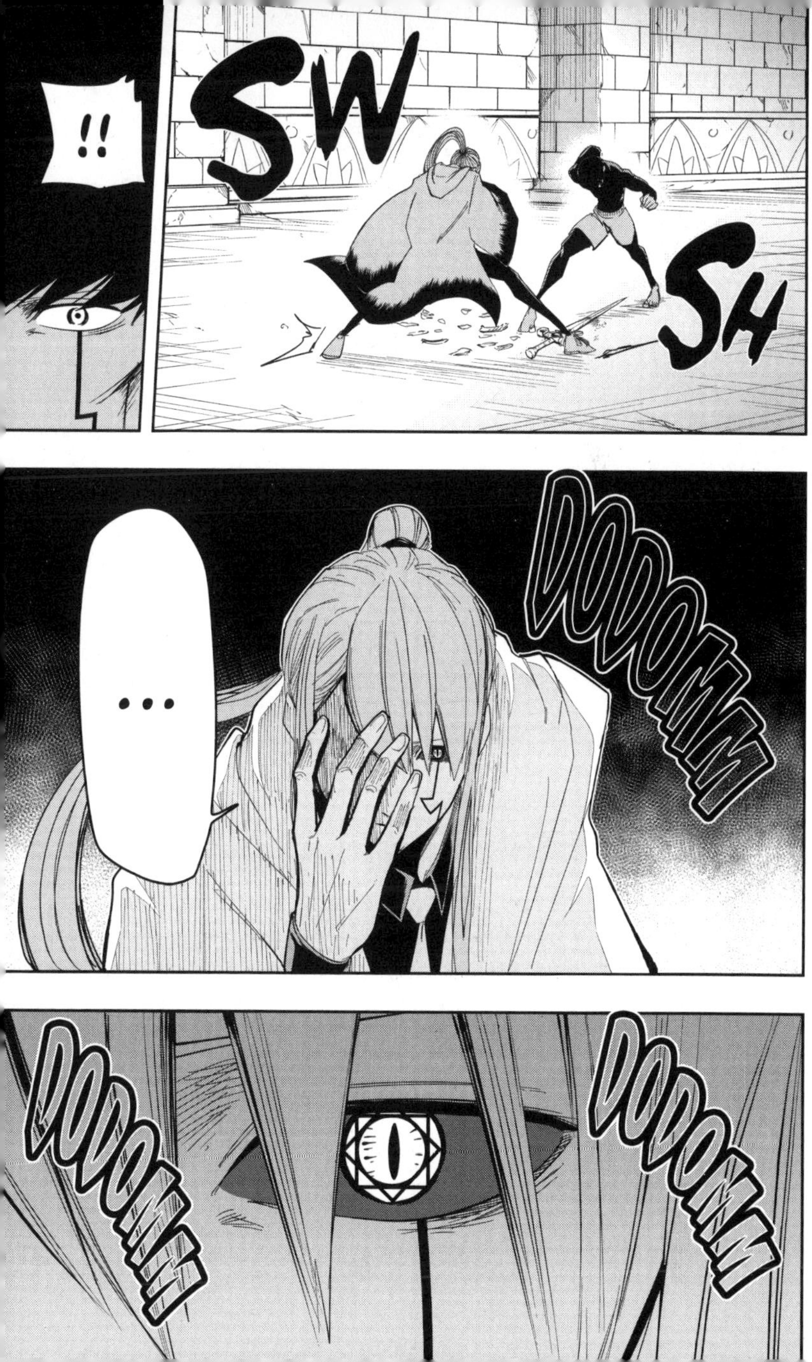
SW
SH
!!
DODOMM
...
DODOMM
DODOMM

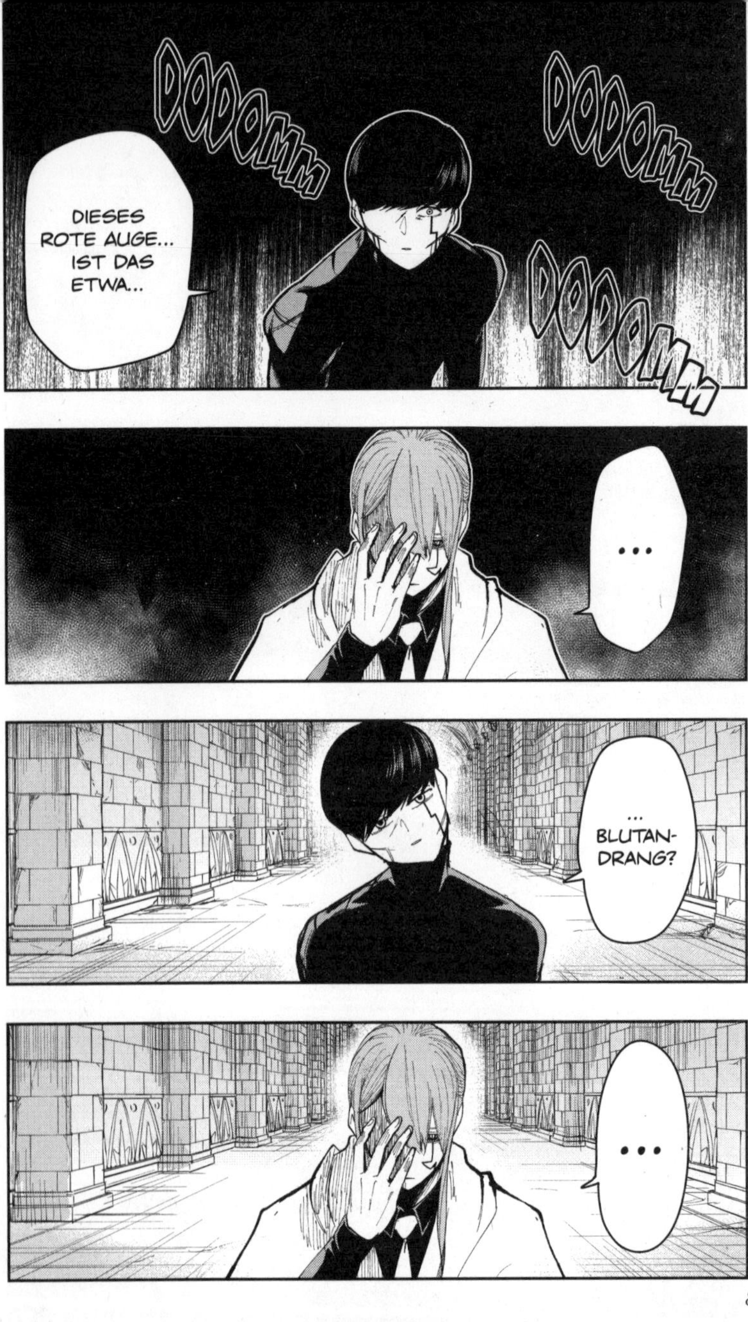
DODOMM
DODOMM
DODOMM
DIESES ROTE AUGE... IST DAS ETWA...
...
... BLUTAN-DRANG?
...

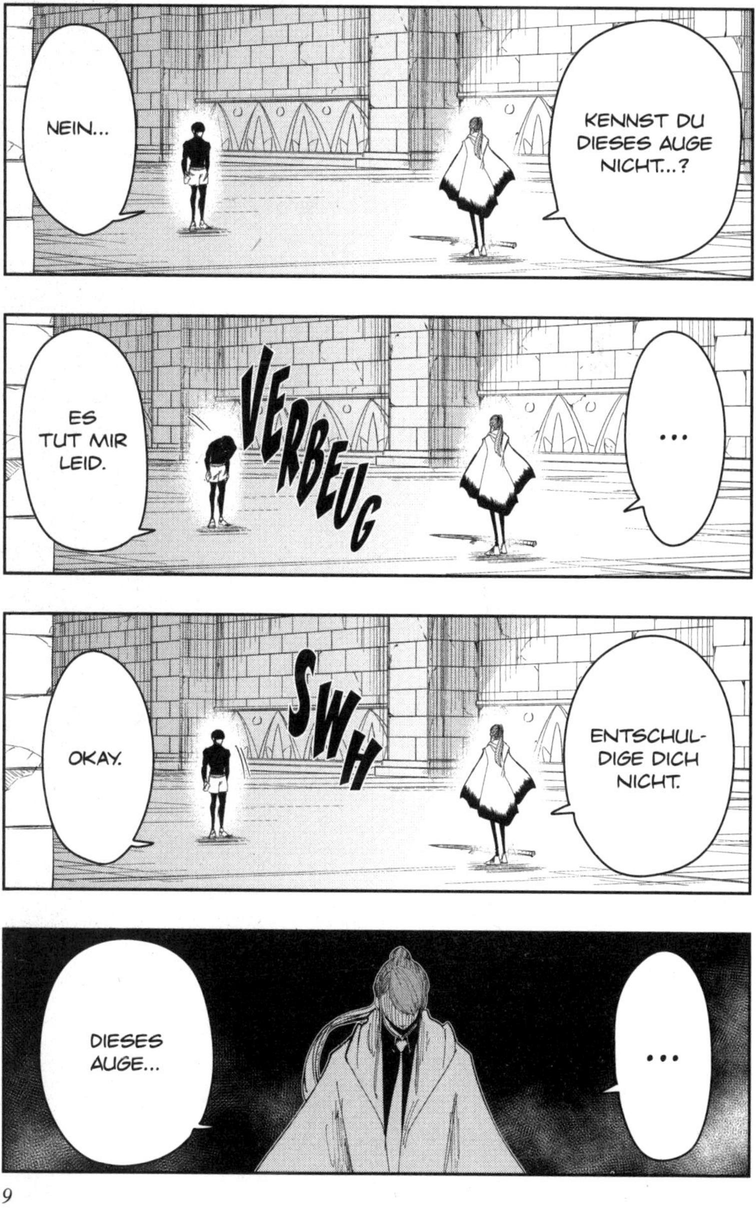
KENNST DU DIESES AUGE NICHT...?
NEIN...
...
VERBEUG
ES TUT MIR LEID.
ENTSCHUL-DIGE DICH NICHT.
SWH
OKAY.
...
DIESES AUGE...

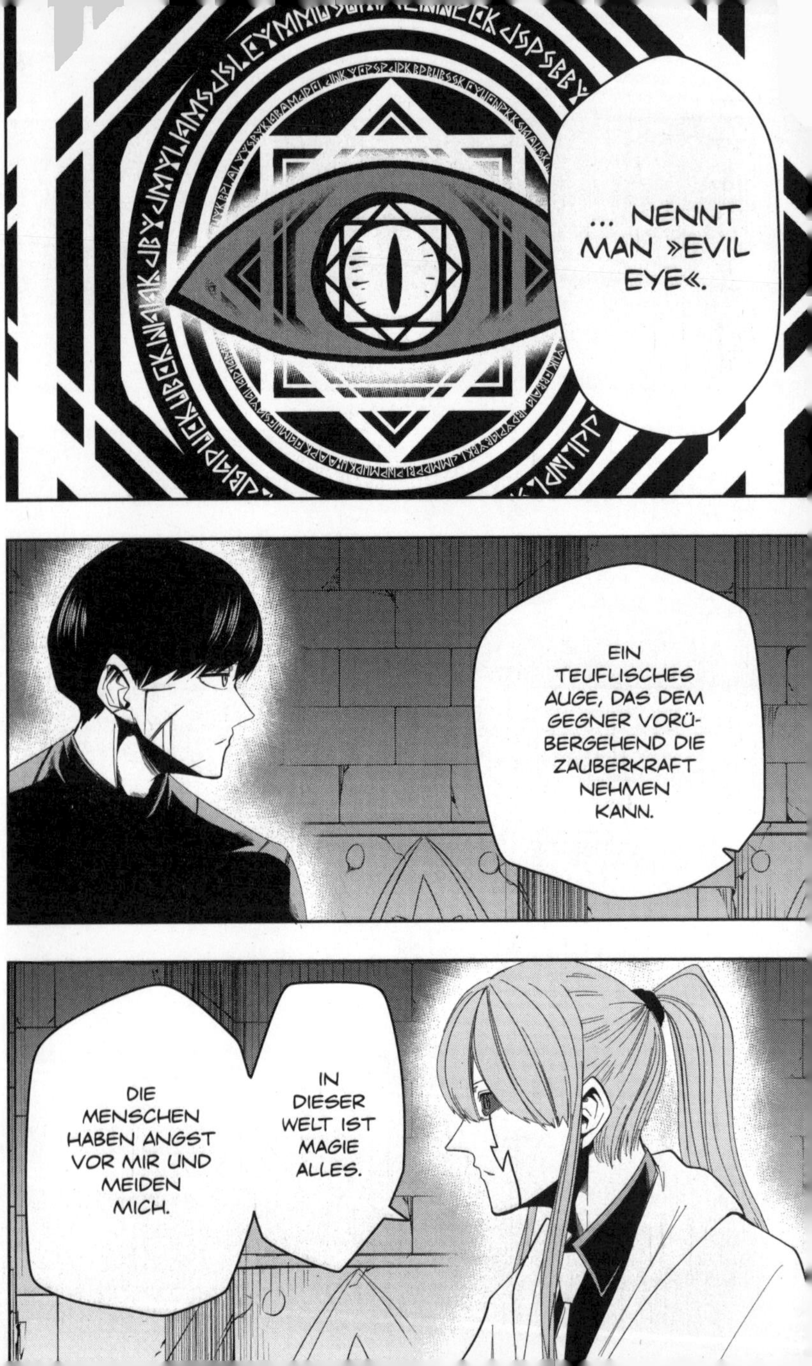

... NENNT MAN »EVIL EYE«.
EIN TEUFLISCHES AUGE, DAS DEM GEGNER VORÜBERGEHEND DIE ZAUBERKRAFT NEHMEN KANN.
IN DIESER WELT IST MAGIE ALLES.
DIE MENSCHEN HABEN ANGST VOR MIR UND MEIDEN MICH.

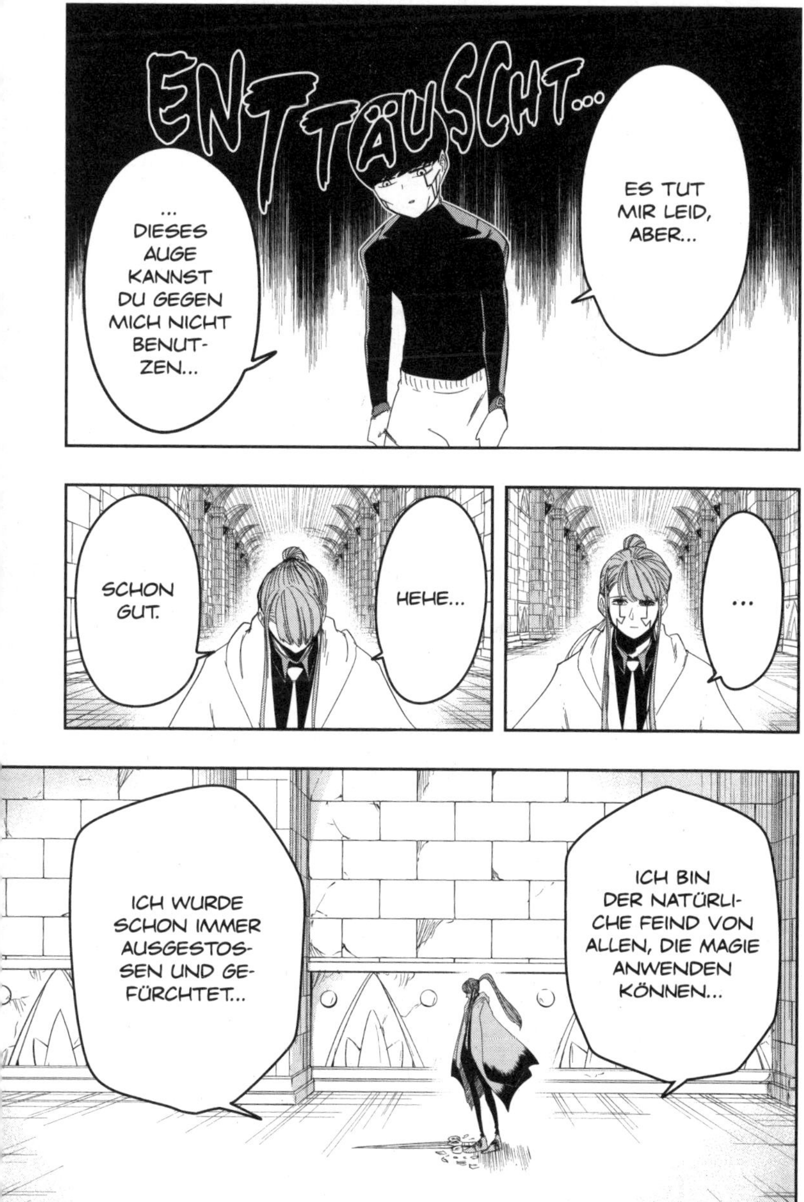
ES TUT MIR LEID, ABER...
ENTTÄUSCHT...
... DIESES AUGE KANNST DU GEGEN MICH NICHT BENUT-ZEN...
...
HEHE...
SCHON GUT.
ICH BIN DER NATÜRLI-CHE FEIND VON ALLEN, DIE MAGIE ANWENDEN KÖNNEN...
ICH WURDE SCHON IMMER AUSGESTOS-SEN UND GE-FÜRCHTET...

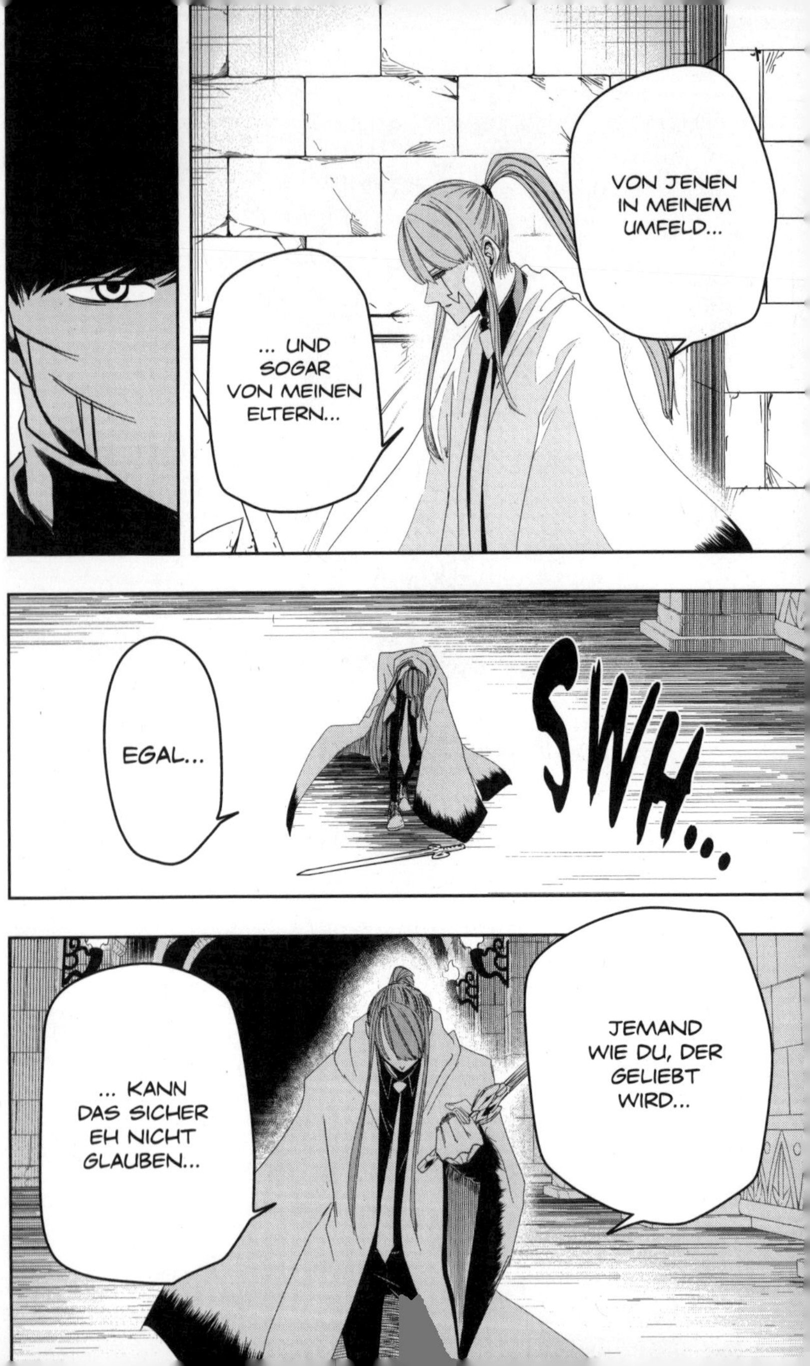
VON JENEN IN MEINEM UMFELD...
... UND SOGAR VON MEINEN ELTERN...
SWH...
EGAL...
JEMAND WIE DU, DER GELIEBT WIRD...
... KANN DAS SICHER EH NICHT GLAUBEN...

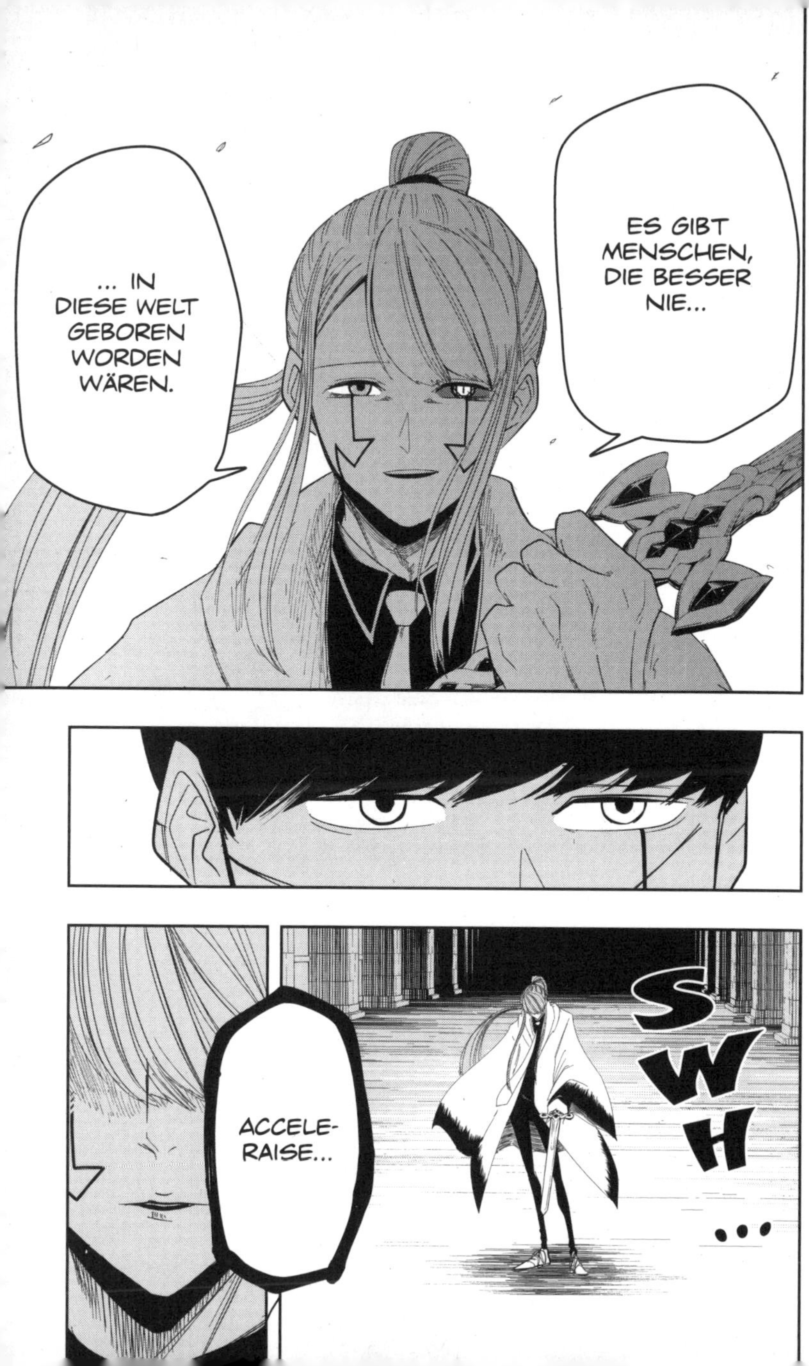
ES GIBT MENSCHEN, DIE BESSER NIE...
... IN DIESE WELT GEBOREN WORDEN WÄREN.
SWH...
ACCELE-RAISE...

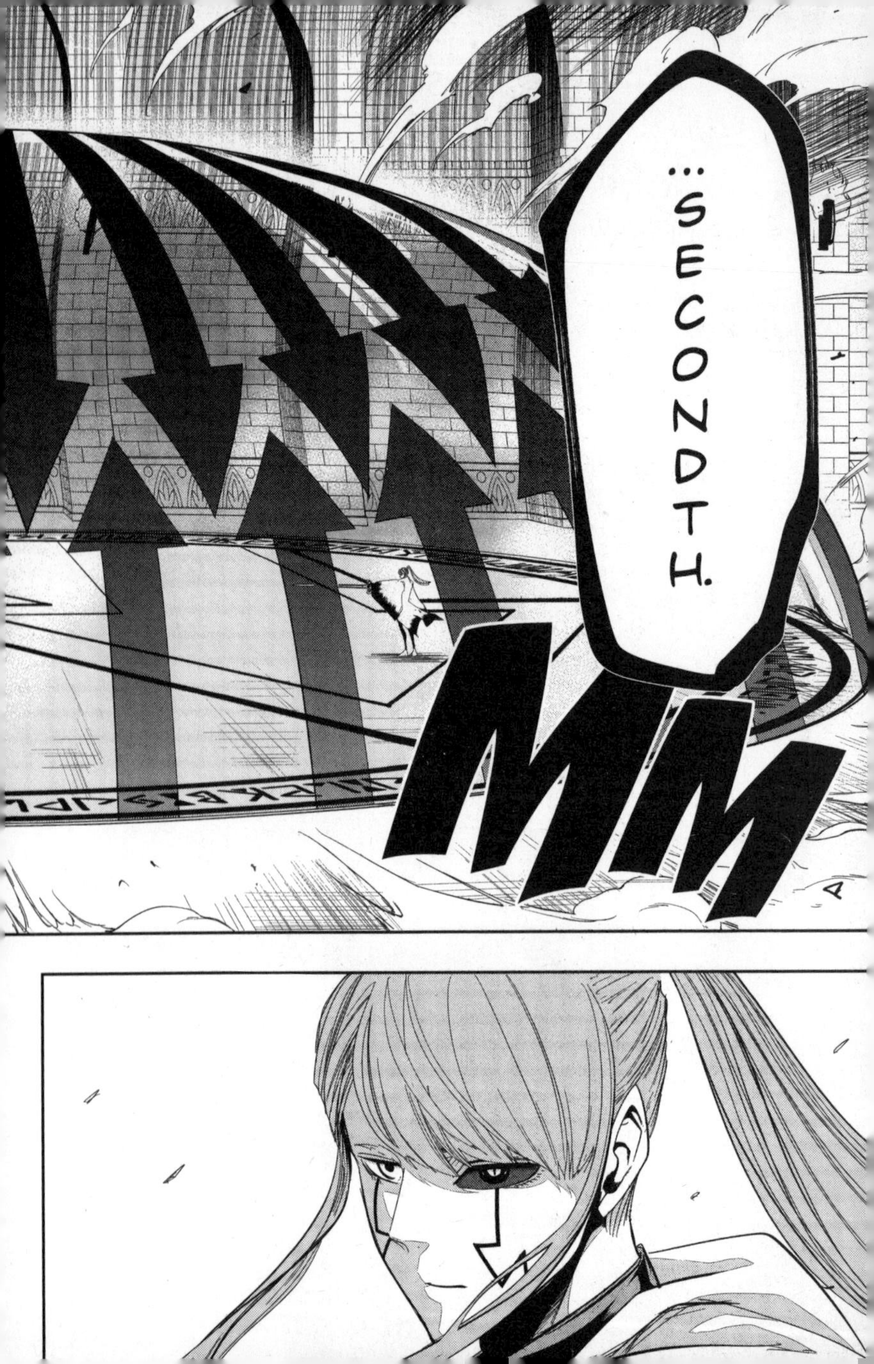
...SECONDTH.
MM

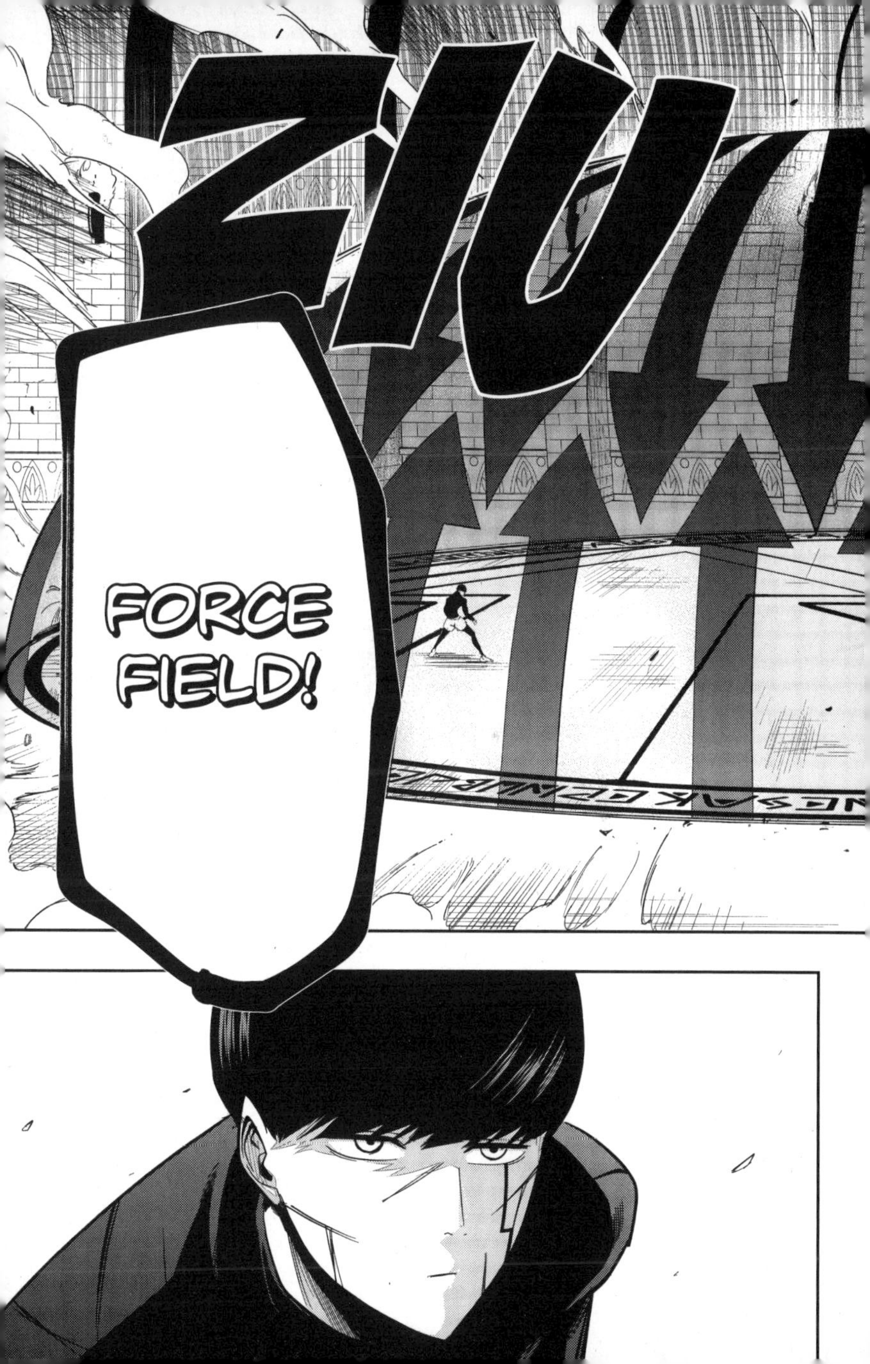
FORCE FIELD!

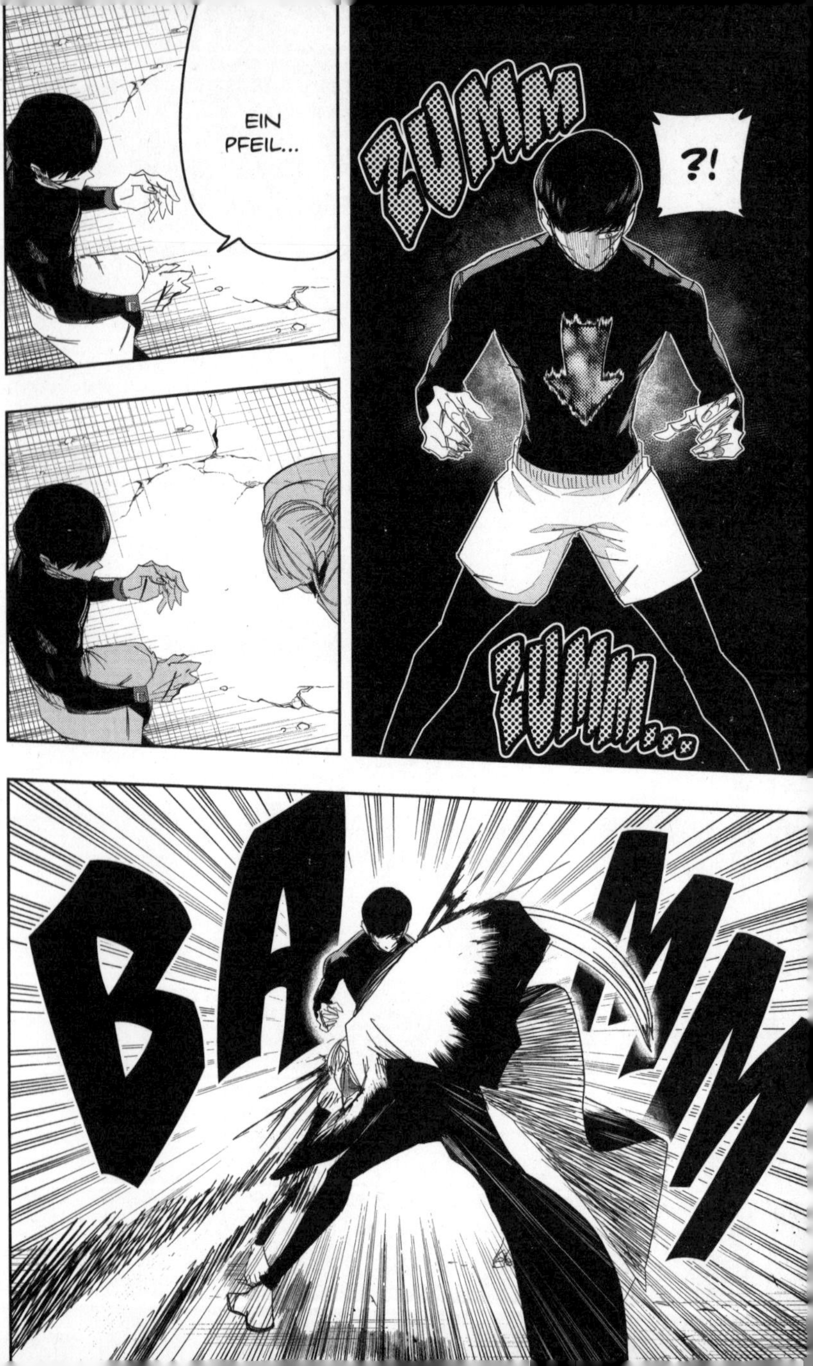
ZUMM
?!
ZUMM...
EIN PFEIL...
BAMM

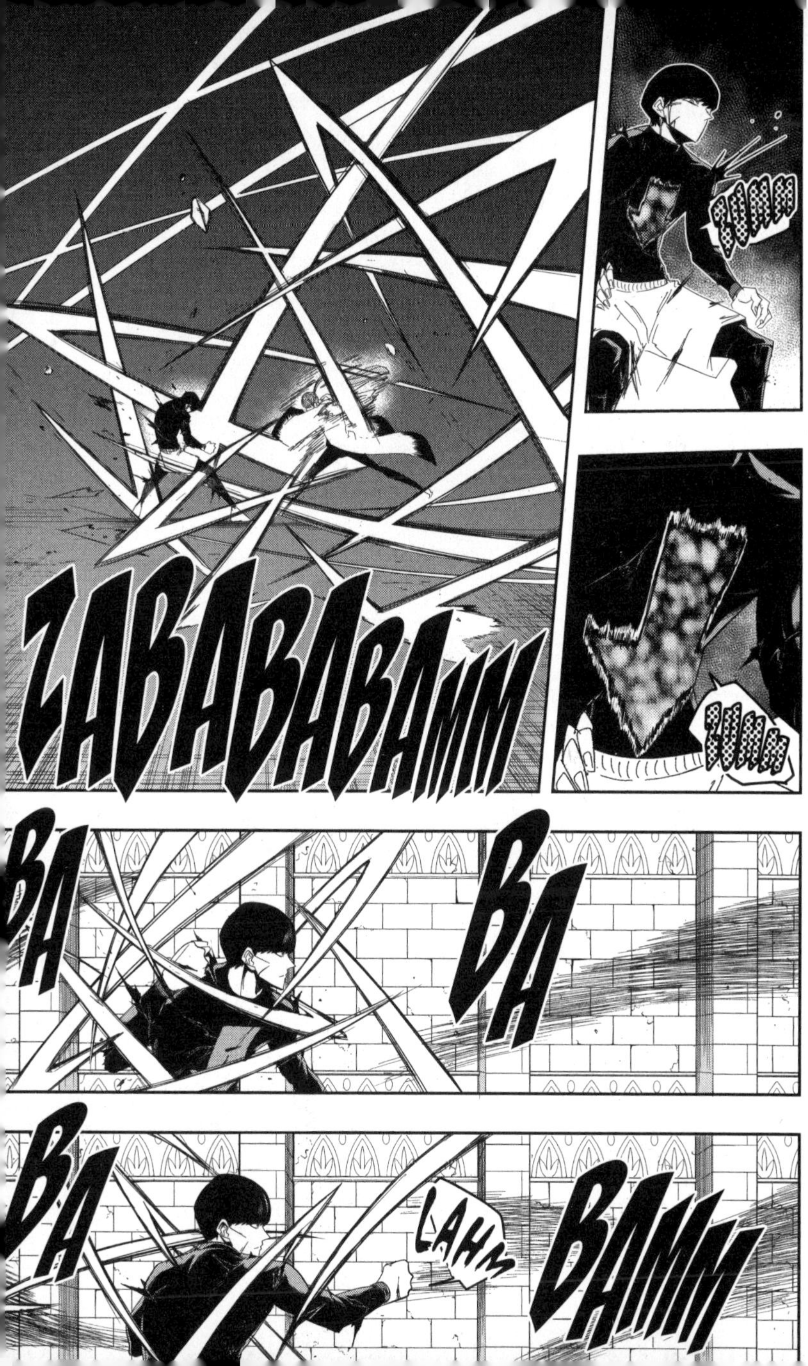
ZABABABAMM
BA
BA
BA
BA
LAHM
BAMM

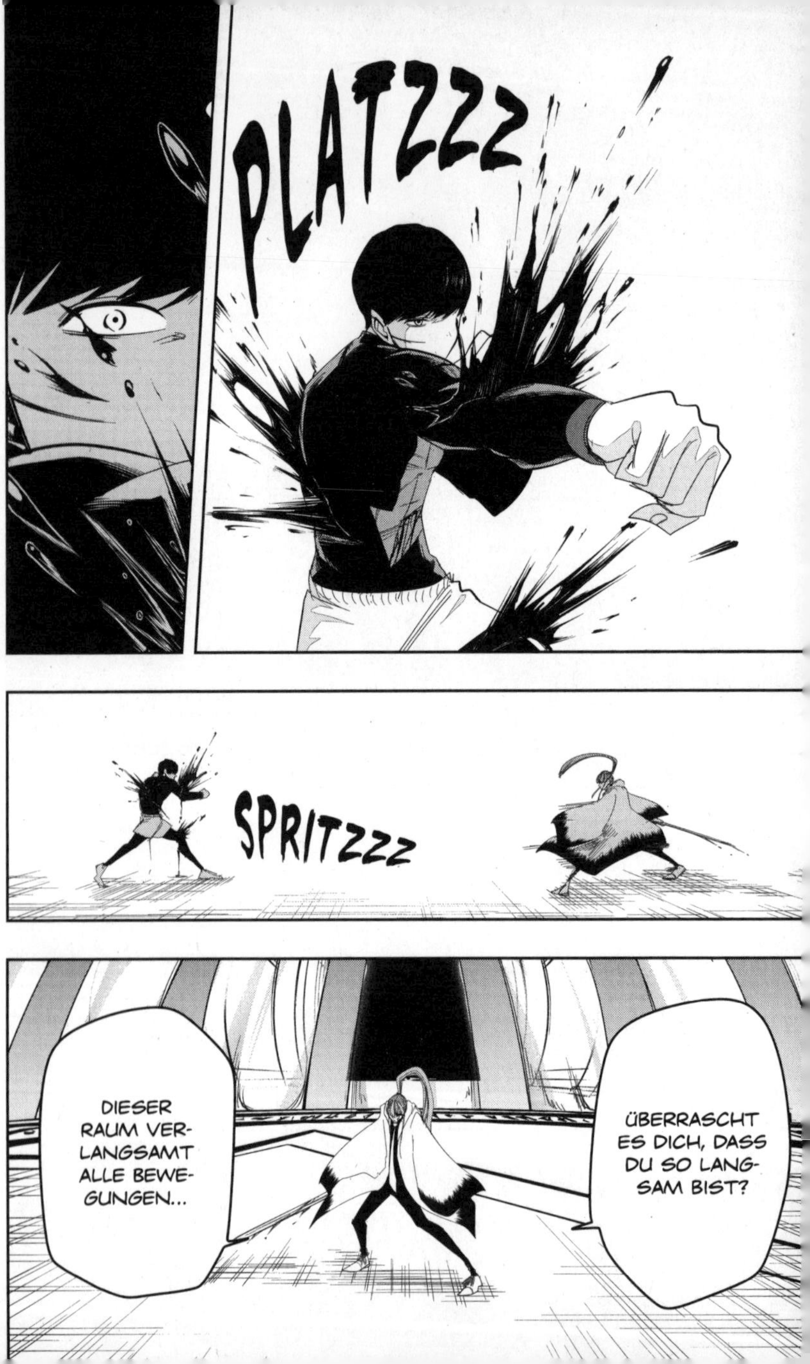
PLATZZZ
SPRITZZZ
ÜBERRASCHT ES DICH, DASS DU SO LANGSAM BIST?
DIESER RAUM VERLANGSAMT ALLE BEWEGUNGEN...

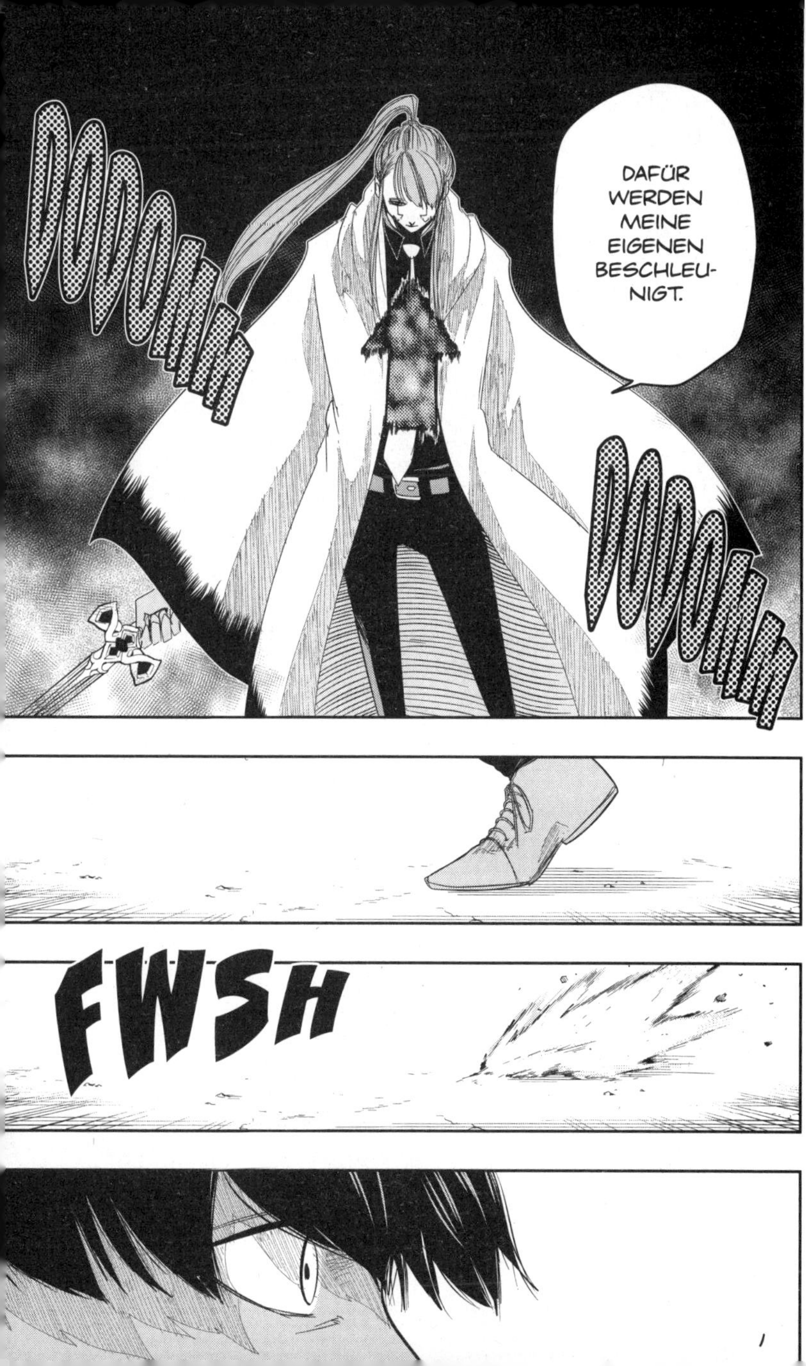
DOOOMMM
DAFÜR WERDEN MEINE EIGENEN BESCHLEU-NIGT.
DOOOMMM
FWSH

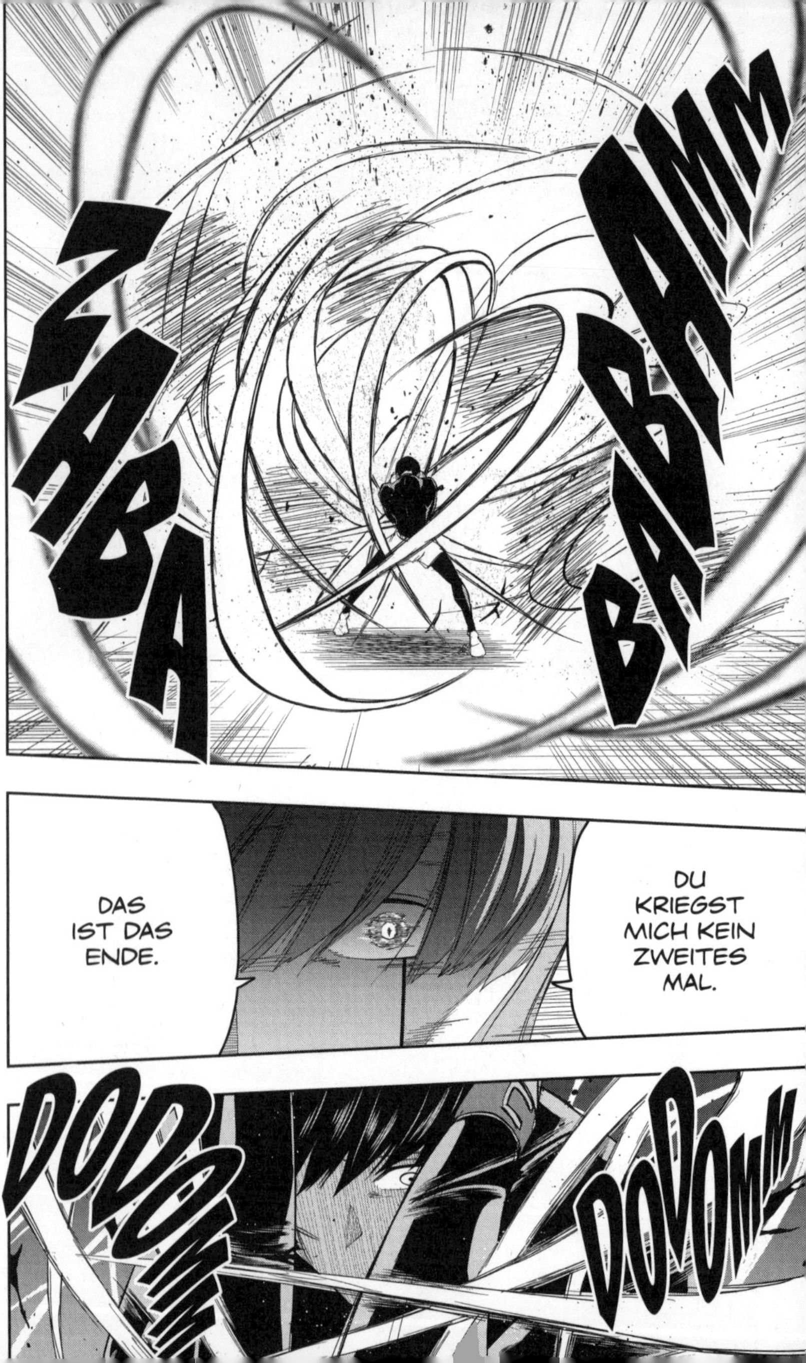
DU KRIEGST MICH KEIN ZWEITES MAL.
DAS IST DAS ENDE.

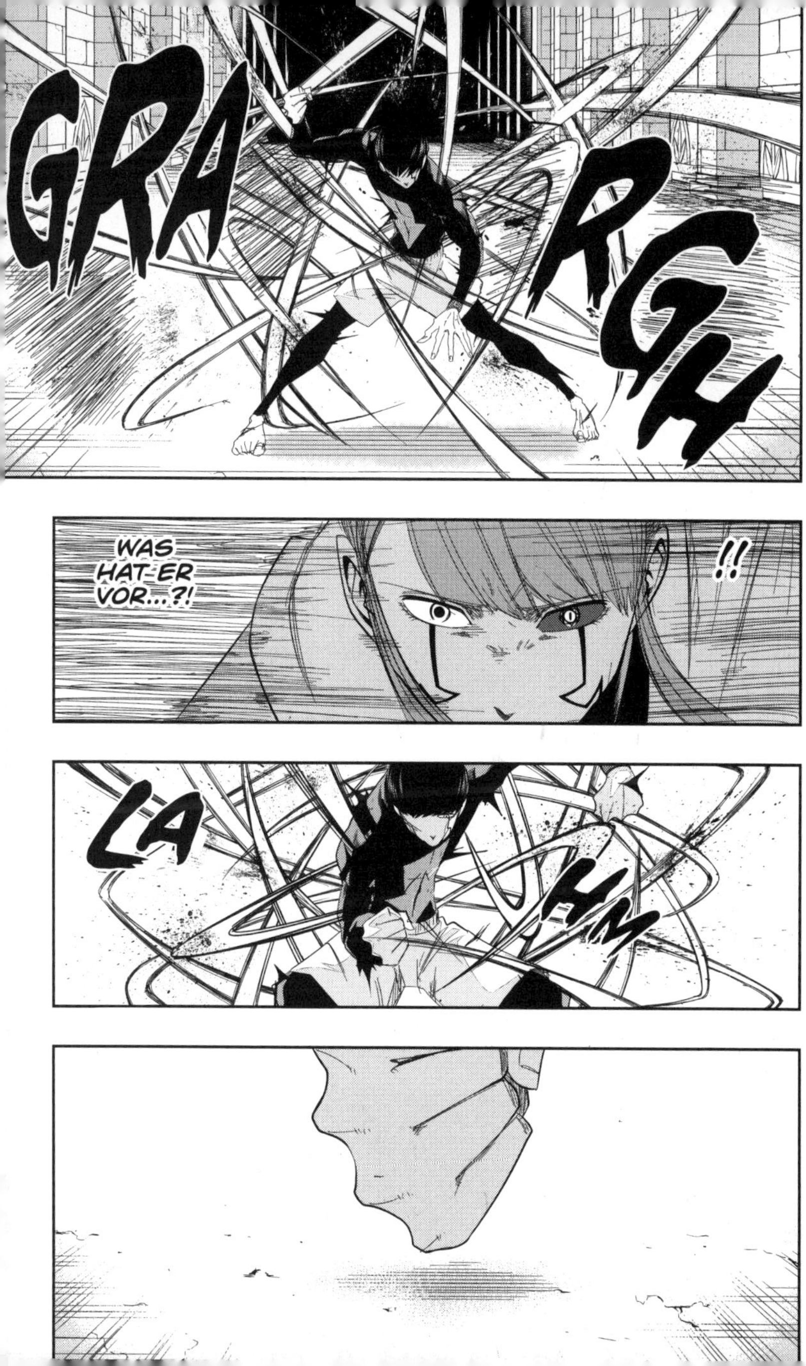
GRA
RGH
WAS HAT ER VOR...?!
!!
LA
HM

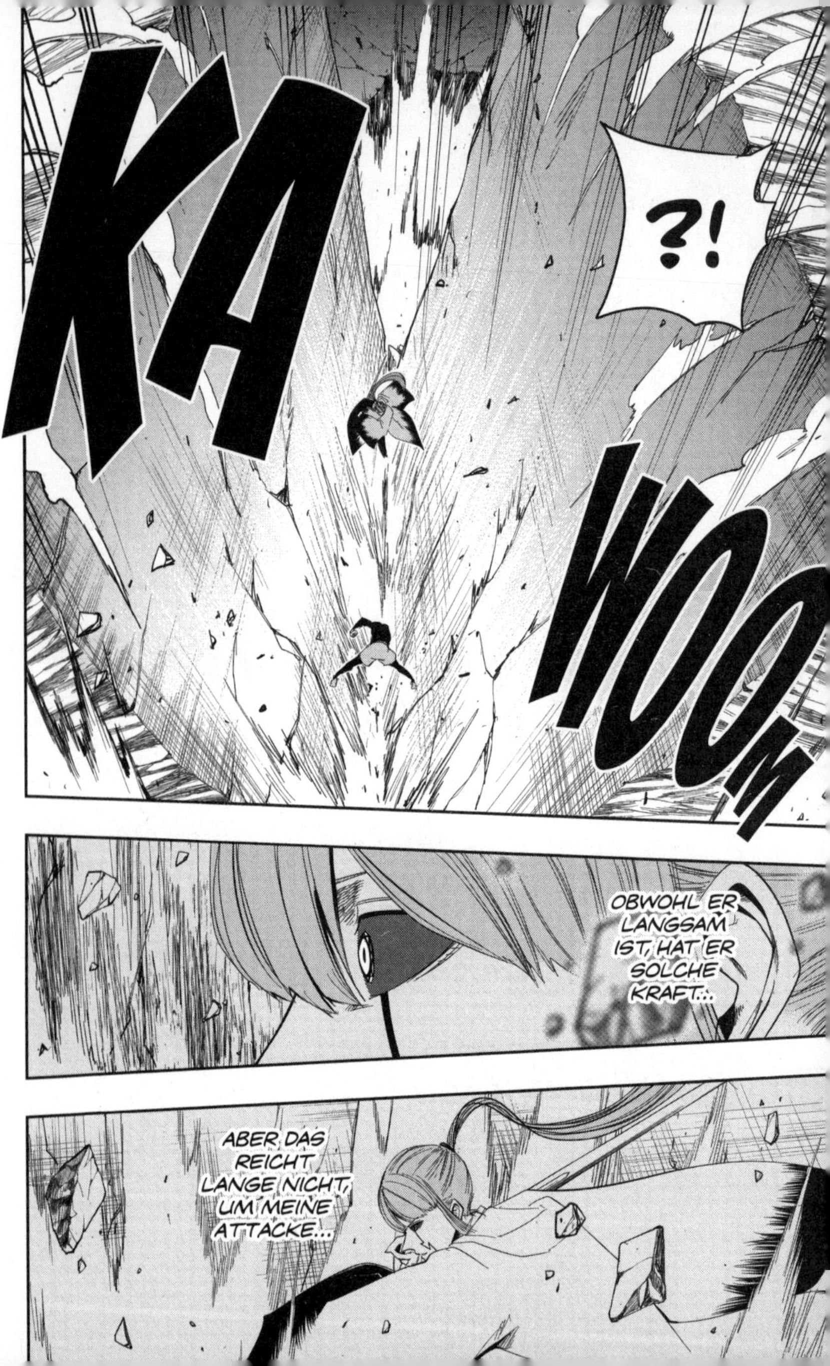
?!
KA
WOOM
OBWOHL ER LANGSAM IST, HAT ER SOLCHE KRAFT...
ABER DAS REICHT LANGE NICHT, UM MEINE ATTACKE...

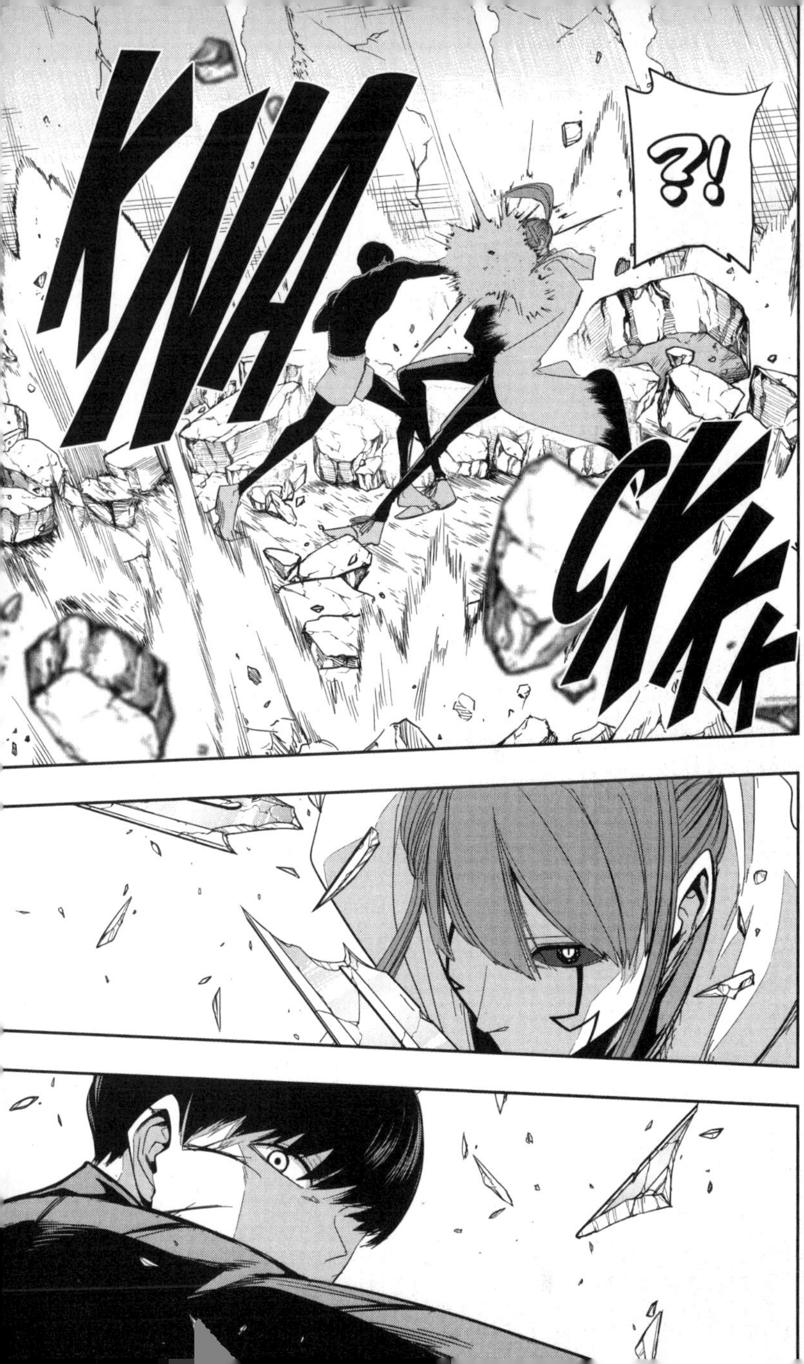
?!
KNA
CKKK

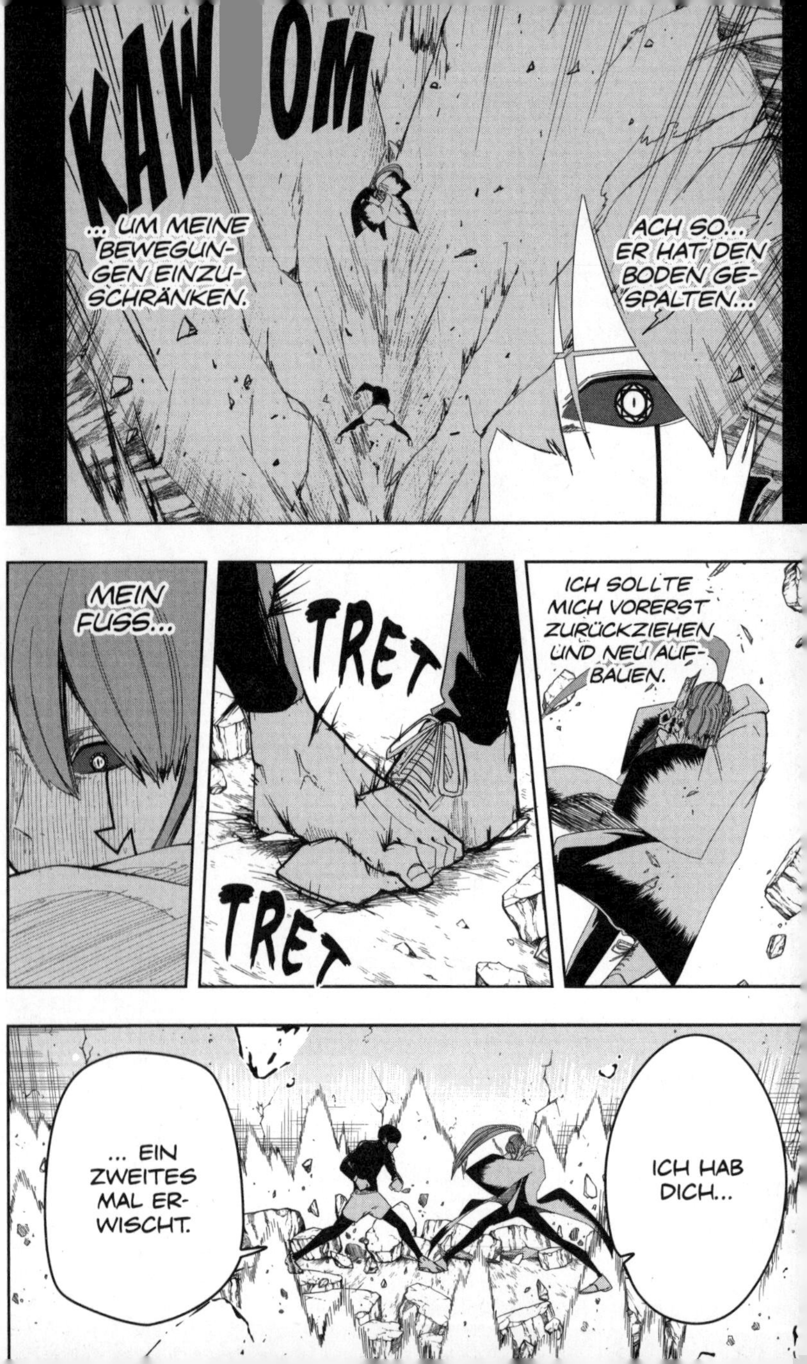
KAW OM
ACH SO… ER HAT DEN BODEN GESPALTEN…
… UM MEINE BEWEGUNGEN EINZUSCHRÄNKEN.
ICH SOLLTE MICH VORERST ZURÜCKZIEHEN UND NEU AUFBAUEN.
TRET
TRET
MEIN FUSS…
ICH HAB DICH…
… EIN ZWEITES MAL ERWISCHT.

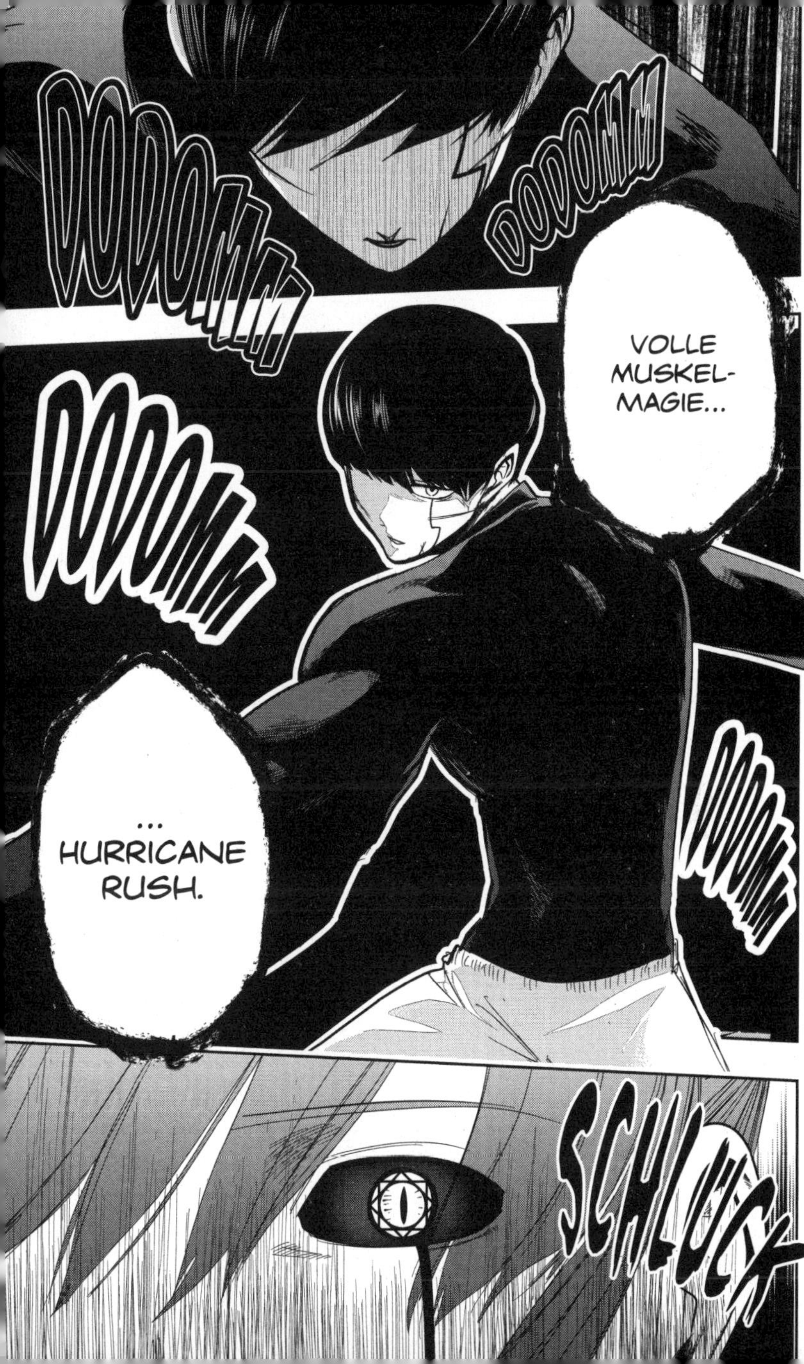
DODOMM
DODOMM
VOLLE MUSKEL-MAGIE...
DODOMM
DODOMM
... HURRICANE RUSH.
SCHLUCK

An alle, die diesen Band gekauft haben ①
Vielen Dank!
Der 4. Band!! Ja, der 4.!!

Ich habe ehrlich gesagt nicht damit gerechnet, dass dieser Manga so lange überlebt. Das ist alles nur möglich durch eure Unterstützung.

Vielen Dank!!
(Ich verbeuge mich mit dem Kopf bis zum Boden.)

Ich habe wirklich nicht an die Fortsetzung geglaubt. Bei all den Medien und kostenlosen Inhalten, die es gibt, dachte ich, dass die jungen Leute immer weniger Manga lesen...
Das war mir natürlich bewusst, als ich mich für dieses Medium entschied... Aber obwohl der Manga ein Erfolg ist, fällt es mir immer noch schwer, daran zu glauben. Als ich mit meinem Redakteur in Tokyo ein Hotel buchen wollte...

Fortsetzung auf Seite 46

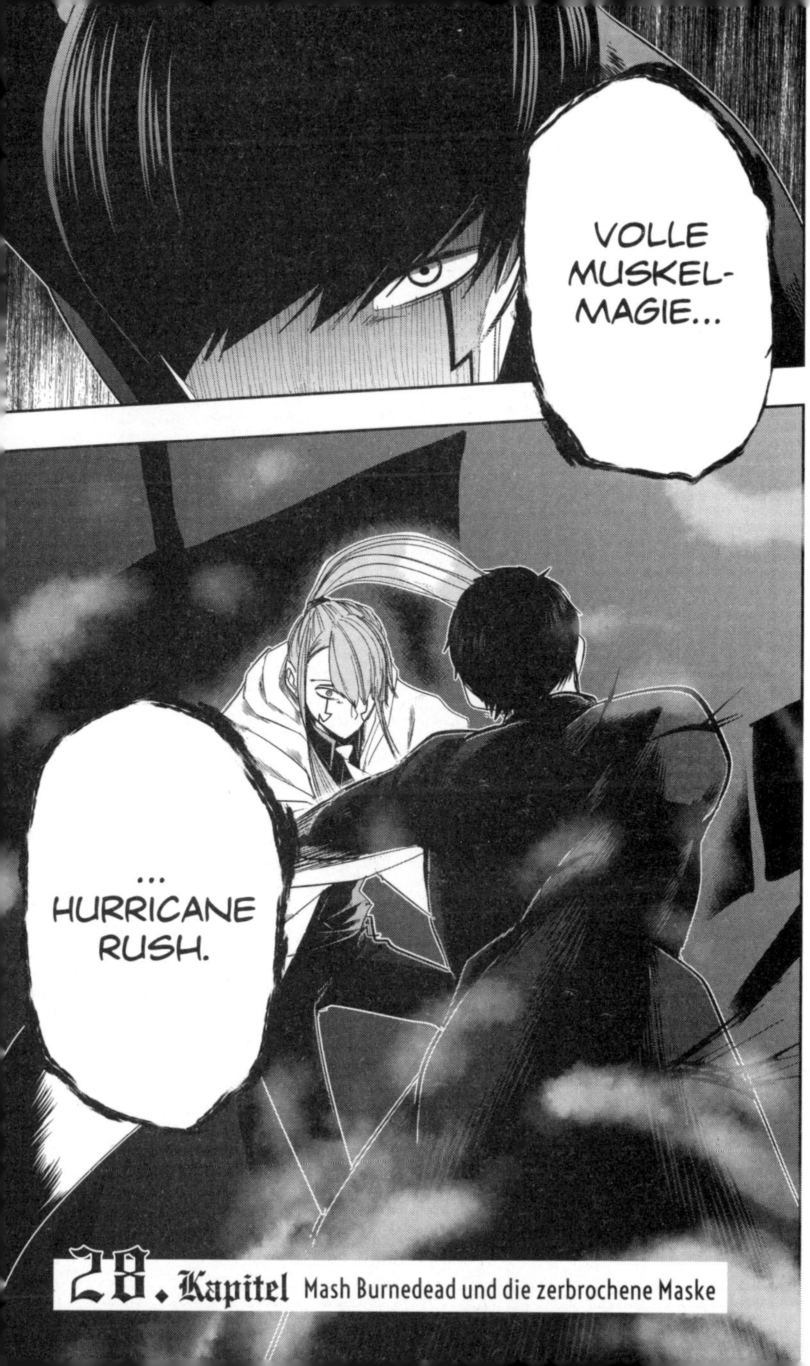

28. Kapitel Mash Burnedead und die zerbrochene Maske

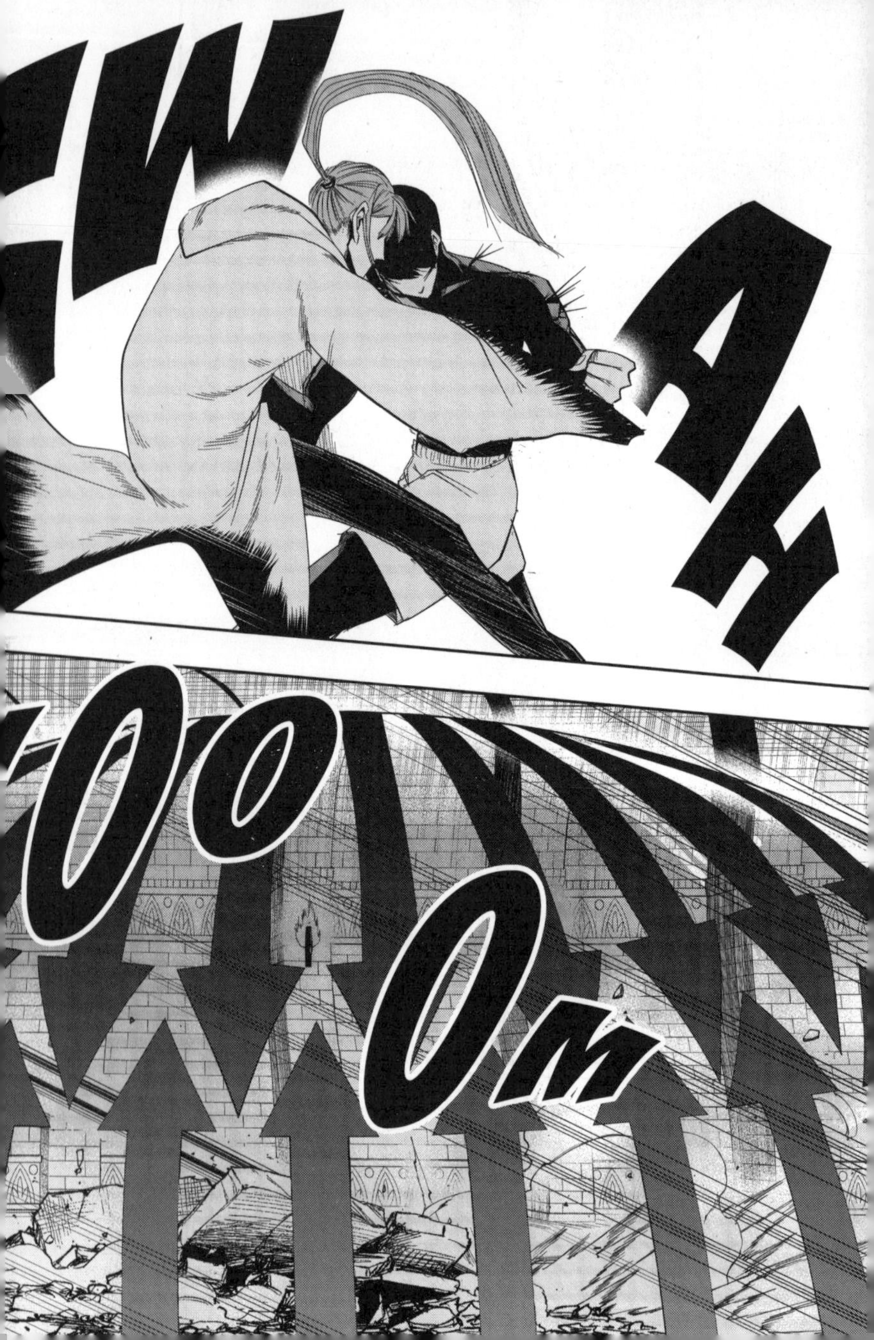

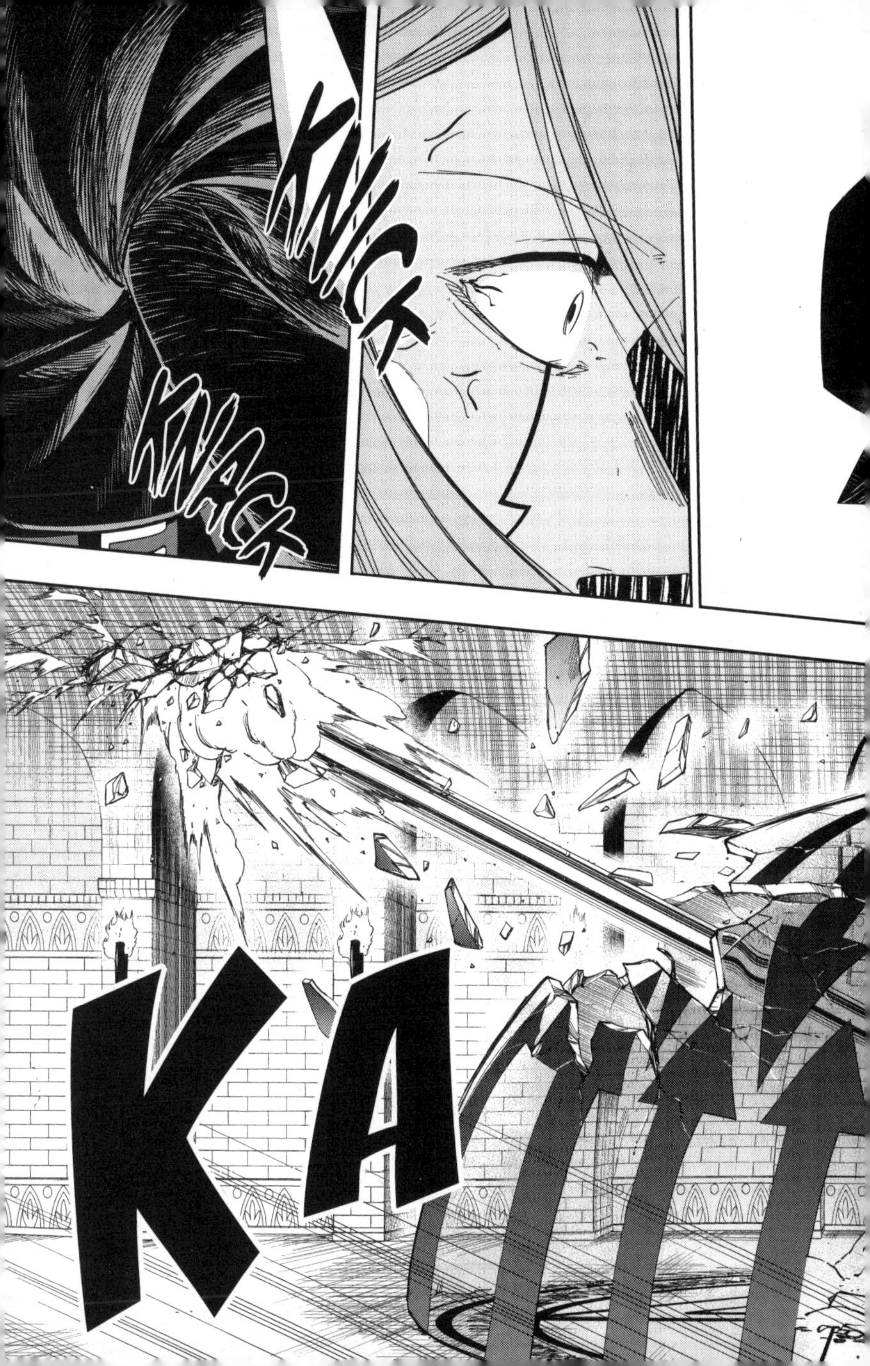
KNICK
KNACK
KÄ

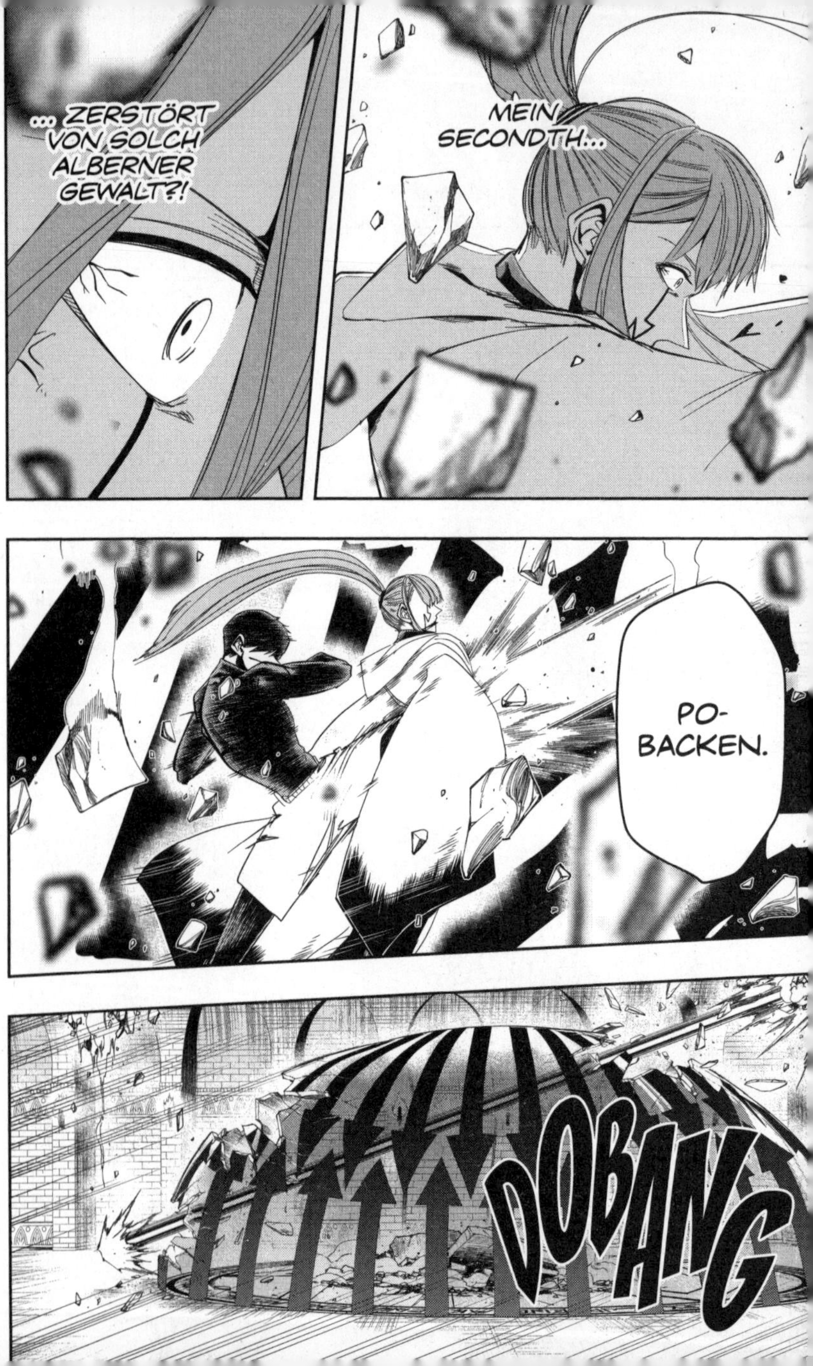
MEIN SECONDTH...
... ZERSTÖRT VON SOLCH ALBERNER GEWALT?!
PO-BACKEN.
DOBANG

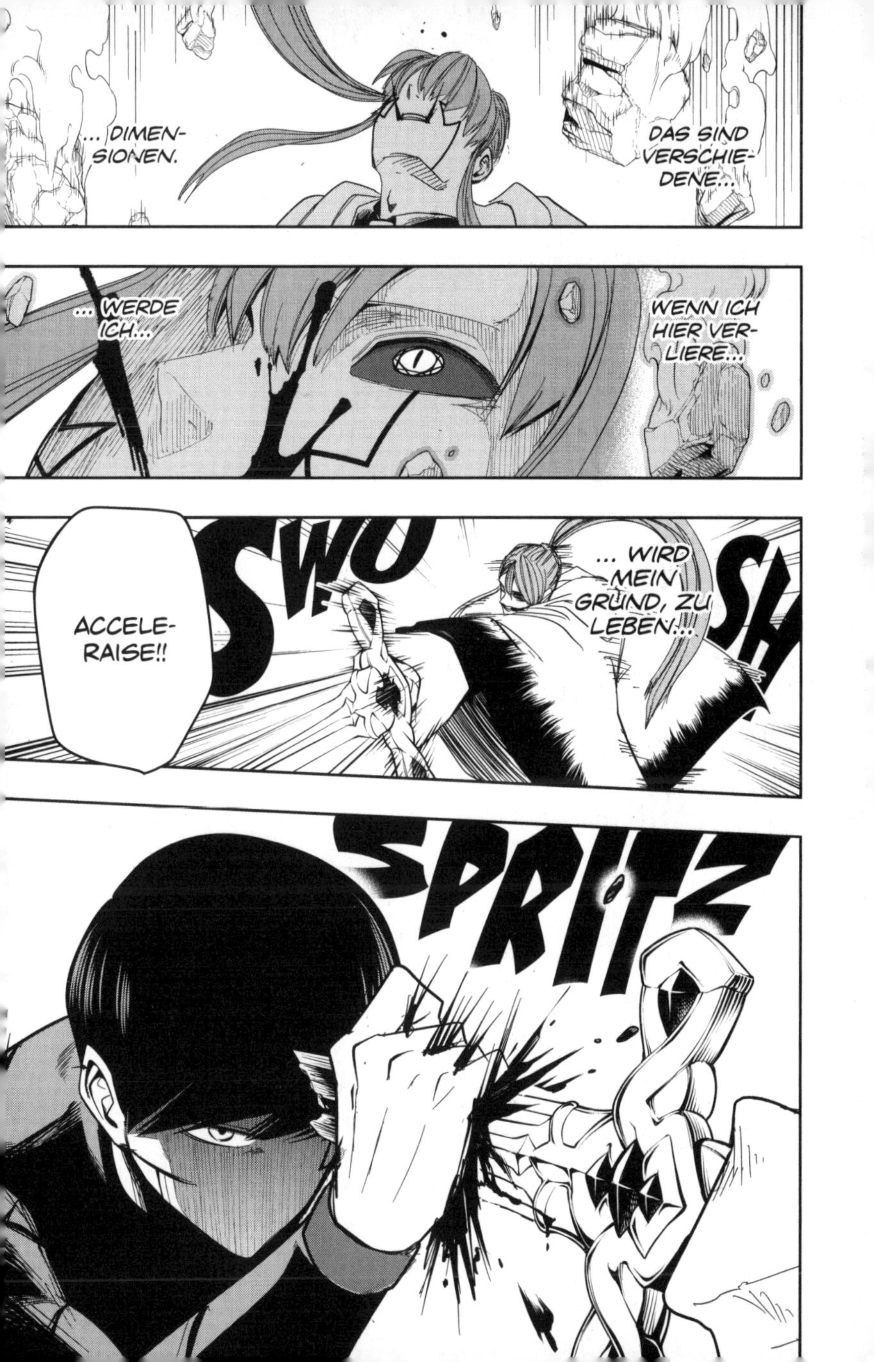
DAS SIND VERSCHIE-DENE...
... DIMEN-SIONEN.
WENN ICH HIER VER-LIERE...
... WERDE ICH...
... WIRD MEIN GRUND, ZU LEBEN...
ACCELE-RAISE!!
SWO
SH
SPRITZ

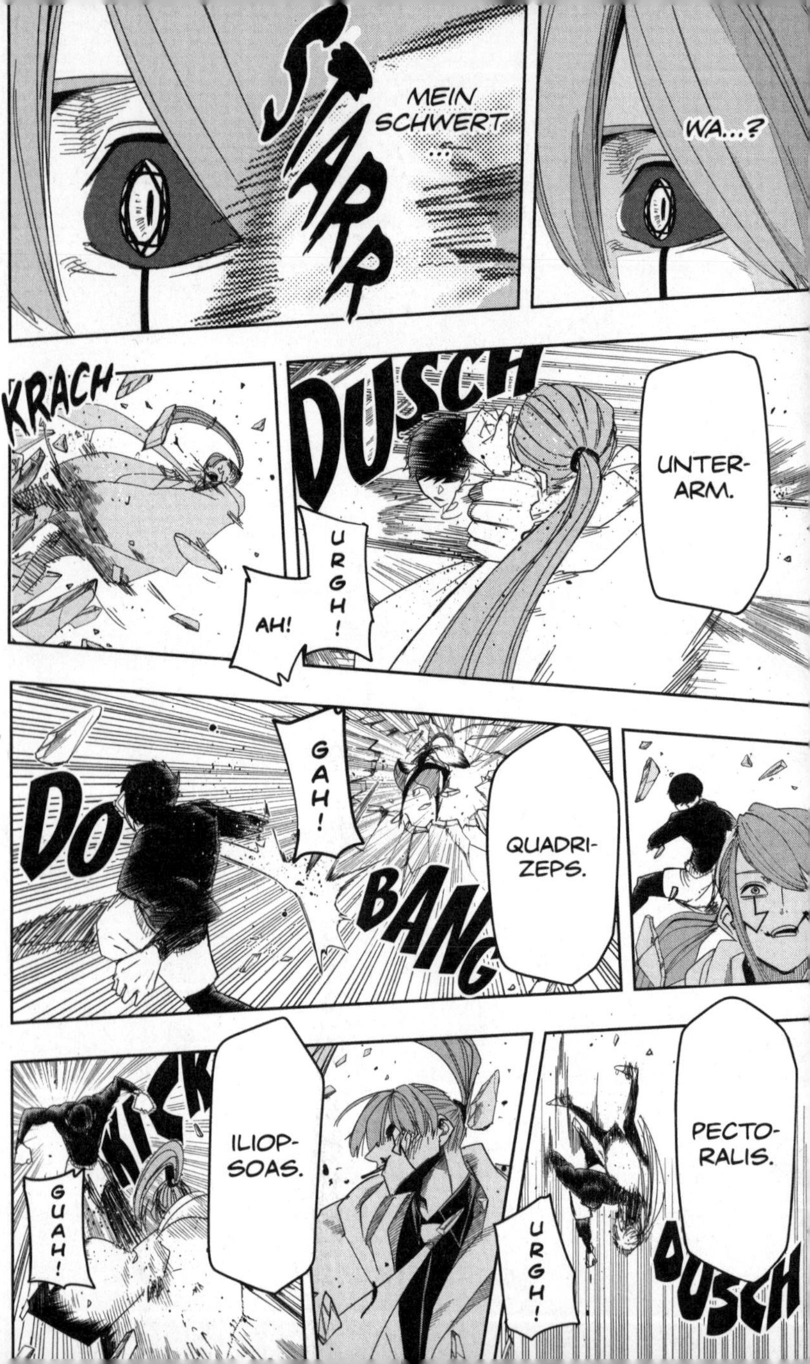
WA…?
MEIN SCHWERT …
STARR
UNTER-ARM.
DUSCH
URGH!
AH!
KRACH
QUADRI-ZEPS.
BANG
GAH!
DO
PECTO-RALIS.
DUSCH
URGH!
ILIOP-SOAS.
GUAH!

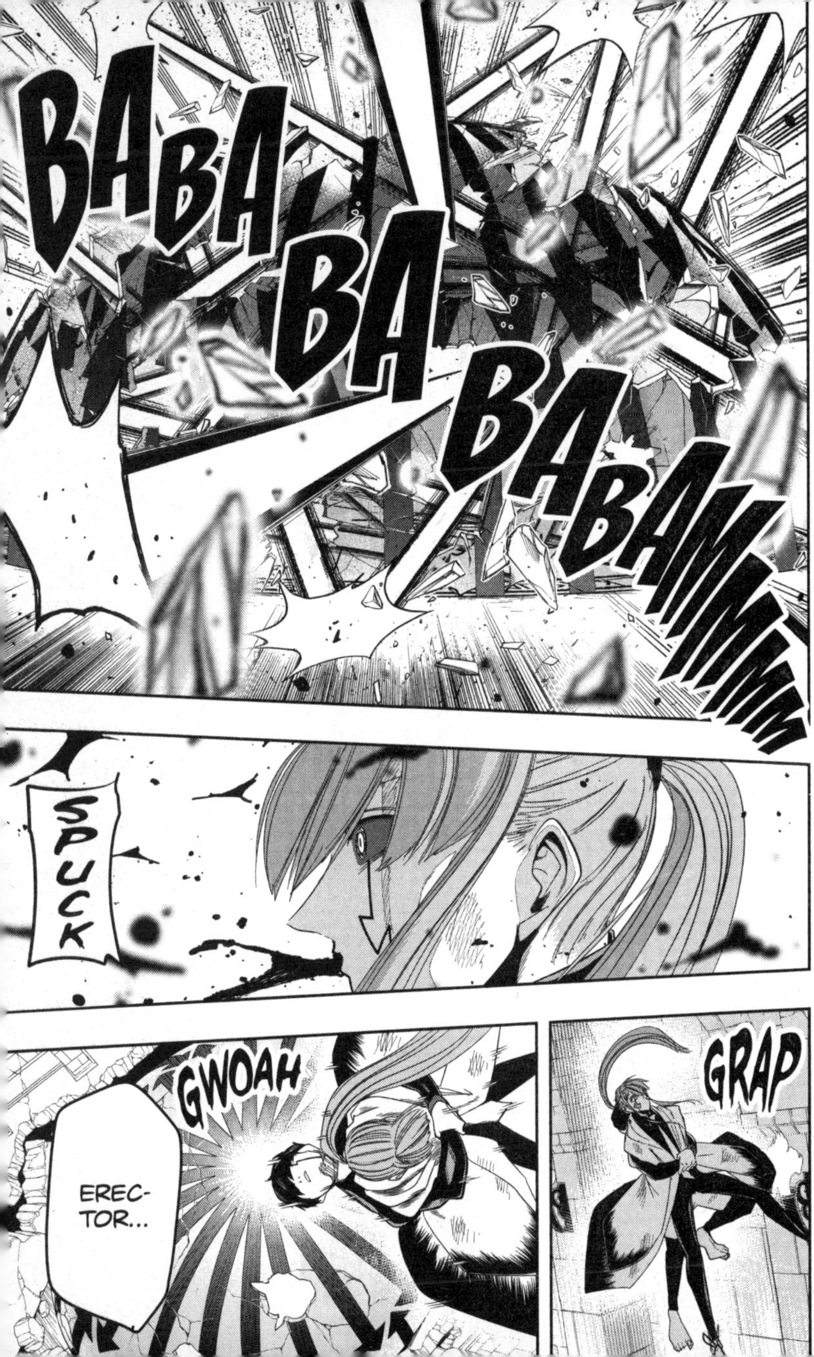
BABA
BA
BA
BABAMMMM
SPUCK
GRAP
GWOAH
ERECTOR...

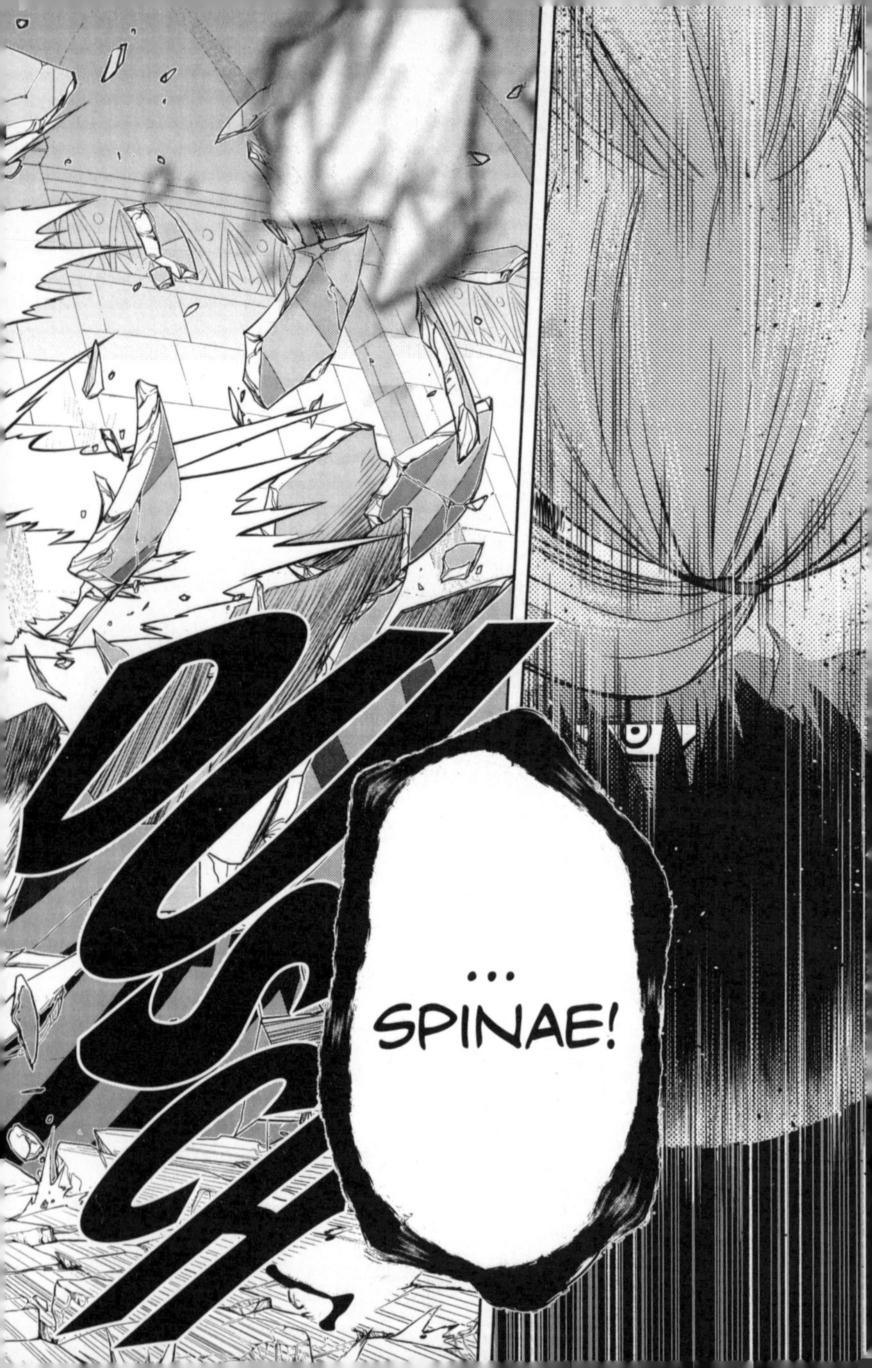
... SPINAE!

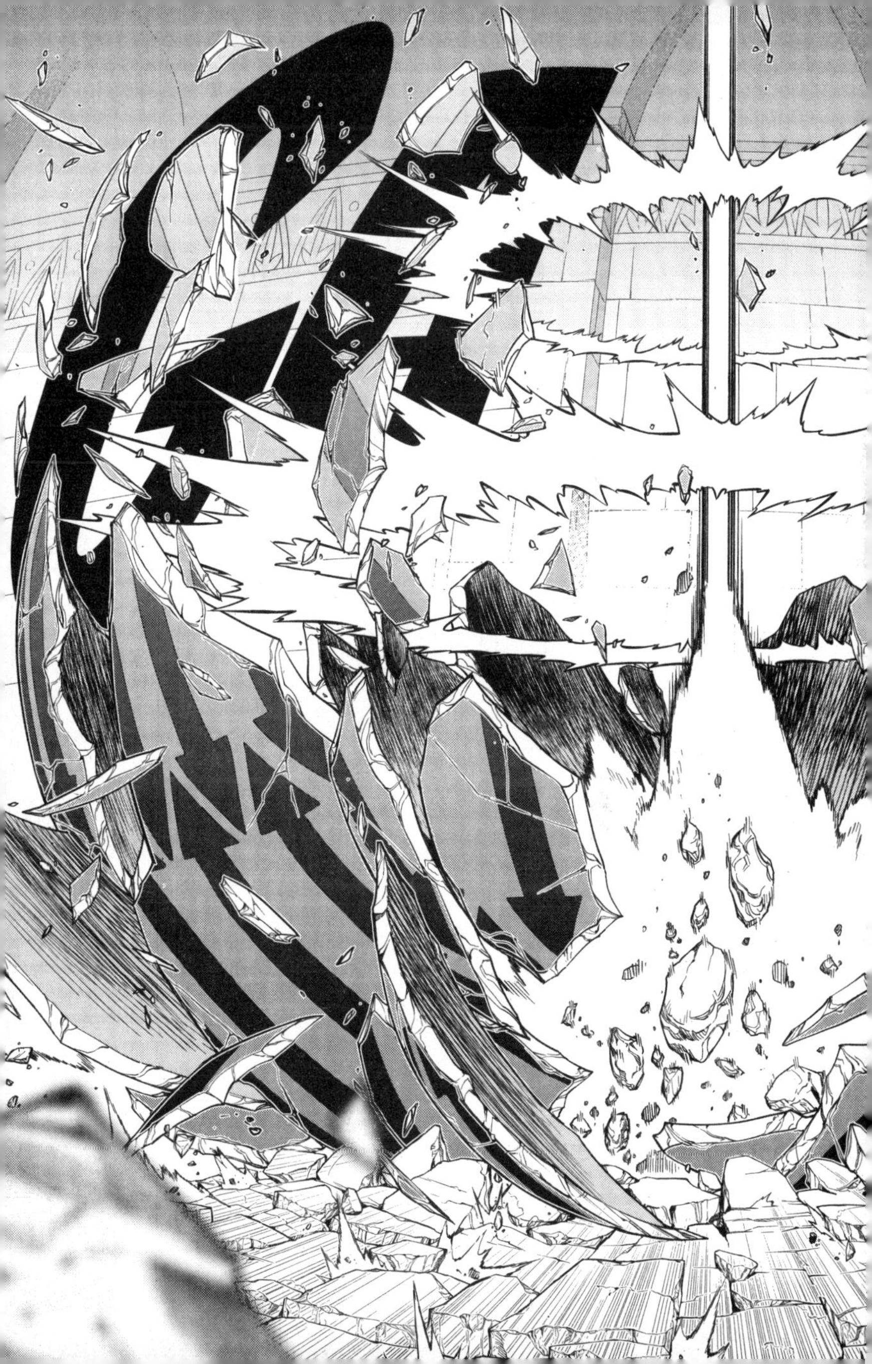

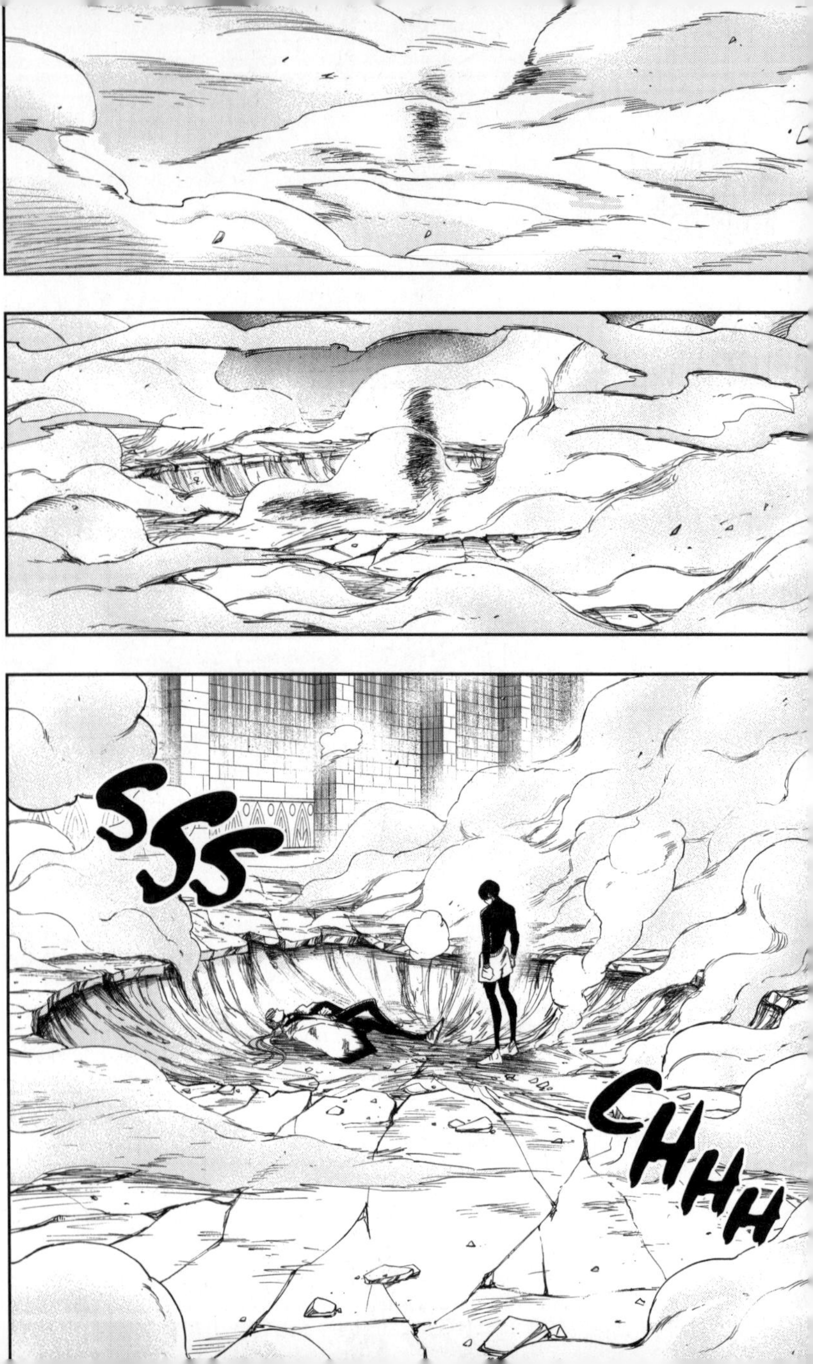
SSS
CHHH

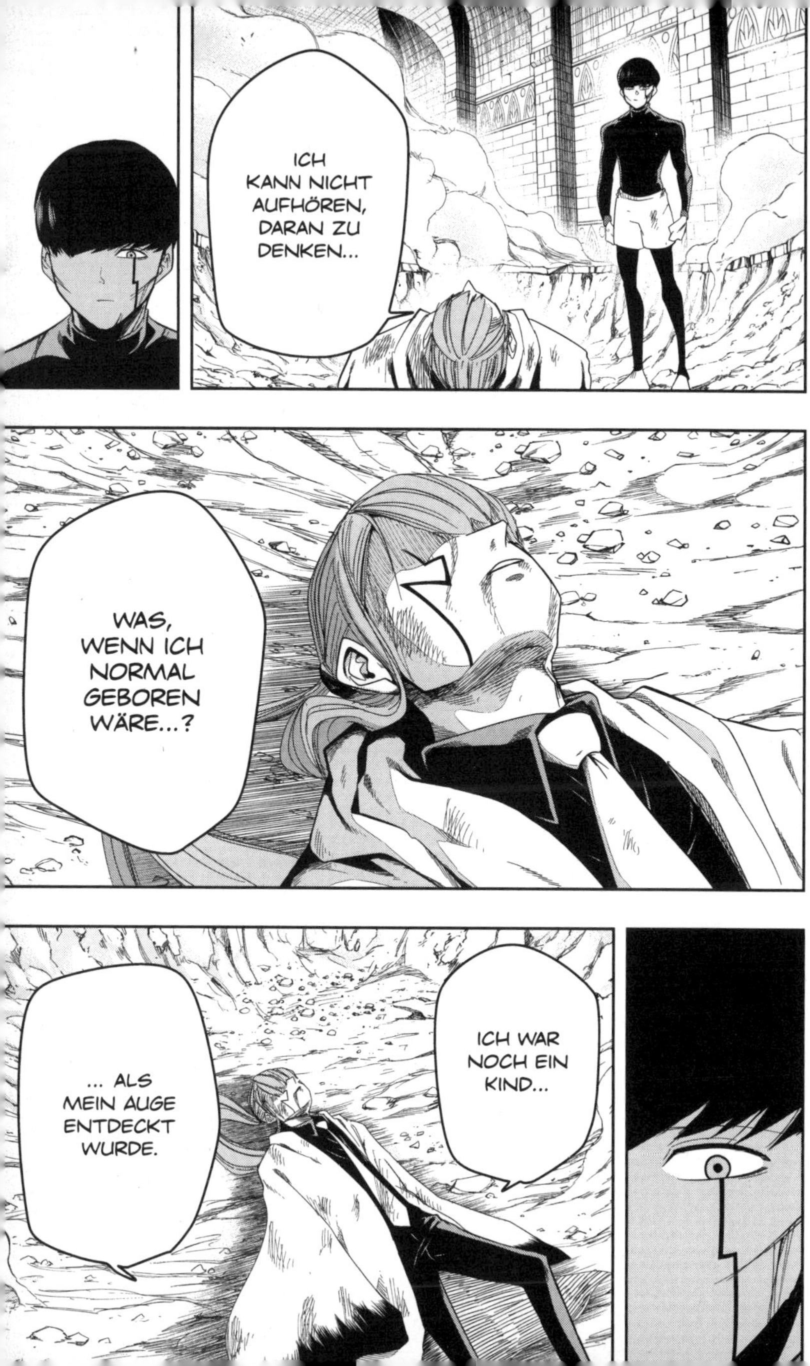

ICH KANN NICHT AUFHÖREN, DARAN ZU DENKEN...
WAS, WENN ICH NORMAL GEBOREN WÄRE...?
ICH WAR NOCH EIN KIND...
... ALS MEIN AUGE ENTDECKT WURDE.

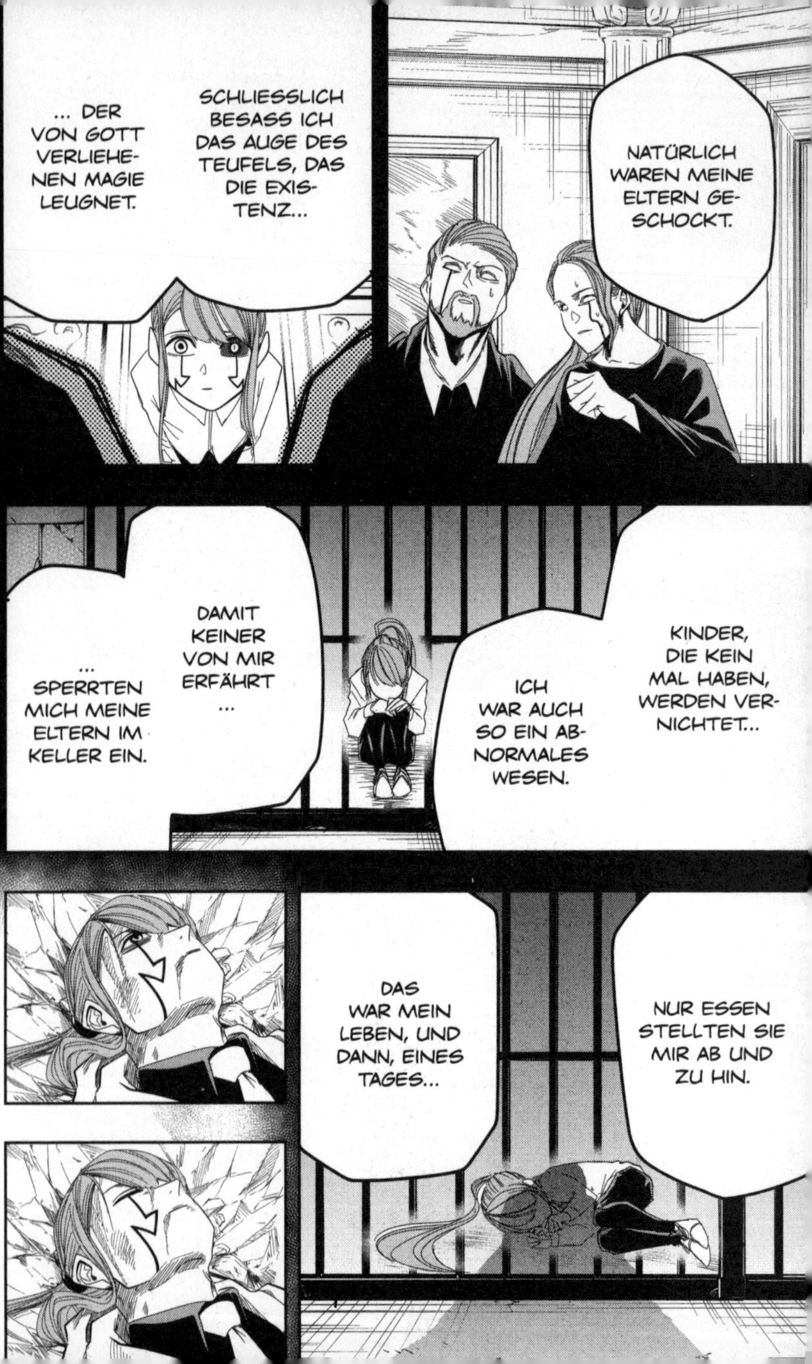
NATÜRLICH WAREN MEINE ELTERN GESCHOCKT.
SCHLIESSLICH BESASS ICH DAS AUGE DES TEUFELS, DAS DIE EXISTENZ...
... DER VON GOTT VERLIEHENEN MAGIE LEUGNET.
KINDER, DIE KEIN MAL HABEN, WERDEN VERNICHTET...
ICH WAR AUCH SO EIN ABNORMALES WESEN.
DAMIT KEINER VON MIR ERFÄHRT ...
... SPERRTEN MICH MEINE ELTERN IM KELLER EIN.
NUR ESSEN STELLTEN SIE MIR AB UND ZU HIN.
DAS WAR MEIN LEBEN, UND DANN, EINES TAGES...

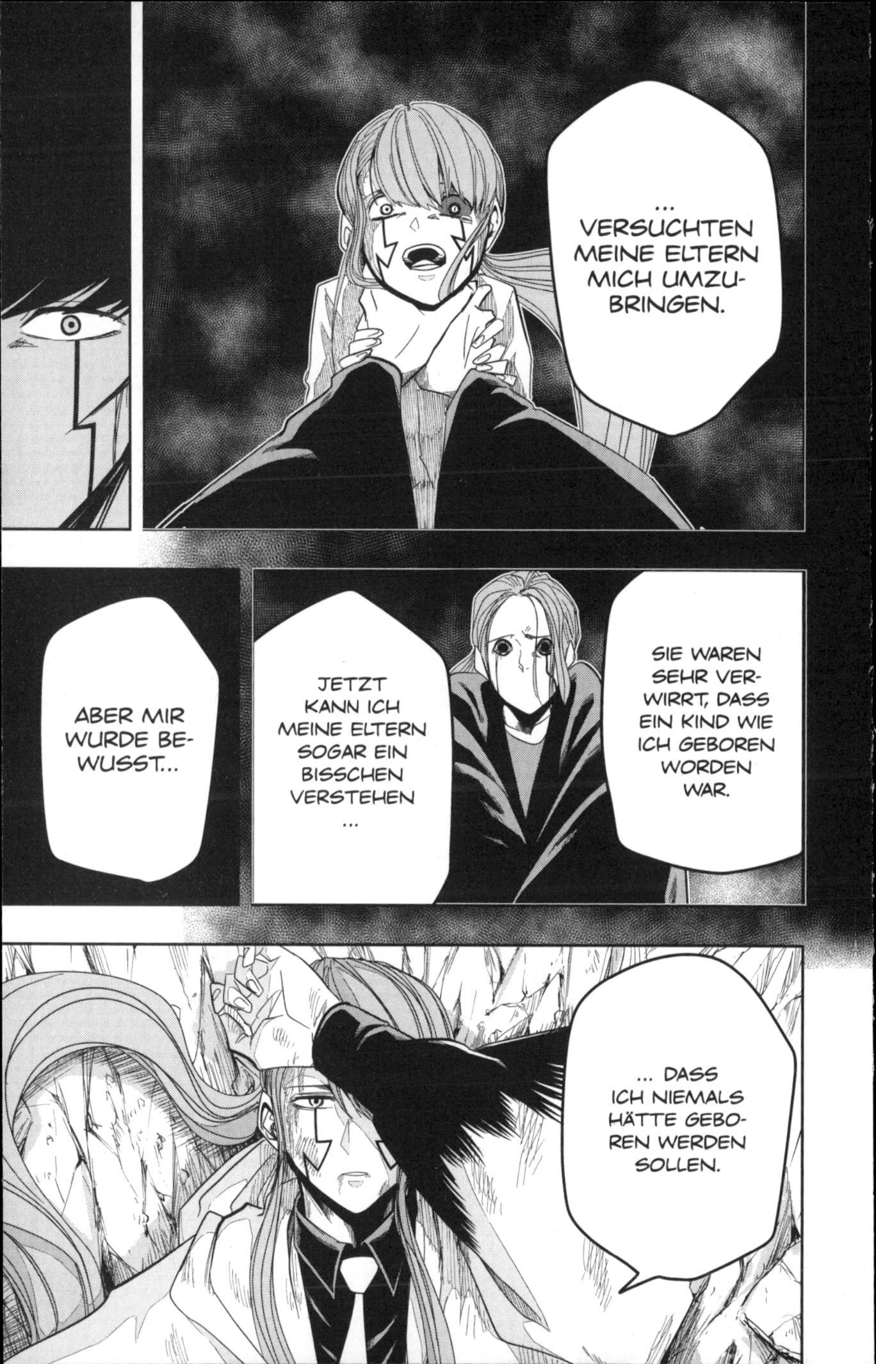
... VERSUCHTEN MEINE ELTERN MICH UMZU-BRINGEN.
SIE WAREN SEHR VER-WIRRT, DASS EIN KIND WIE ICH GEBOREN WORDEN WAR.
JETZT KANN ICH MEINE ELTERN SOGAR EIN BISSCHEN VERSTEHEN ...
ABER MIR WURDE BE-WUSST...
... DASS ICH NIEMALS HÄTTE GEBO-REN WERDEN SOLLEN.

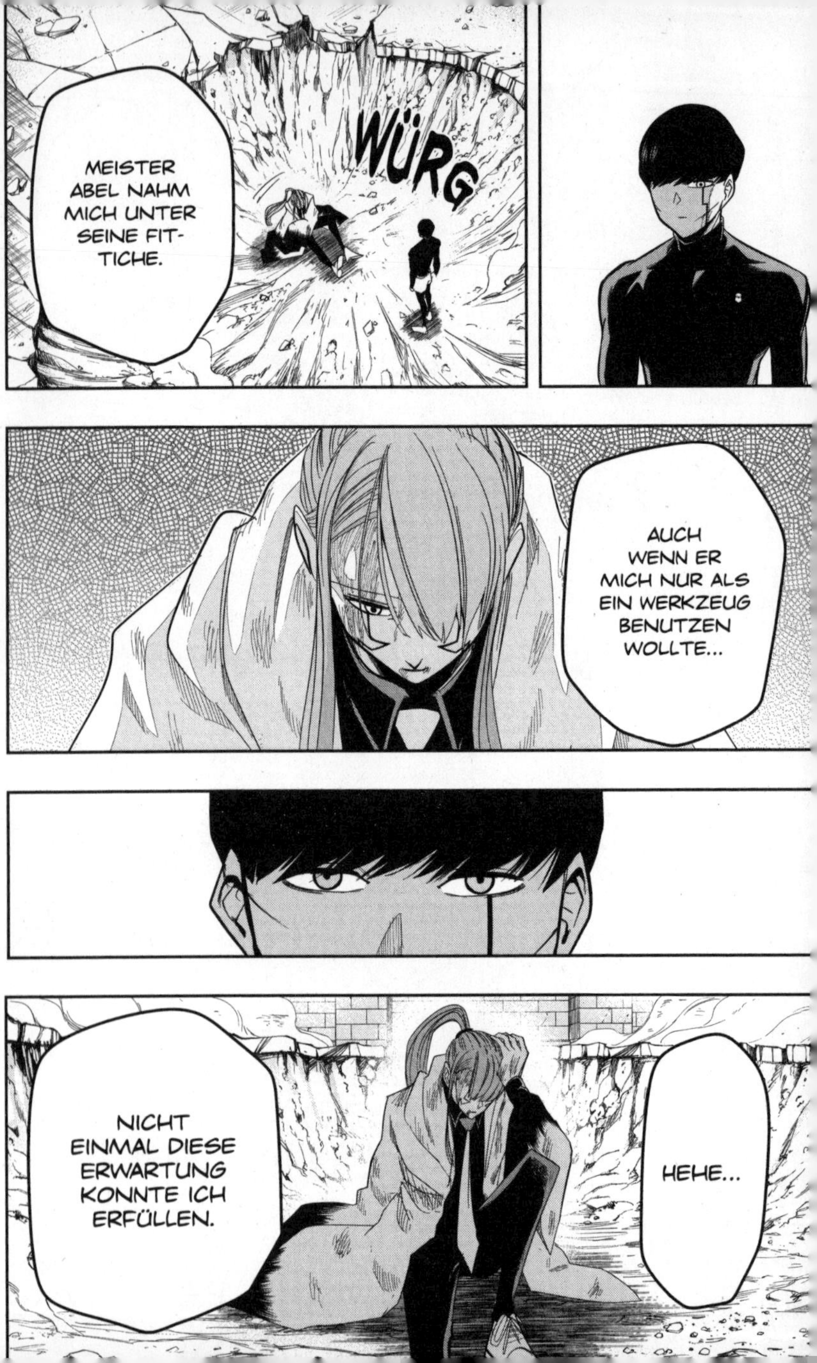
WÜRG
MEISTER ABEL NAHM MICH UNTER SEINE FIT-TICHE.
AUCH WENN ER MICH NUR ALS EIN WERKZEUG BENUTZEN WOLLTE...
HEHE...
NICHT EINMAL DIESE ERWARTUNG KONNTE ICH ERFÜLLEN.

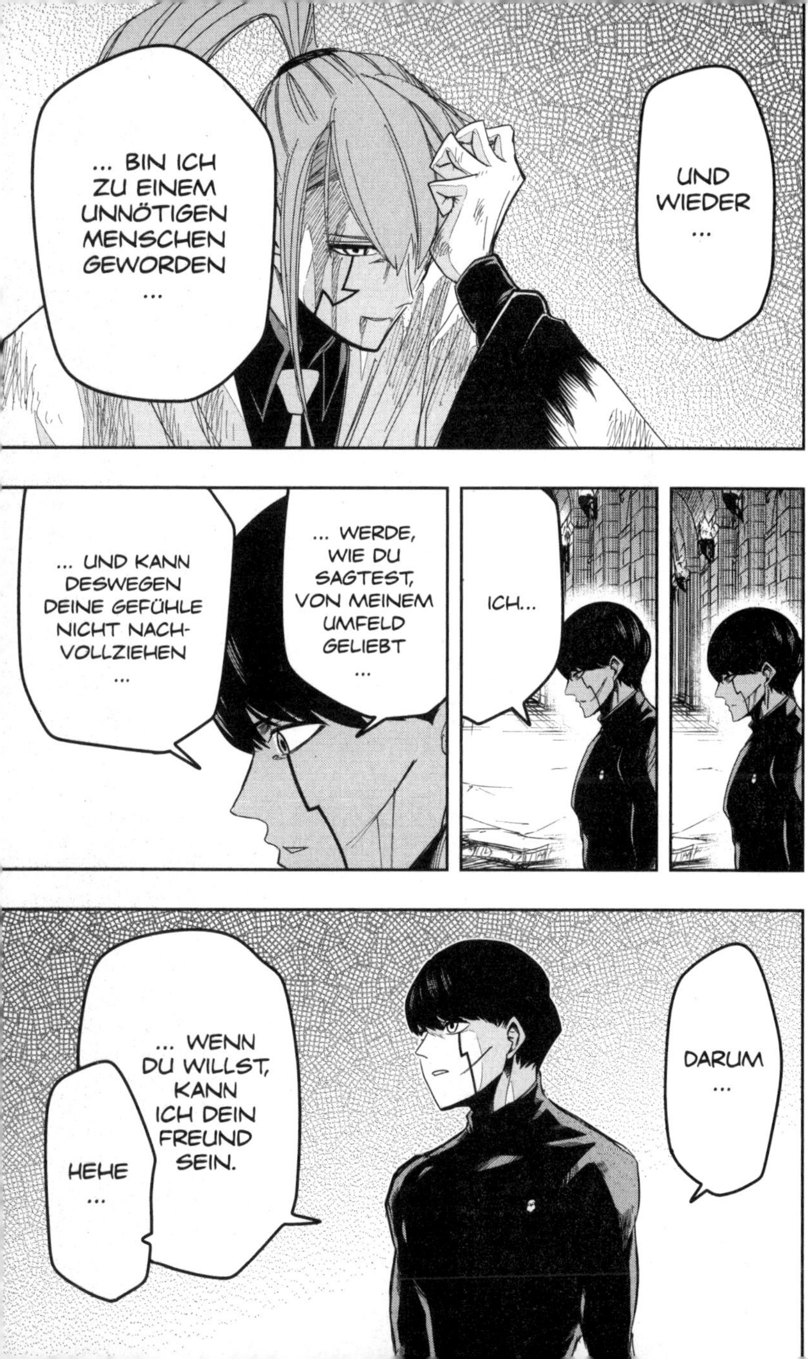
UND WIEDER ...
... BIN ICH ZU EINEM UNNÖTIGEN MENSCHEN GEWORDEN ...
ICH...
... WERDE, WIE DU SAGTEST, VON MEINEM UMFELD GELIEBT ...
... UND KANN DESWEGEN DEINE GEFÜHLE NICHT NACH-VOLLZIEHEN ...
DARUM ...
... WENN DU WILLST, KANN ICH DEIN FREUND SEIN.
HEHE ...

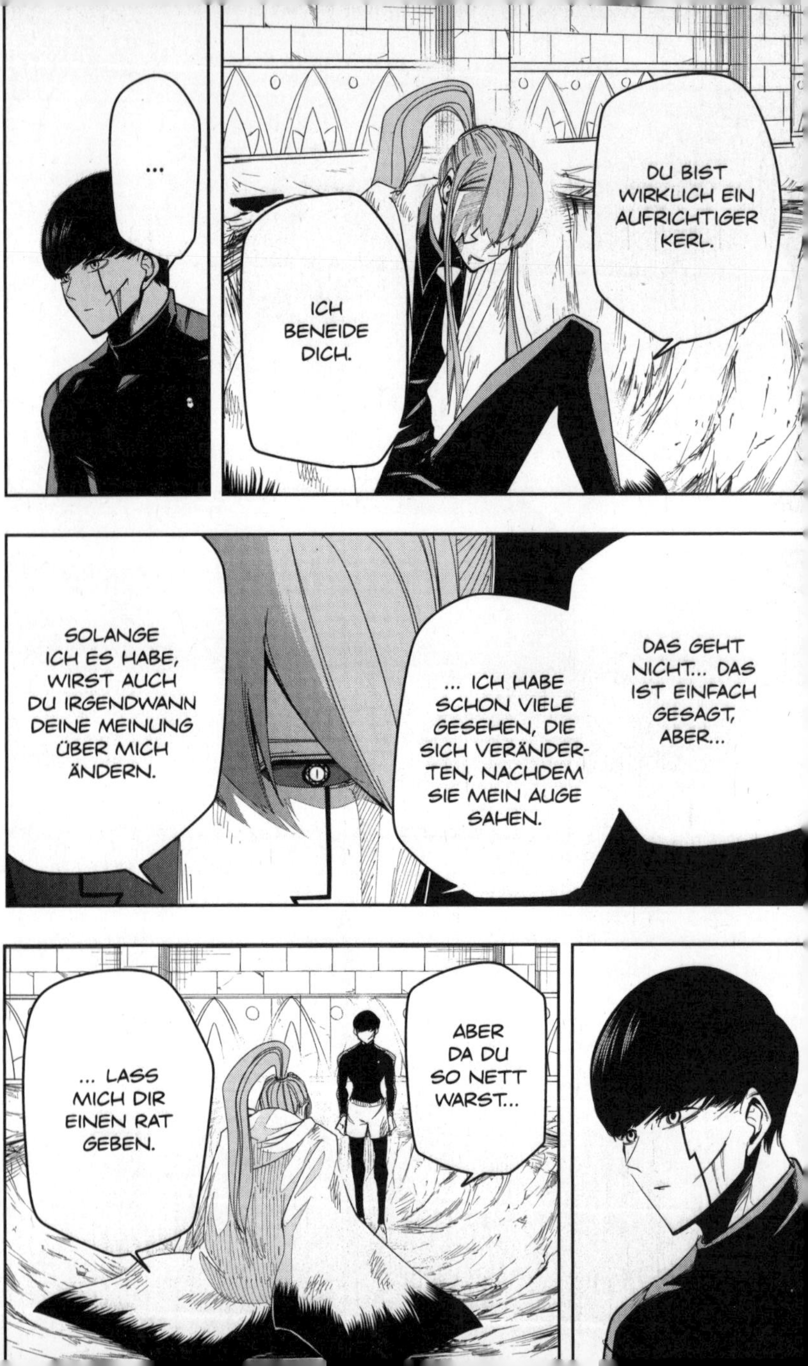
DU BIST WIRKLICH EIN AUFRICHTIGER KERL.
ICH BENEIDE DICH.
...
DAS GEHT NICHT... DAS IST EINFACH GESAGT, ABER...
... ICH HABE SCHON VIELE GESEHEN, DIE SICH VERÄNDER-TEN, NACHDEM SIE MEIN AUGE SAHEN.
SOLANGE ICH ES HABE, WIRST AUCH DU IRGENDWANN DEINE MEINUNG ÜBER MICH ÄNDERN.
ABER DA DU SO NETT WARST...
... LASS MICH DIR EINEN RAT GEBEN.

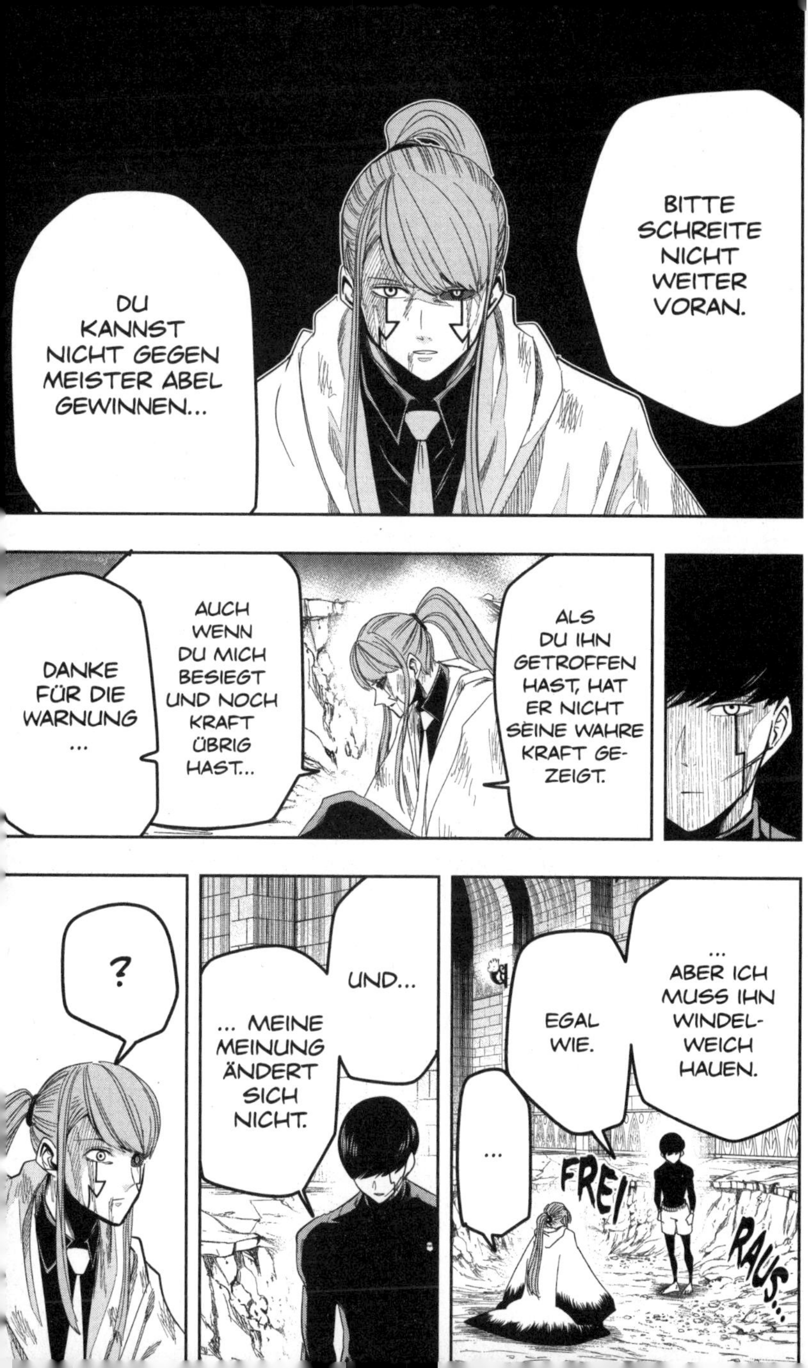
BITTE SCHREITE NICHT WEITER VORAN.
DU KANNST NICHT GEGEN MEISTER ABEL GEWINNEN...
ALS DU IHN GETROFFEN HAST, HAT ER NICHT SEINE WAHRE KRAFT GEZEIGT.
AUCH WENN DU MICH BESIEGT UND NOCH KRAFT ÜBRIG HAST...
DANKE FÜR DIE WARNUNG ...
... ABER ICH MUSS IHN WINDELWEICH HAUEN.
EGAL WIE.
...
FREI RAUS...
UND...
... MEINE MEINUNG ÄNDERT SICH NICHT.
?

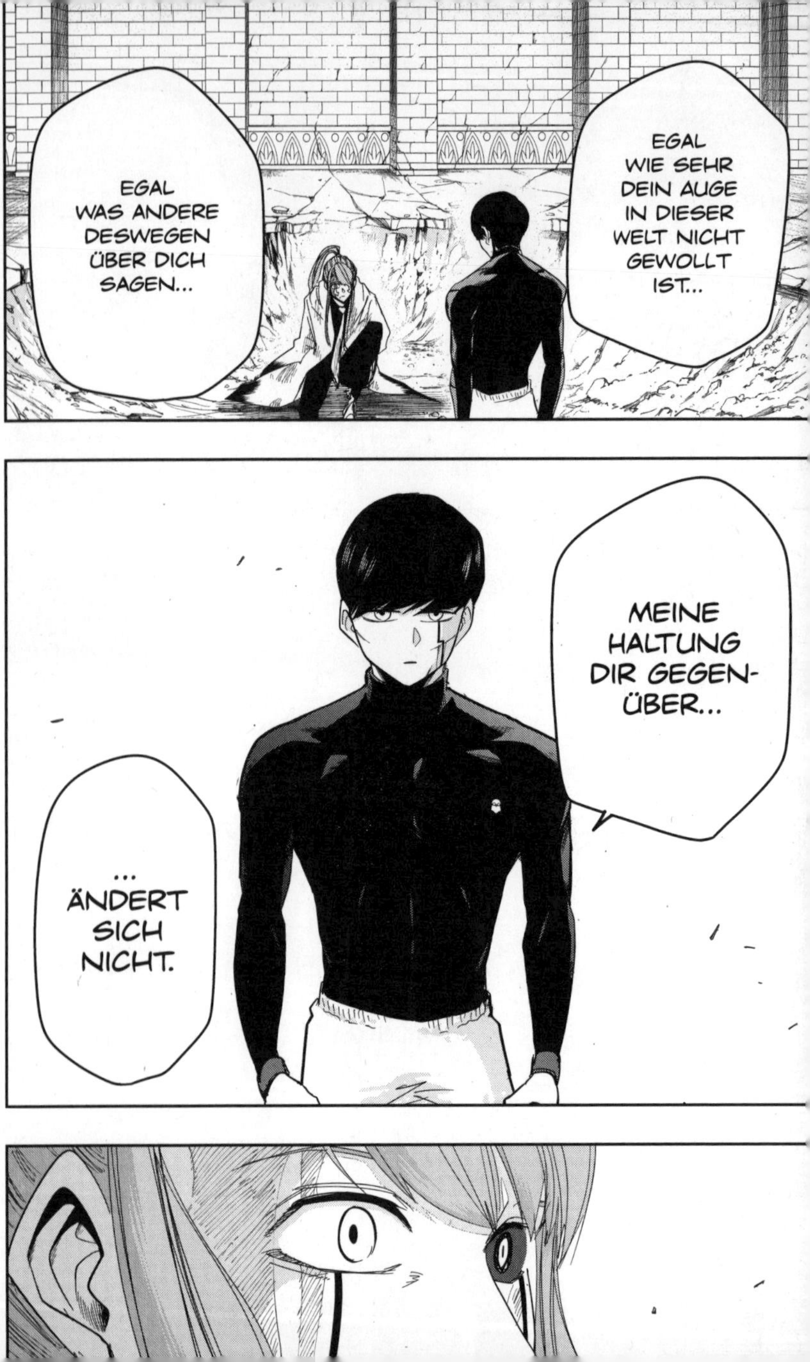
EGAL WIE SEHR DEIN AUGE IN DIESER WELT NICHT GEWOLLT IST...
EGAL WAS ANDERE DESWEGEN ÜBER DICH SAGEN...
MEINE HALTUNG DIR GEGEN-ÜBER...
... ÄNDERT SICH NICHT.

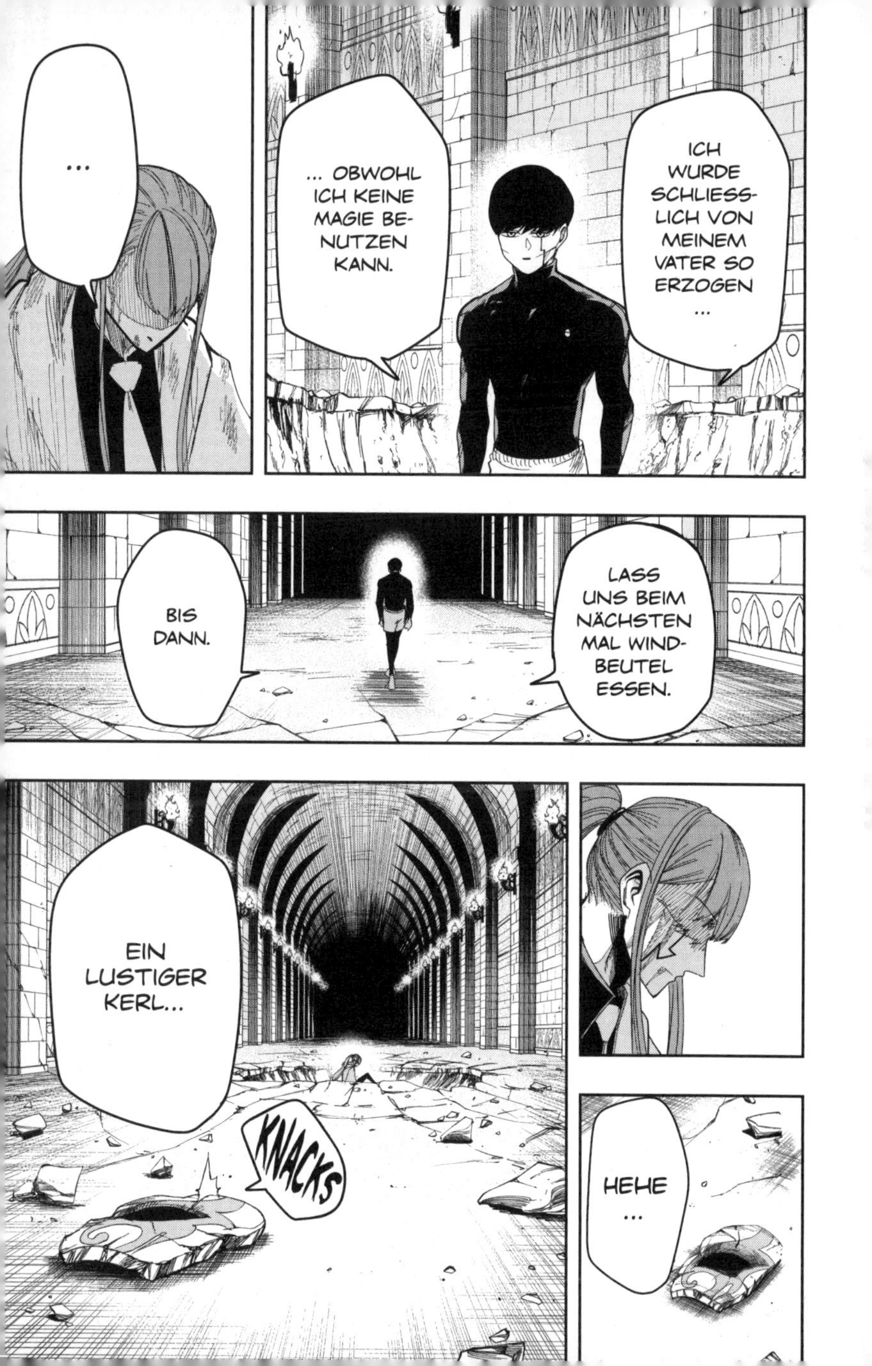
ICH WURDE SCHLIESS-LICH VON MEINEM VATER SO ERZOGEN ...
... OBWOHL ICH KEINE MAGIE BE-NUTZEN KANN.
...
LASS UNS BEIM NÄCHSTEN MAL WIND-BEUTEL ESSEN.
BIS DANN.
EIN LUSTIGER KERL...
KNACKS
HEHE ...

An alle, die diesen Band gekauft haben ②

... sagte mein Redakteur: »Der Weg, den wir gehen, ist ein steiniger.«
Ach, das waren noch Zeiten. Gut, solche Tage gibt es jetzt immer noch.
Ich fühle mich so unglaublich gesegnet von den Leserinnen und Lesern, allen Beteiligten und dem reinen Glück, das es braucht, um so weit zu kommen.
Ich werde das alles nicht vergessen und mich weiter an die Arbeit machen!!

Aww, verdammt, ich bin für einen Moment abgeschweift...
Da kam wohl mein wahres Ich durch...

Aber im Ernst... Vielen Dank. Und sorry.

PS: Vielen Dank für die Fanbriefe und Geschenke.
Ich kann euch leider nicht allen antworten. Aber eure Briefe sind der Grund, warum ich weiter Manga zeichne. Ich danke euch von ganzem Herzen.

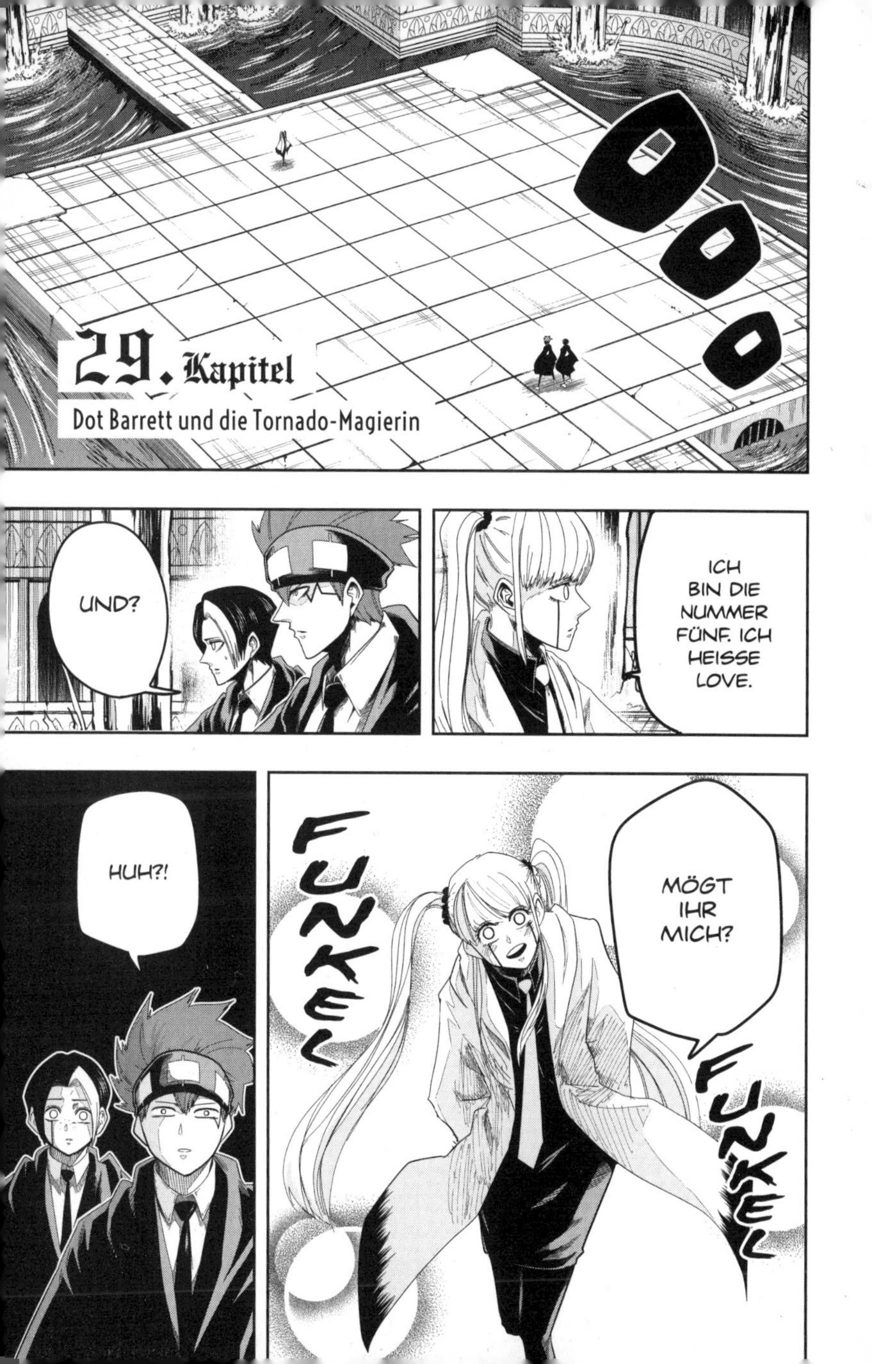
29. Kapitel
Dot Barrett und die Tornado-Magierin
ICH BIN DIE NUMMER FÜNF. ICH HEISSE LOVE.
UND?
MÖGT IHR MICH?
FUNKEL
FUNKEL
HUH?!

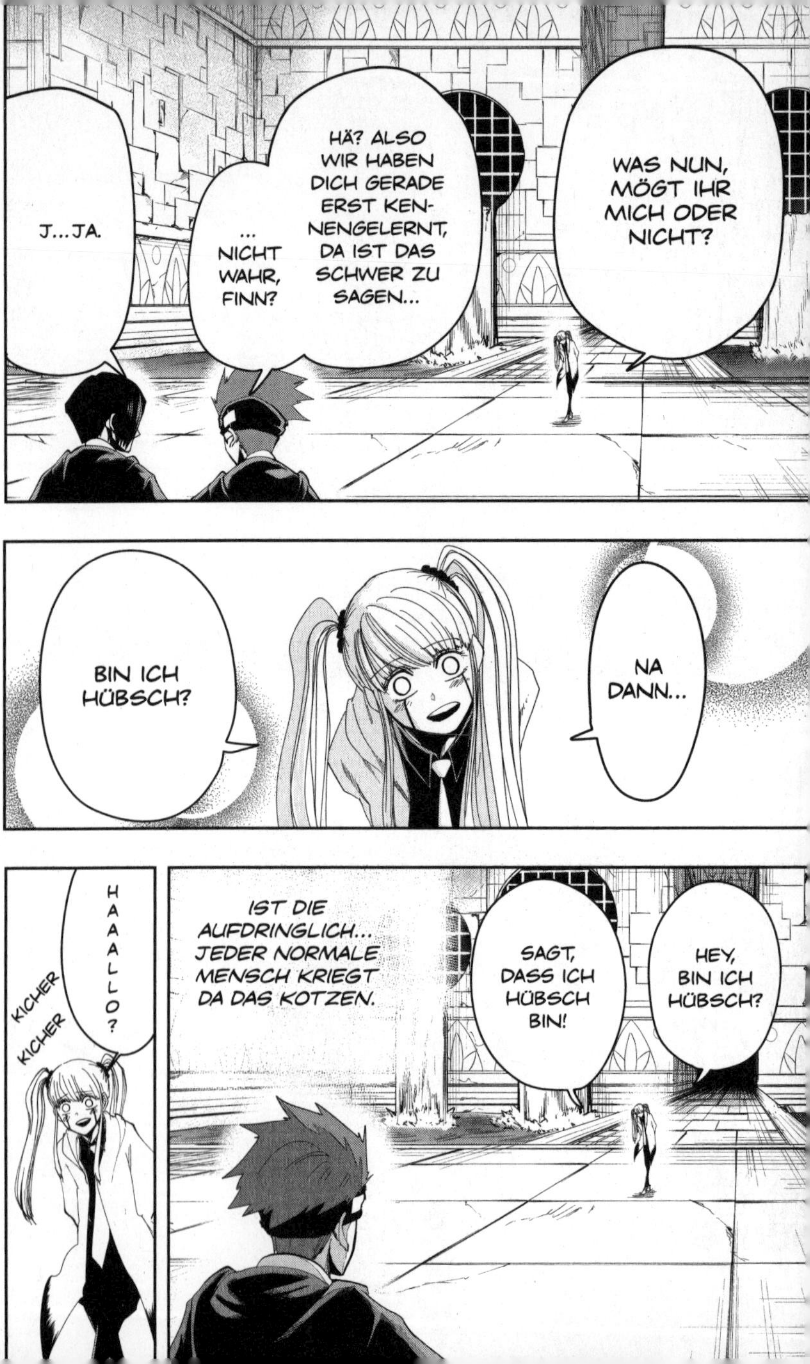
WAS NUN, MÖGT IHR MICH ODER NICHT?
HÄ? ALSO WIR HABEN DICH GERADE ERST KEN-NENGELERNT, DA IST DAS SCHWER ZU SAGEN...
... NICHT WAHR, FINN?
J...JA.
NA DANN...
BIN ICH HÜBSCH?
HEY, BIN ICH HÜBSCH?
SAGT, DASS ICH HÜBSCH BIN!
IST DIE AUFDRINGLICH... JEDER NORMALE MENSCH KRIEGT DA DAS KOTZEN.
HAAAALLO?
KICHER KICHER

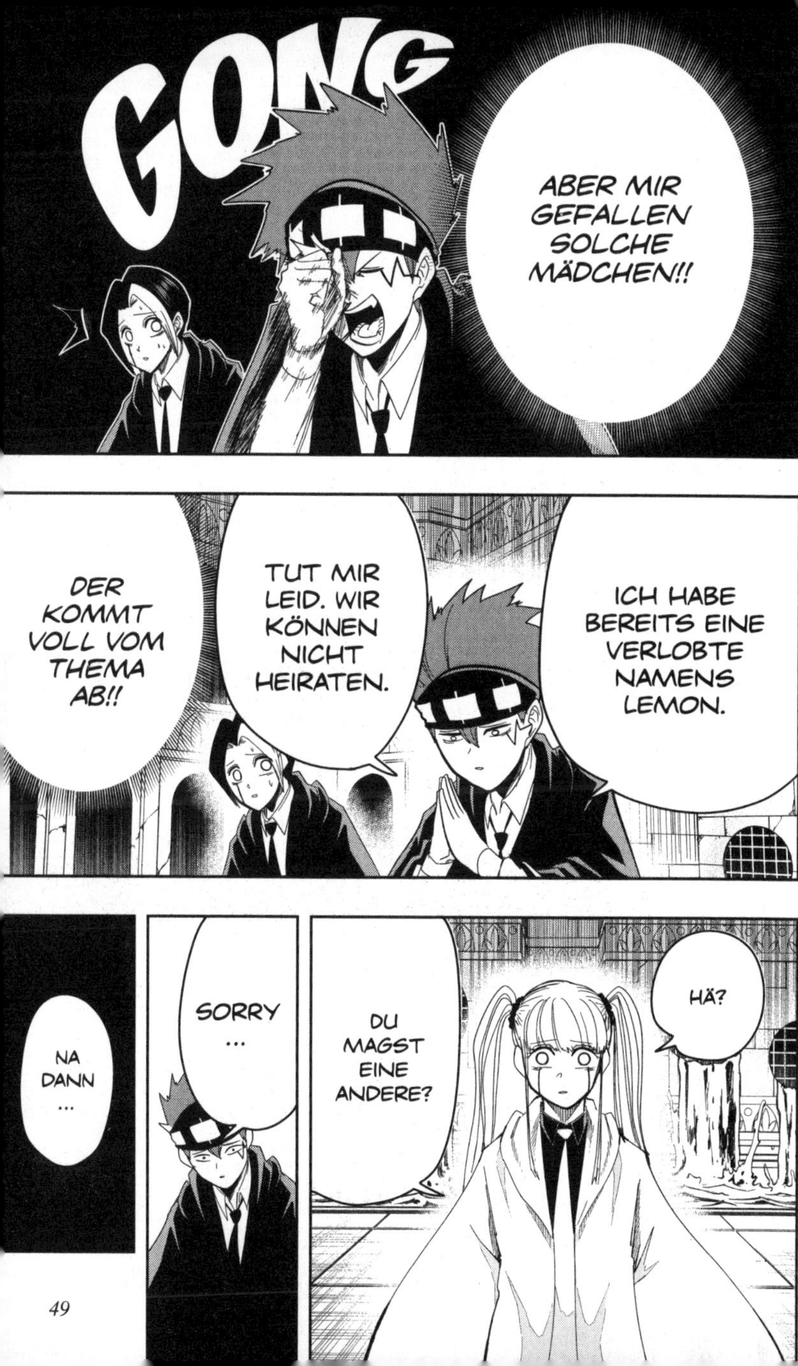
GONG
ABER MIR GEFALLEN SOLCHE MÄDCHEN!!
ICH HABE BEREITS EINE VERLOBTE NAMENS LEMON.
TUT MIR LEID. WIR KÖNNEN NICHT HEIRATEN.
DER KOMMT VOLL VOM THEMA AB!!
HÄ?
DU MAGST EINE ANDERE?
SORRY ...
NA DANN ...

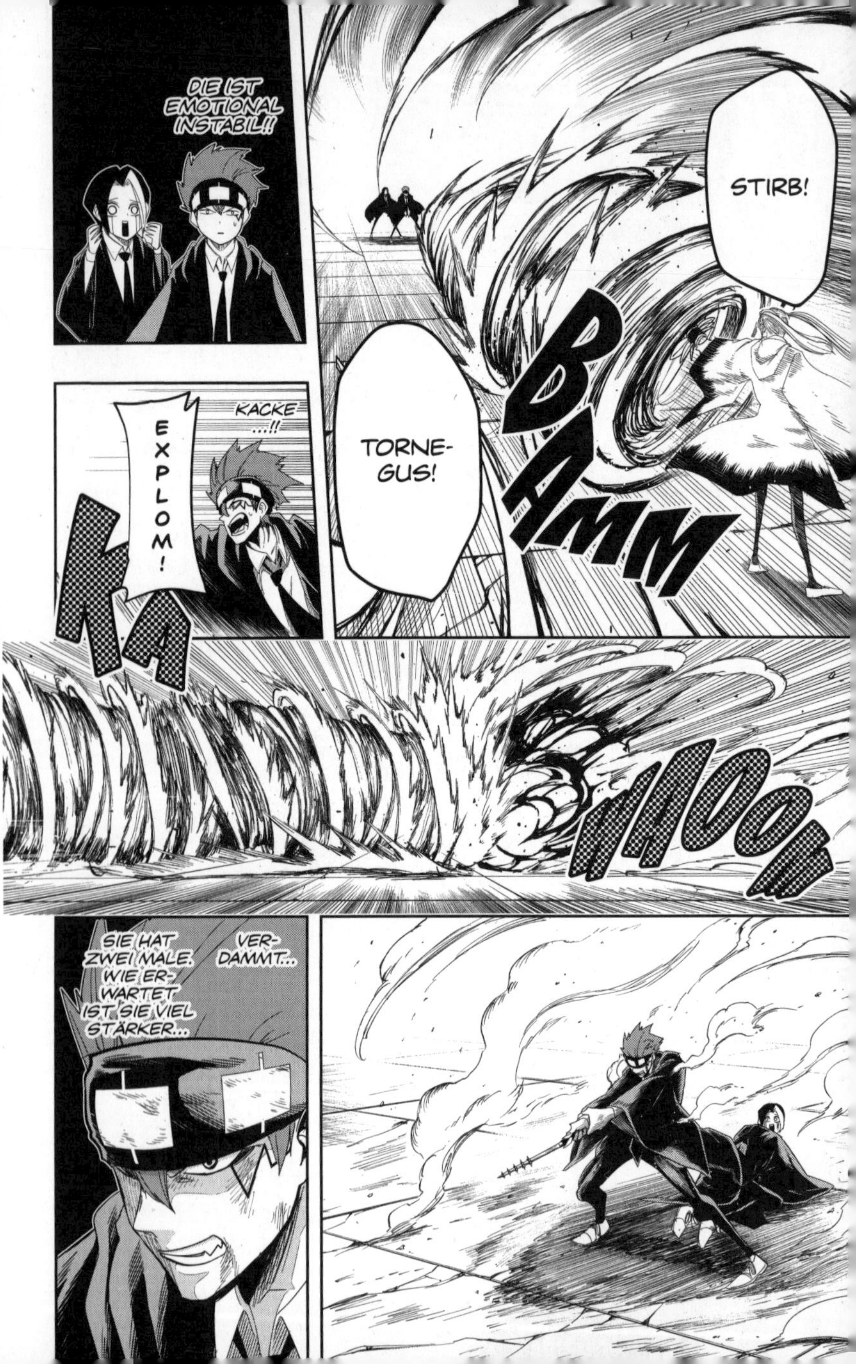
STIRB!
TORNE-GUS!
BAMM
DIE IST EMOTIONAL INSTABIL!!
KACKE ...!!
EXPLOM!
KA
VER-DAMMT...
SIE HAT ZWEI MALE. WIE ER-WARTET IST SIE VIEL STÄRKER...

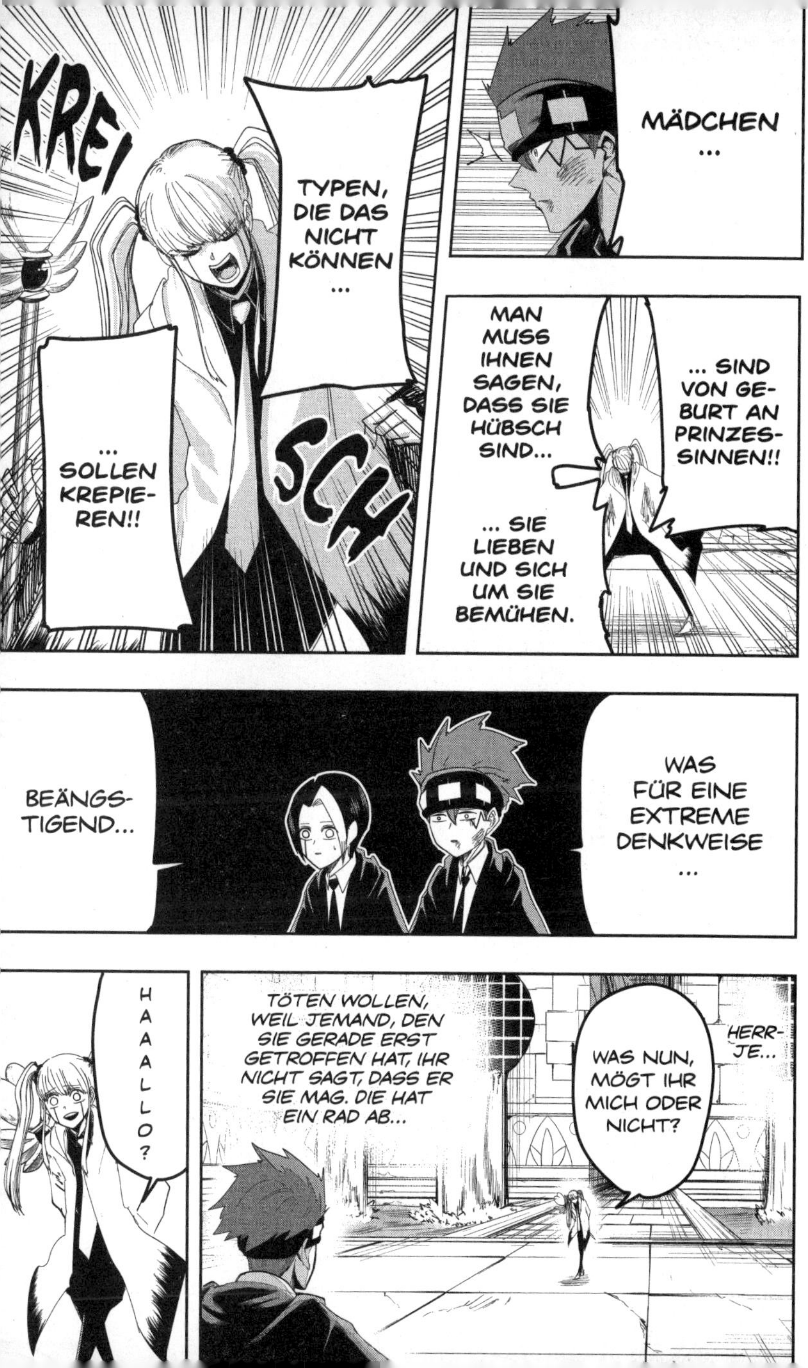
MÄDCHEN ...
... SIND VON GE-BURT AN PRINZES-SINNEN!!
MAN MUSS IHNEN SAGEN, DASS SIE HÜBSCH SIND...
... SIE LIEBEN UND SICH UM SIE BEMÜHEN.
TYPEN, DIE DAS NICHT KÖNNEN ...
... SOLLEN KREPIE-REN!!
KREI
SCH
WAS FÜR EINE EXTREME DENKWEISE ...
BEÄNGS-TIGEND...
HERR-JE...
WAS NUN, MÖGT IHR MICH ODER NICHT?
TÖTEN WOLLEN, WEIL JEMAND, DEN SIE GERADE ERST GETROFFEN HAT, IHR NICHT SAGT, DASS ER SIE MAG. DIE HAT EIN RAD AB...
HAAAALLO?

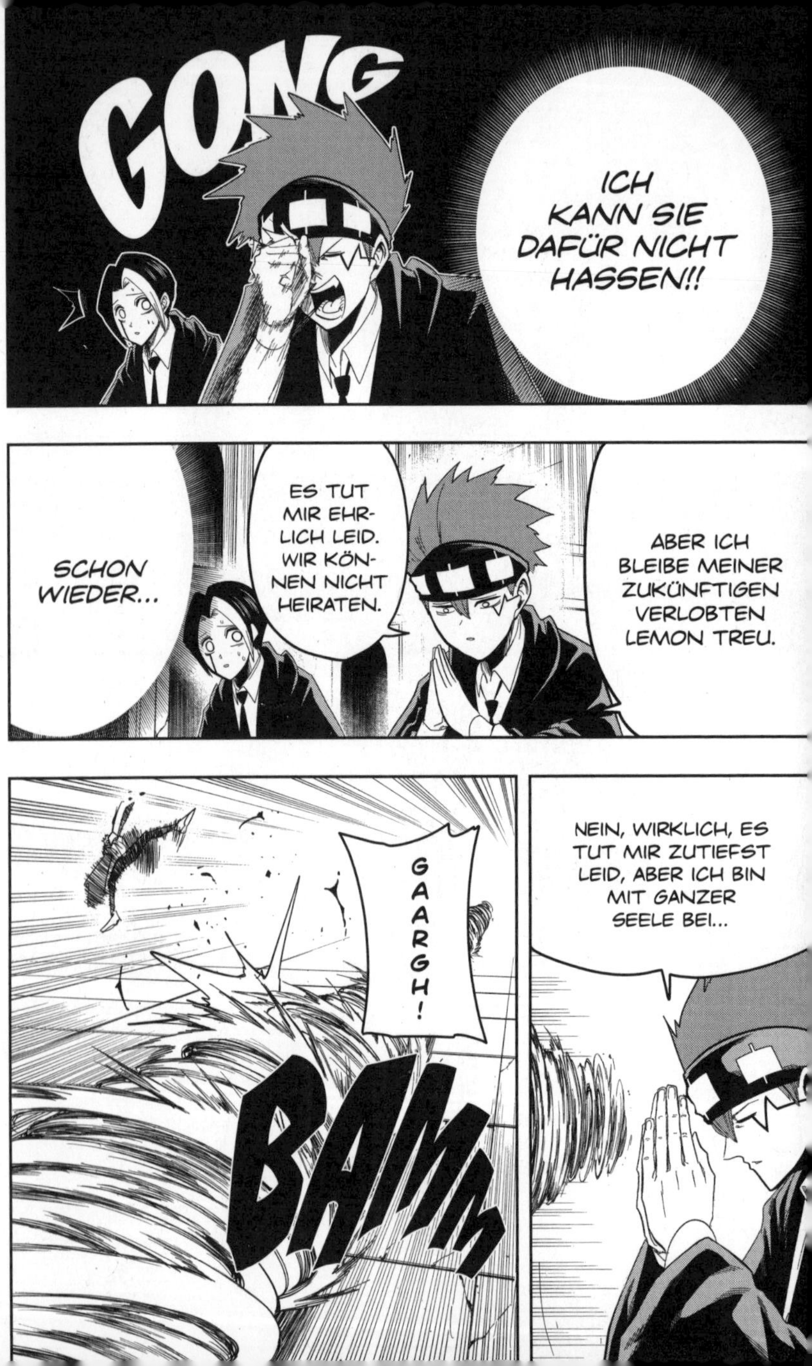
ICH KANN SIE DAFÜR NICHT HASSEN!!
GONG
ABER ICH BLEIBE MEINER ZUKÜNFTIGEN VERLOBTEN LEMON TREU.
ES TUT MIR EHR- LICH LEID. WIR KÖN- NEN NICHT HEIRATEN.
SCHON WIEDER...
NEIN, WIRKLICH, ES TUT MIR ZUTIEFST LEID, ABER ICH BIN MIT GANZER SEELE BEI...
GAARGH!
BAM

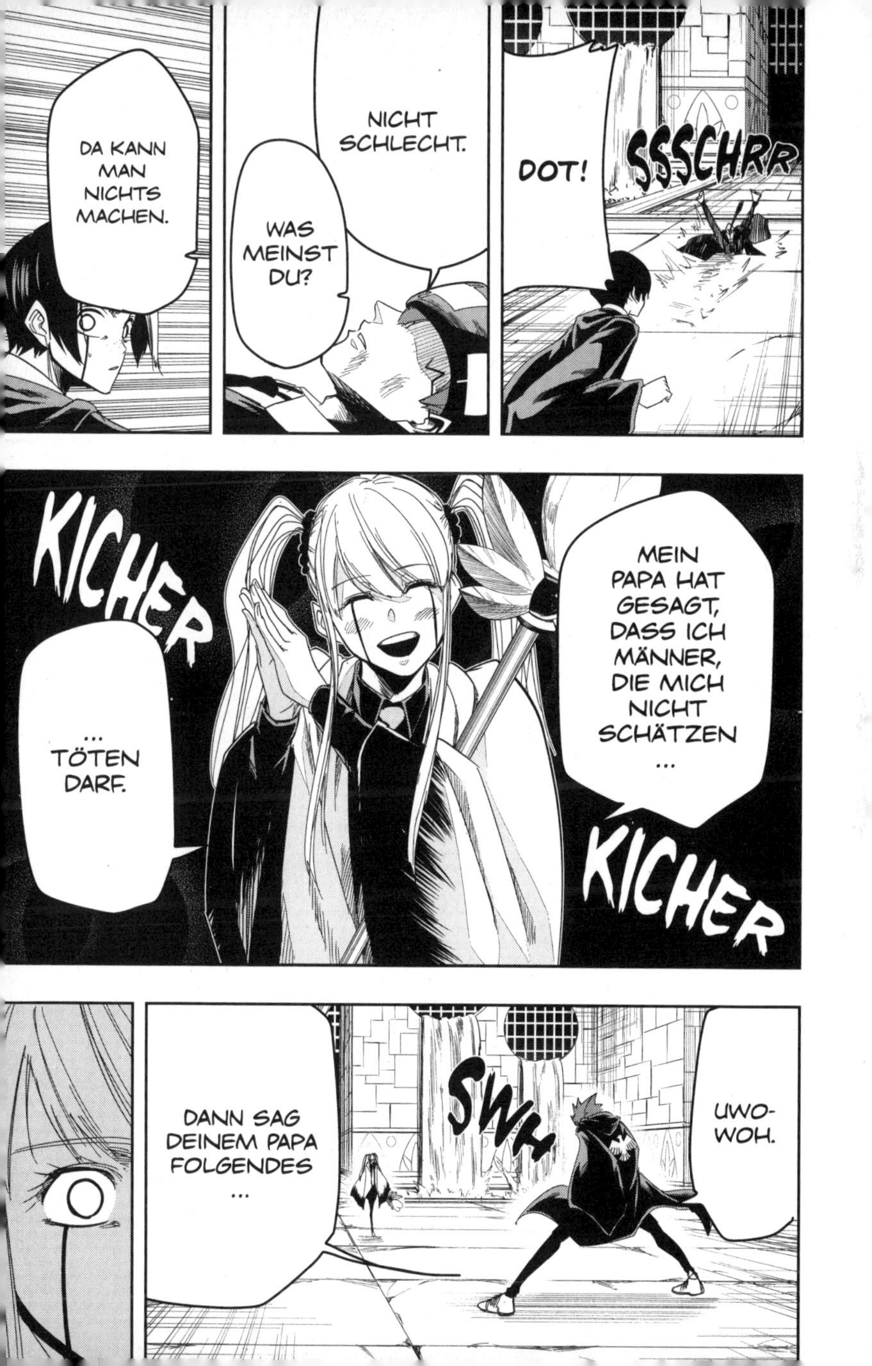
SSSCHRR
DOT!
NICHT SCHLECHT.
WAS MEINST DU?
DA KANN MAN NICHTS MACHEN.
MEIN PAPA HAT GESAGT, DASS ICH MÄNNER, DIE MICH NICHT SCHÄTZEN ...
KICHER
KICHER
... TÖTEN DARF.
UWO-WOH.
SWH
DANN SAG DEINEM PAPA FOLGENDES ...

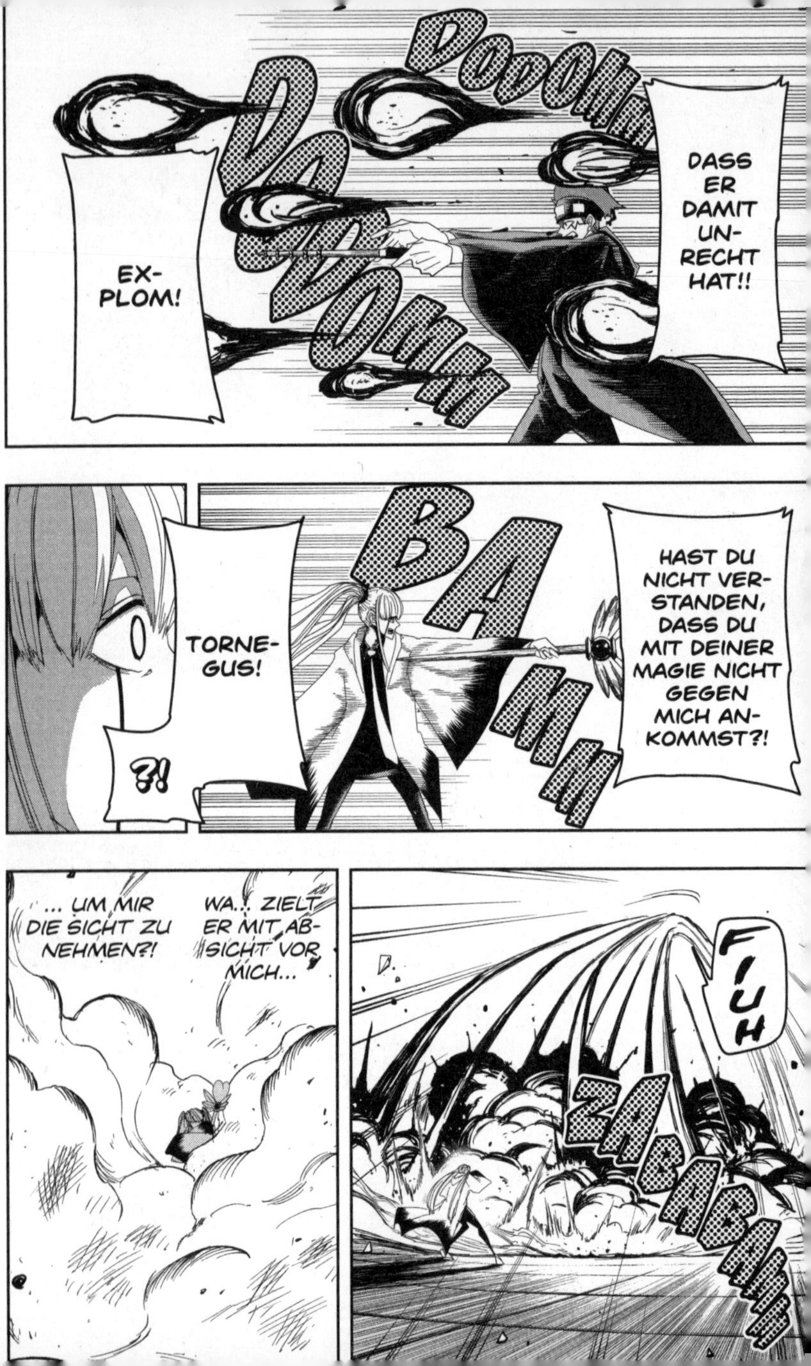
DASS ER DAMIT UN-RECHT HAT!!
EX-PLOM!
HAST DU NICHT VER-STANDEN, DASS DU MIT DEINER MAGIE NICHT GEGEN MICH AN-KOMMST?!
BAMM
TORNE-GUS!
?!
FIUH
WA... ZIELT ER MIT AB-SICHT VOR MICH...
... UM MIR DIE SICHT ZU NEHMEN?!

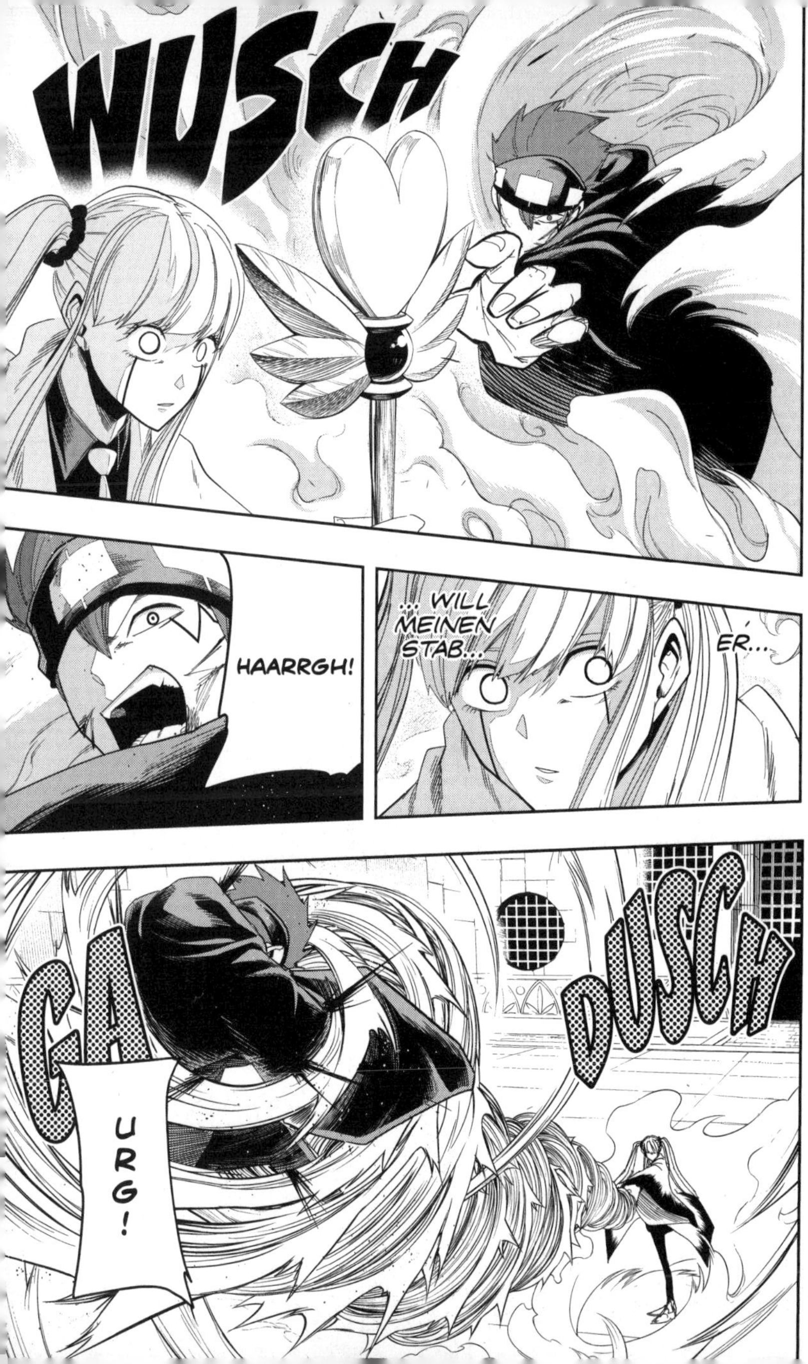
WUSCH
ER...
... WILL MEINEN STAB...
HAARRGH!
DUSCH
GA
URG!

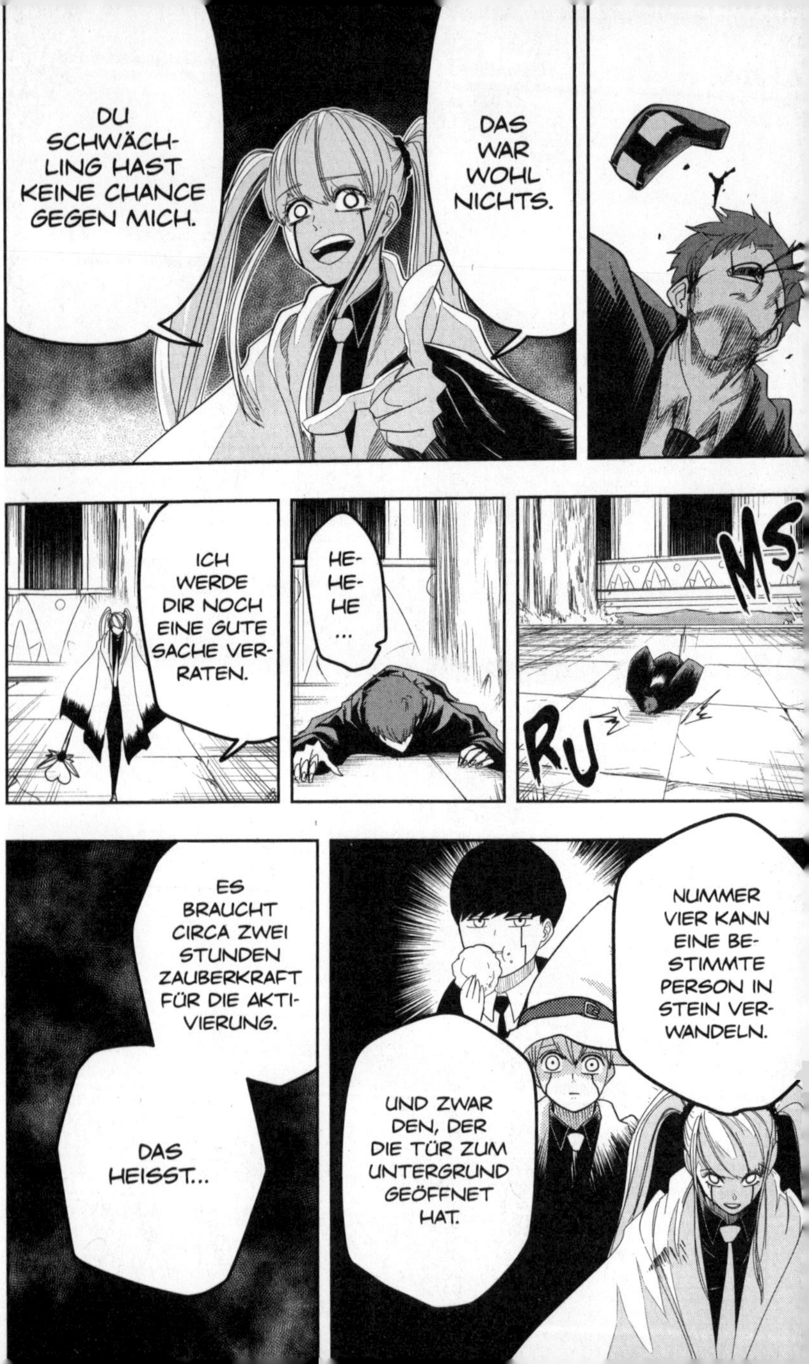
DAS WAR WOHL NICHTS.
DU SCHWÄCHLING HAST KEINE CHANCE GEGEN MICH.
RUMS
HE-HE-HE ...
ICH WERDE DIR NOCH EINE GUTE SACHE VERRATEN.
NUMMER VIER KANN EINE BESTIMMTE PERSON IN STEIN VERWANDELN.
UND ZWAR DEN, DER DIE TÜR ZUM UNTERGRUND GEÖFFNET HAT.
ES BRAUCHT CIRCA ZWEI STUNDEN ZAUBERKRAFT FÜR DIE AKTIVIERUNG.
DAS HEISST...

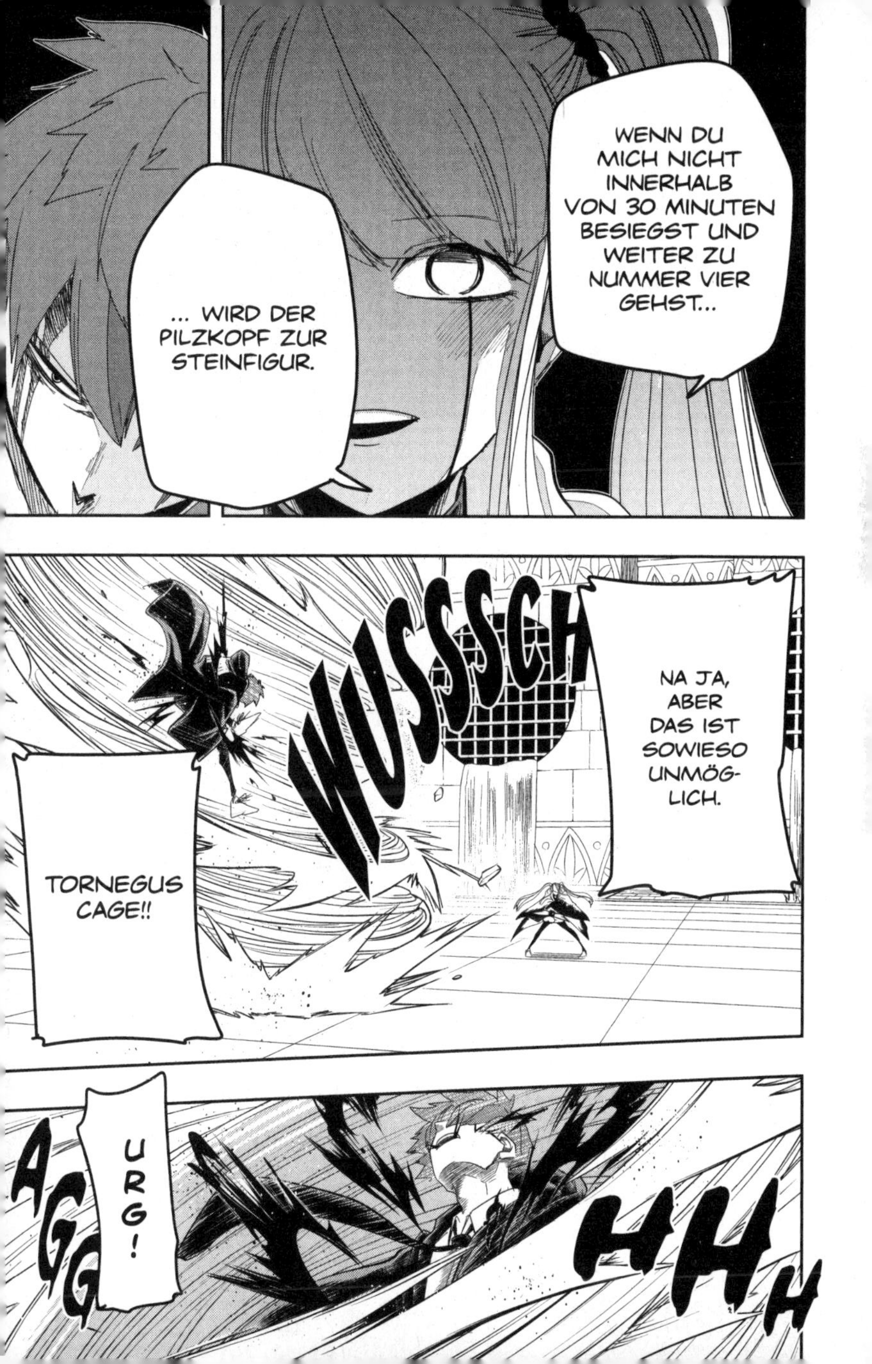

WENN DU MICH NICHT INNERHALB VON 30 MINUTEN BESIEGST UND WEITER ZU NUMMER VIER GEHST...
... WIRD DER PILZKOPF ZUR STEINFIGUR.
NA JA, ABER DAS IST SOWIESO UNMÖG-LICH.
WUSSCH
TORNEGUS CAGE!!
URG!
AGGHHHh

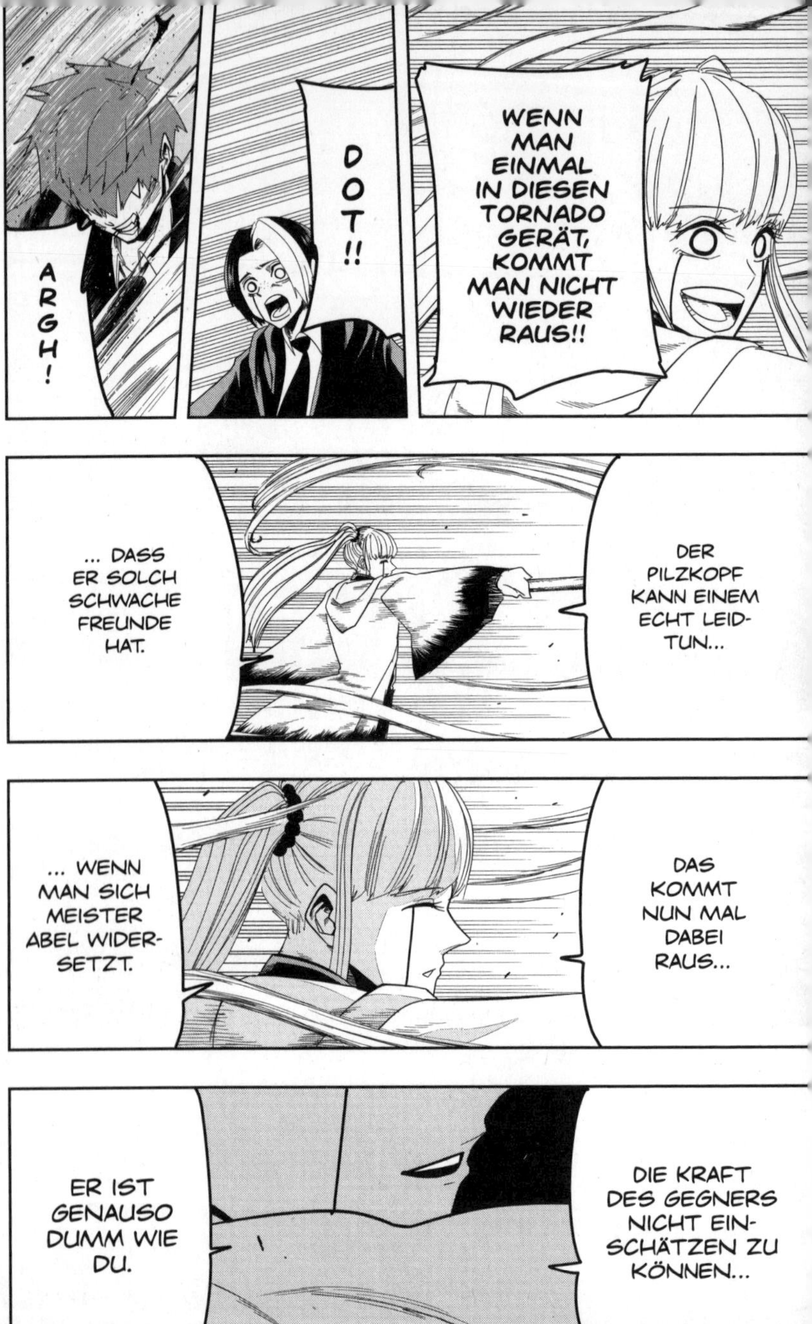
WENN MAN EINMAL IN DIESEN TORNADO GERÄT, KOMMT MAN NICHT WIEDER RAUS!!
DOT!!
ARGH!
DER PILZKOPF KANN EINEM ECHT LEID-TUN...
... DASS ER SOLCH SCHWACHE FREUNDE HAT.
DAS KOMMT NUN MAL DABEI RAUS...
... WENN MAN SICH MEISTER ABEL WIDER-SETZT.
DIE KRAFT DES GEGNERS NICHT EIN-SCHÄTZEN ZU KÖNNEN...
ER IST GENAUSO DUMM WIE DU.

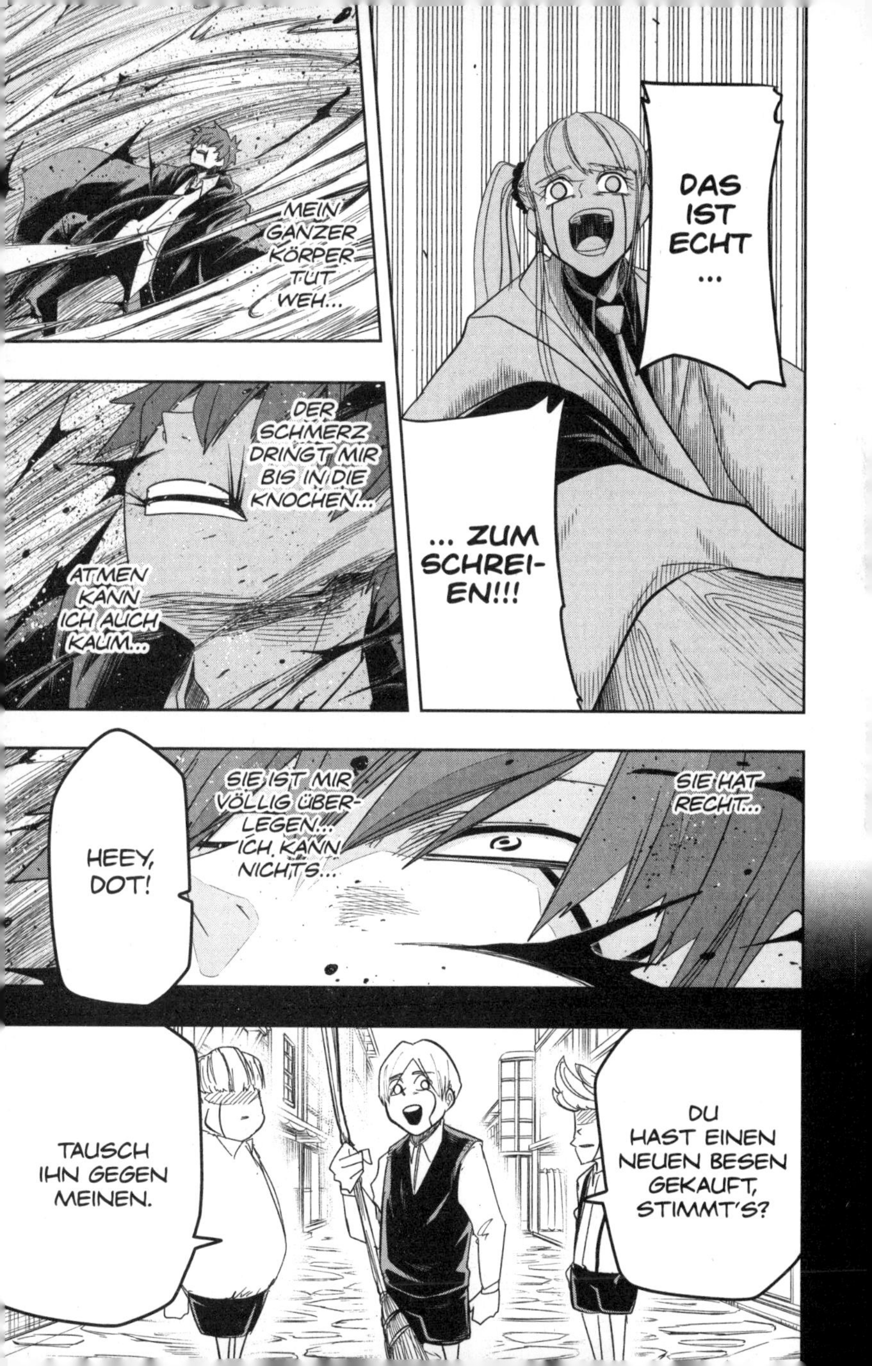
DAS IST ECHT ...
... ZUM SCHREI-EN!!!
MEIN GANZER KÖRPER TUT WEH...
DER SCHMERZ DRINGT MIR BIS IN DIE KNOCHEN...
ATMEN KANN ICH AUCH KAUM...
SIE HAT RECHT...
SIE IST MIR VÖLLIG ÜBER-LEGEN... ICH KANN NICHTS...
HEEY, DOT!
DU HAST EINEN NEUEN BESEN GEKAUFT, STIMMT'S?
TAUSCH IHN GEGEN MEINEN.

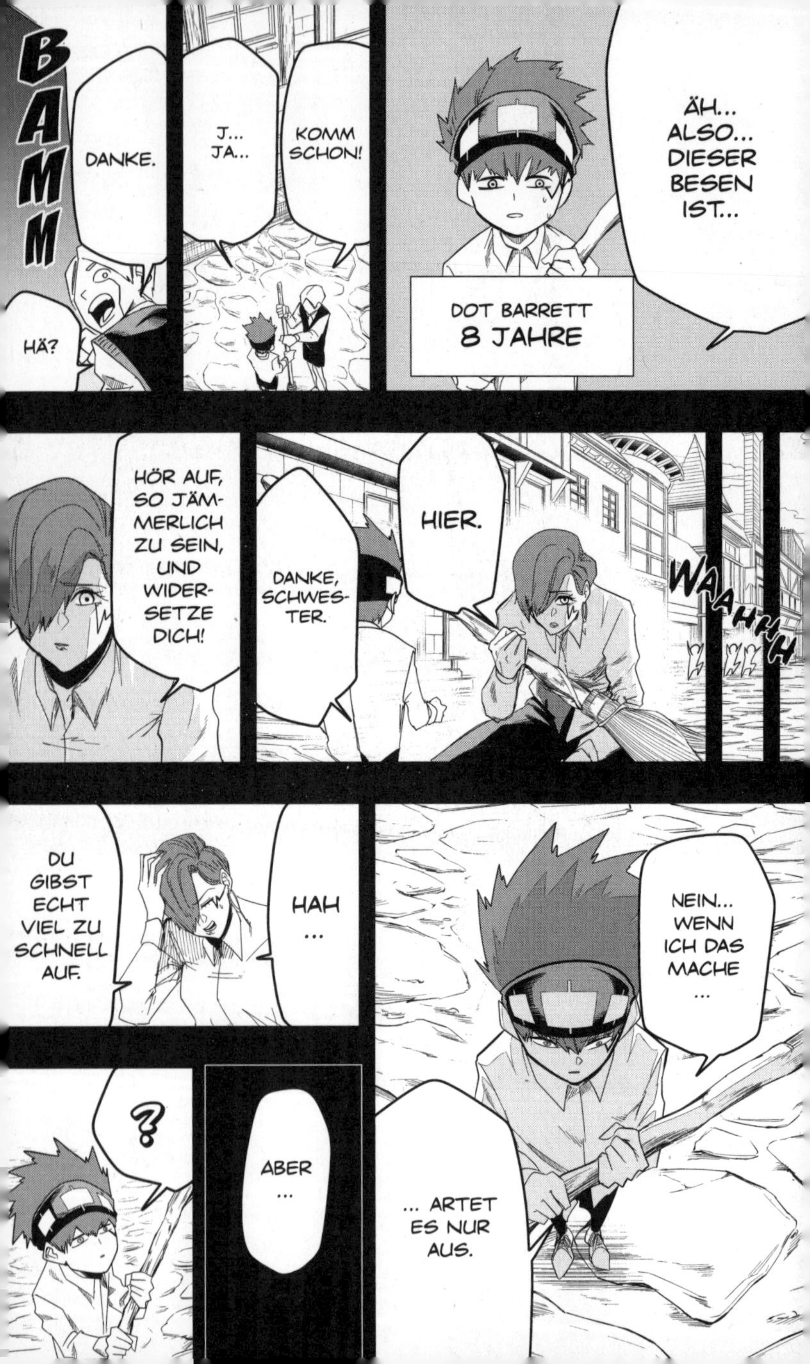
ÄH... ALSO... DIESER BESEN IST...
DOT BARRETT
8 JAHRE
KOMM SCHON!
J... JA...
DANKE.
HÄ?
BAMM
WAAHHHH
HIER.
DANKE, SCHWESTER.
HÖR AUF, SO JÄMMERLICH ZU SEIN, UND WIDERSETZE DICH!
NEIN... WENN ICH DAS MACHE ...
... ARTET ES NUR AUS.
HAH ...
DU GIBST ECHT VIEL ZU SCHNELL AUF.
ABER ...
?

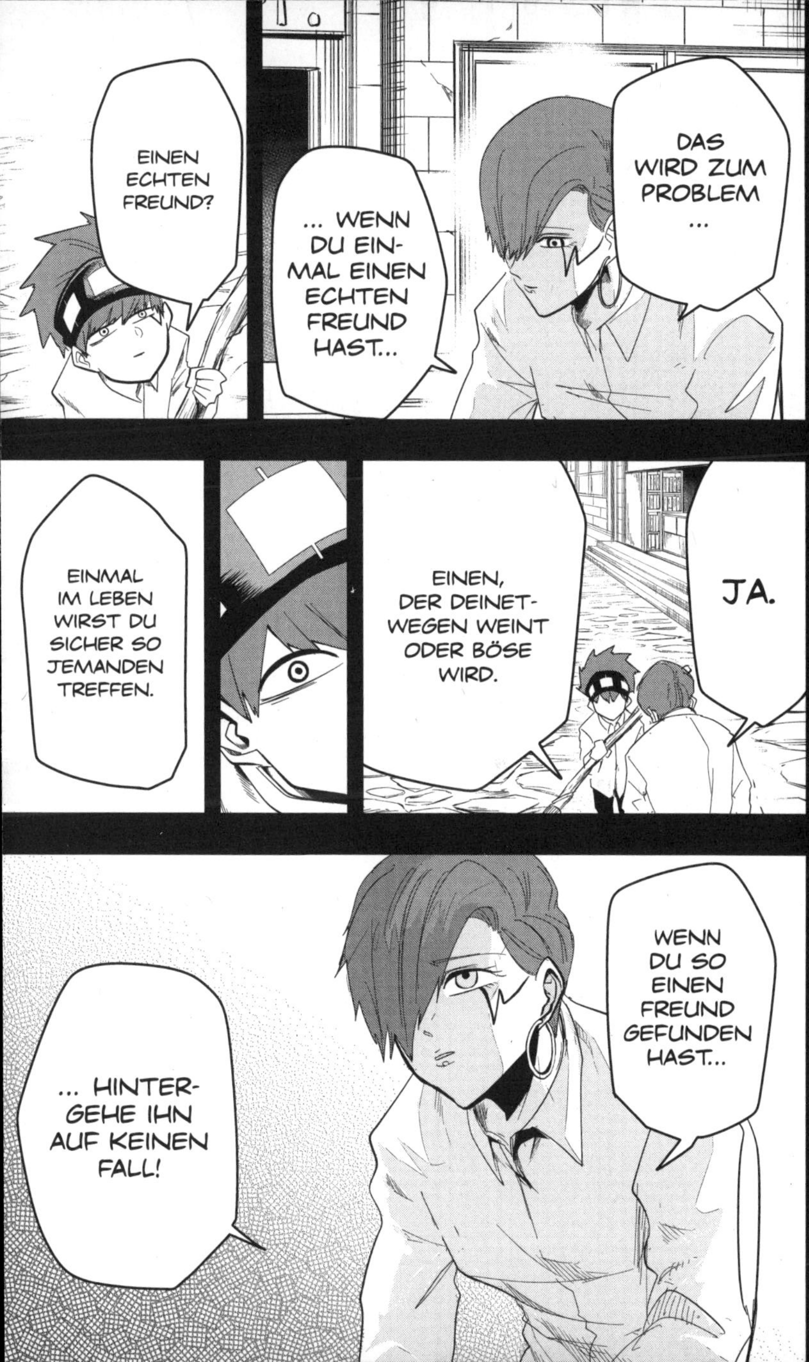
DAS WIRD ZUM PROBLEM ...
... WENN DU EINMAL EINEN ECHTEN FREUND HAST...
EINEN ECHTEN FREUND?
JA.
EINEN, DER DEINETWEGEN WEINT ODER BÖSE WIRD.
EINMAL IM LEBEN WIRST DU SICHER SO JEMANDEN TREFFEN.
WENN DU SO EINEN FREUND GEFUNDEN HAST...
... HINTERGEHE IHN AUF KEINEN FALL!

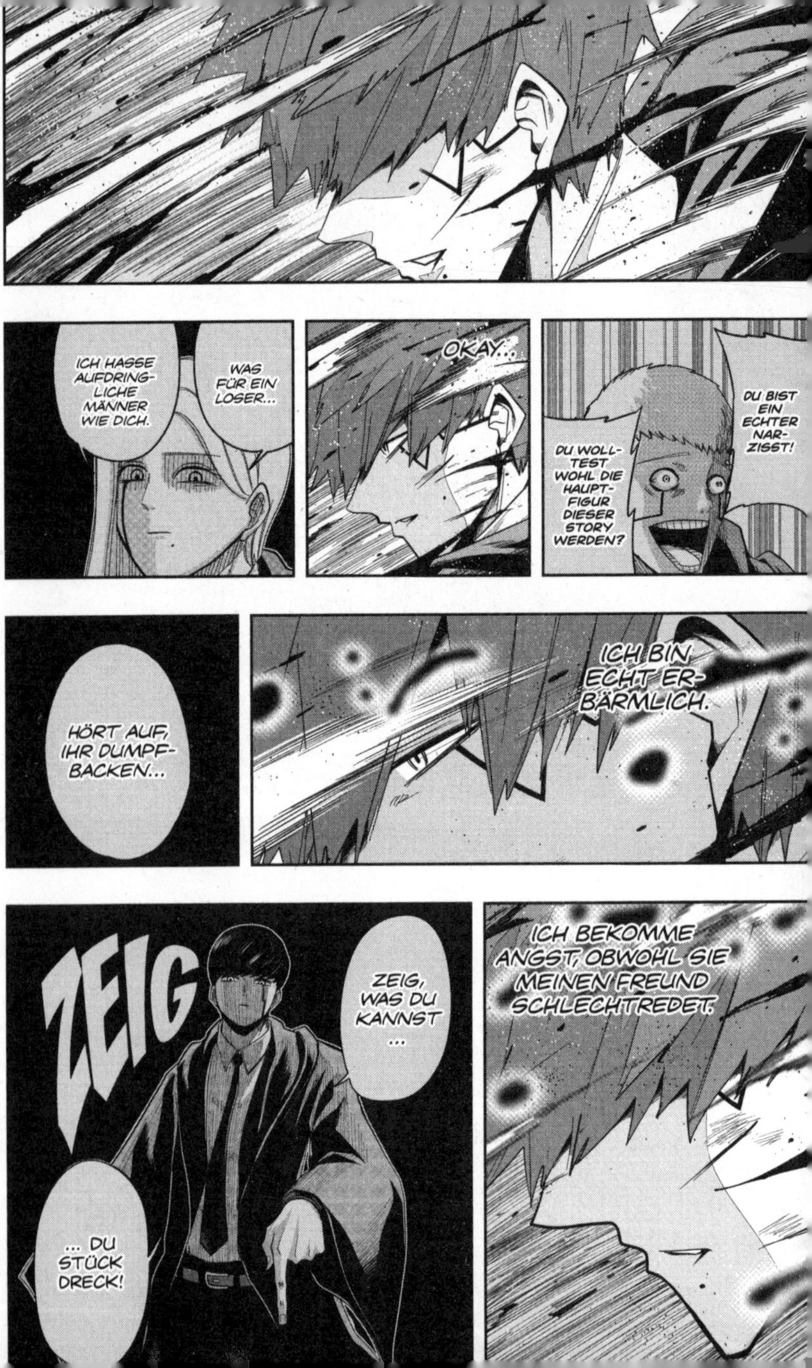

DU BIST EIN ECHTER NARZISST!
DU WOLLTEST WOHL DIE HAUPTFIGUR DIESER STORY WERDEN?
OKAY...
WAS FÜR EIN LOSER...
ICH HASSE AUFDRINGLICHE MÄNNER WIE DICH.
ICH BIN ECHT ERBÄRMLICH.
HÖRT AUF, IHR DUMPFBACKEN...
ICH BEKOMME ANGST, OBWOHL SIE MEINEN FREUND SCHLECHTREDET.
ZEIG, WAS DU KANNST ...
ZEIG
... DU STÜCK DRECK!

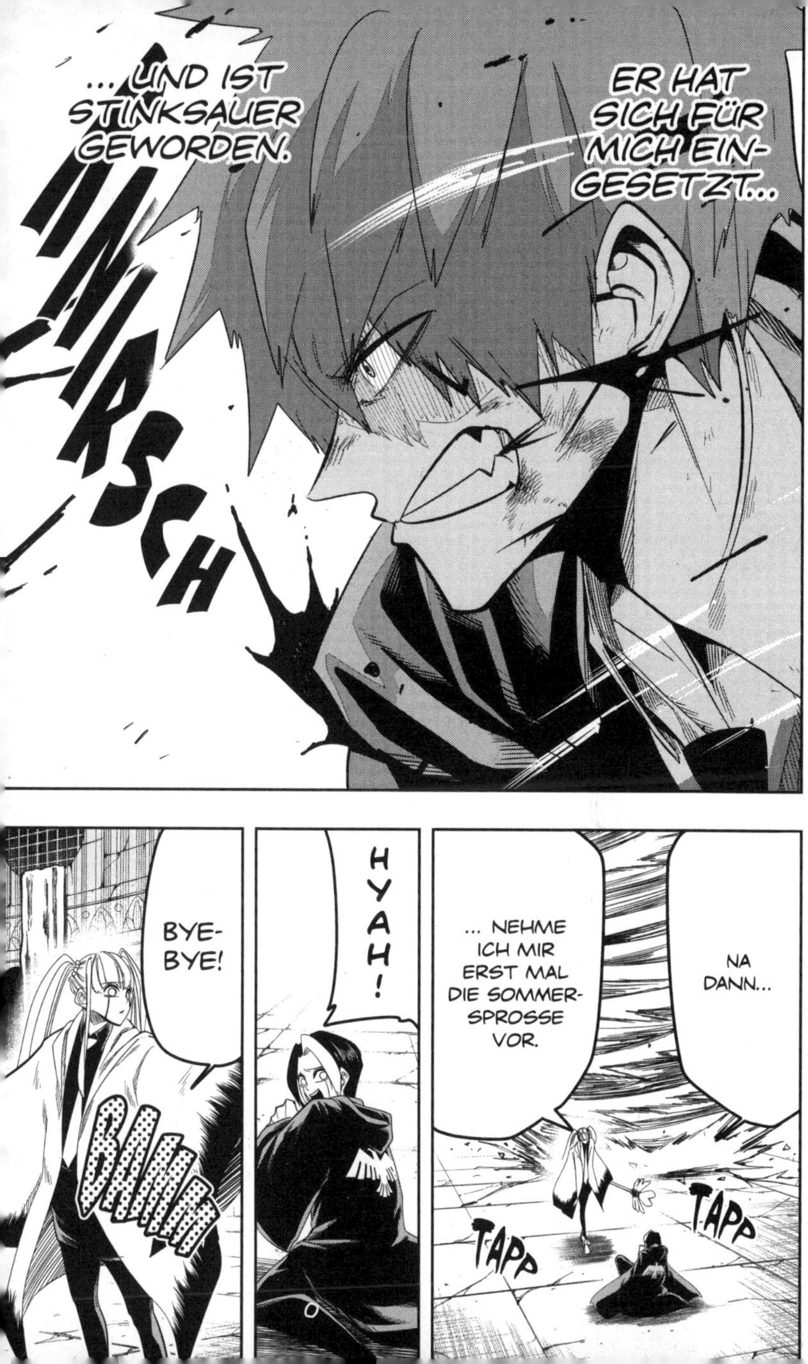
ER HAT SICH FÜR MICH EIN-GESETZT...
... UND IST STINKSAUER GEWORDEN.
NIRSCH
NA DANN...
... NEHME ICH MIR ERST MAL DIE SOMMER-SPROSSE VOR.
TAPP
TAPP
HYAH!
BYE-BYE!

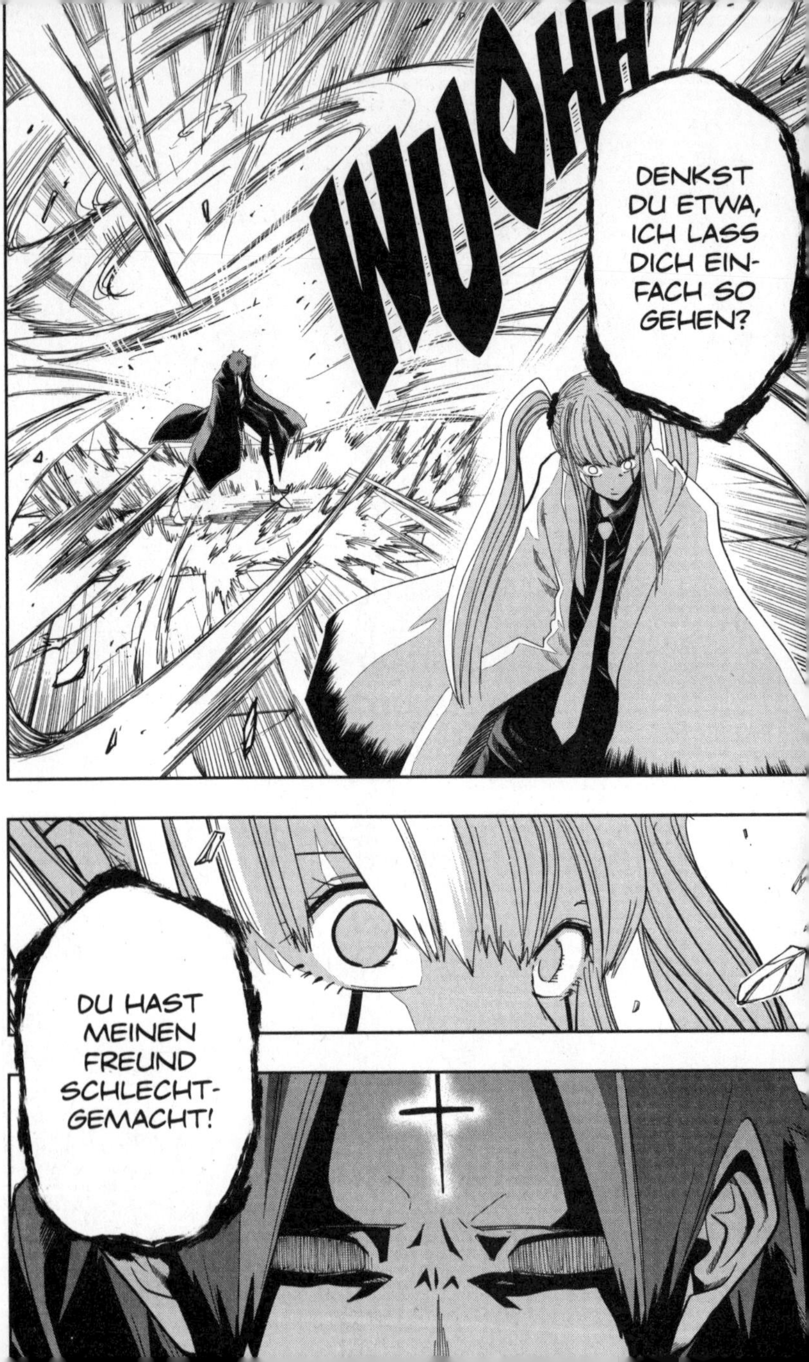
DENKST DU ETWA, ICH LASS DICH EIN-FACH SO GEHEN?
WUOHH
DU HAST MEINEN FREUND SCHLECHT-GEMACHT!

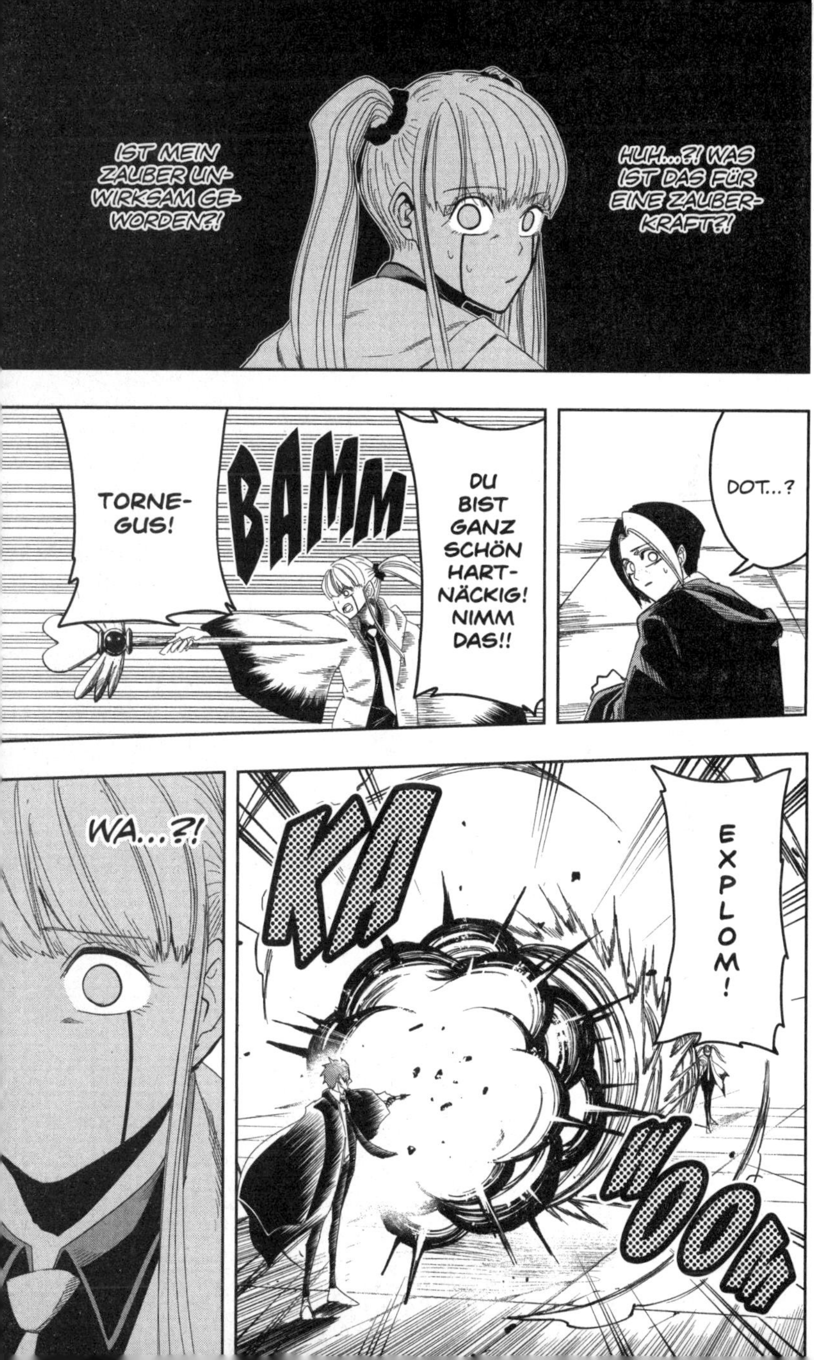
HUH...?! WAS IST DAS FÜR EINE ZAUBER-KRAFT?!
IST MEIN ZAUBER UN-WIRKSAM GE-WORDEN?!
DOT...?
DU BIST GANZ SCHÖN HART-NÄCKIG! NIMM DAS!!
BAMM
TORNE-GUS!
EXPLOM!
KA
WOOM
WA...?!

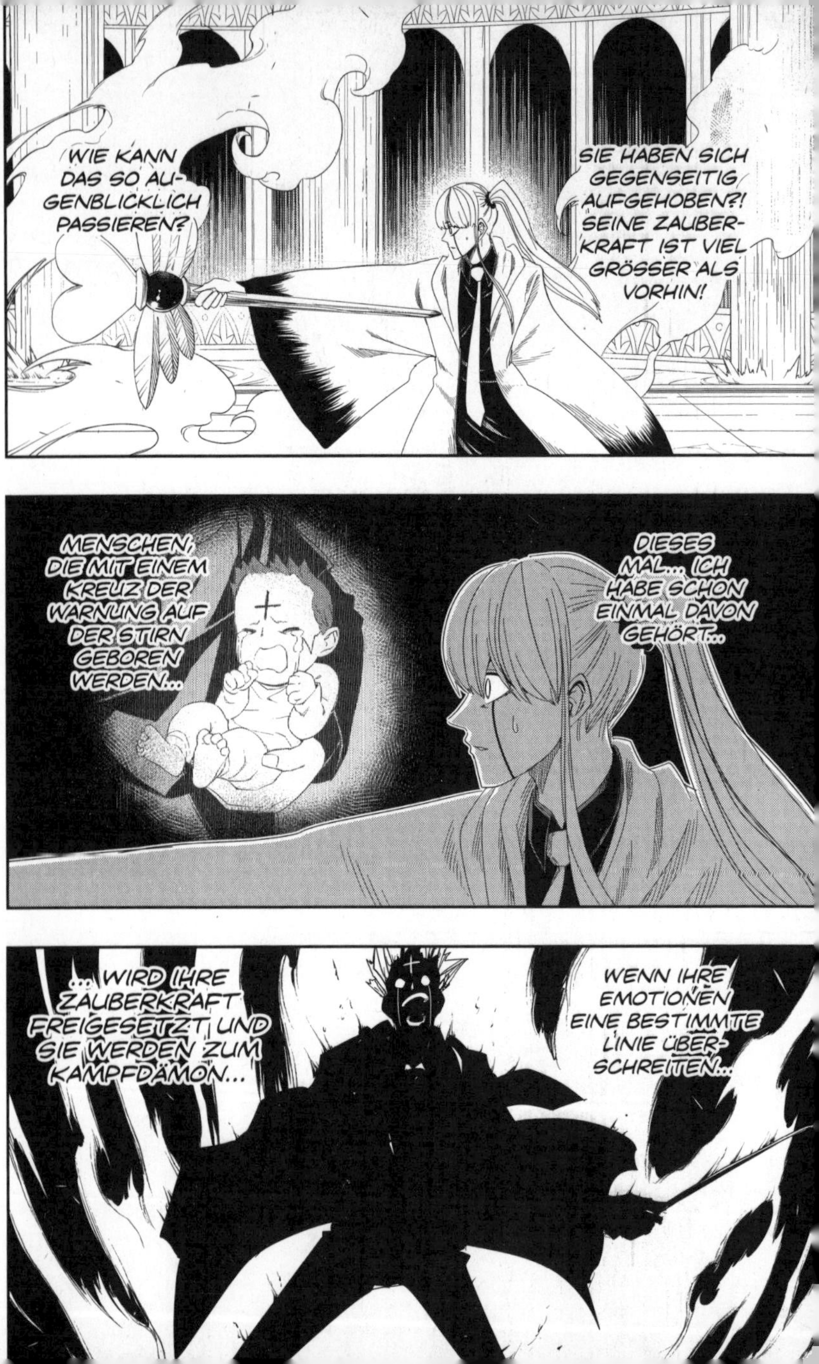
SIE HABEN SICH GEGENSEITIG AUFGEHOBEN?! SEINE ZAUBERKRAFT IST VIEL GRÖSSER ALS VORHIN!
WIE KANN DAS SO AUGENBLICKLICH PASSIEREN?
DIESES MAL... ICH HABE SCHON EINMAL DAVON GEHÖRT...
MENSCHEN, DIE MIT EINEM KREUZ DER WARNUNG AUF DER STIRN GEBOREN WERDEN...
WENN IHRE EMOTIONEN EINE BESTIMMTE LINIE ÜBERSCHREITEN...
... WIRD IHRE ZAUBERKRAFT FREIGESETZT UND SIE WERDEN ZUM KAMPFDÄMON...

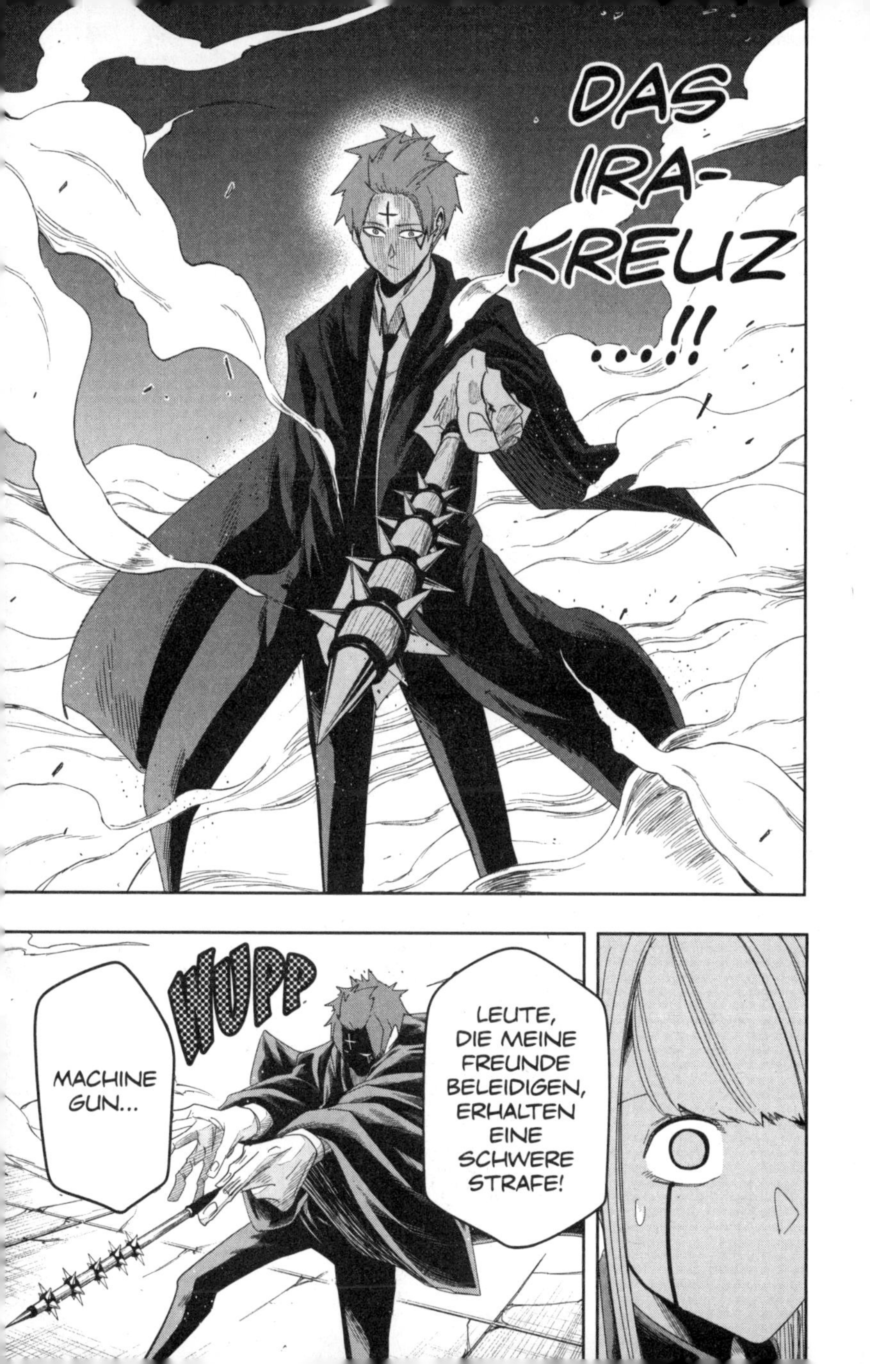
DAS IRA-KREUZ ...!!
LEUTE, DIE MEINE FREUNDE BELEIDIGEN, ERHALTEN EINE SCHWERE STRAFE!
WUPP
MACHINE GUN...

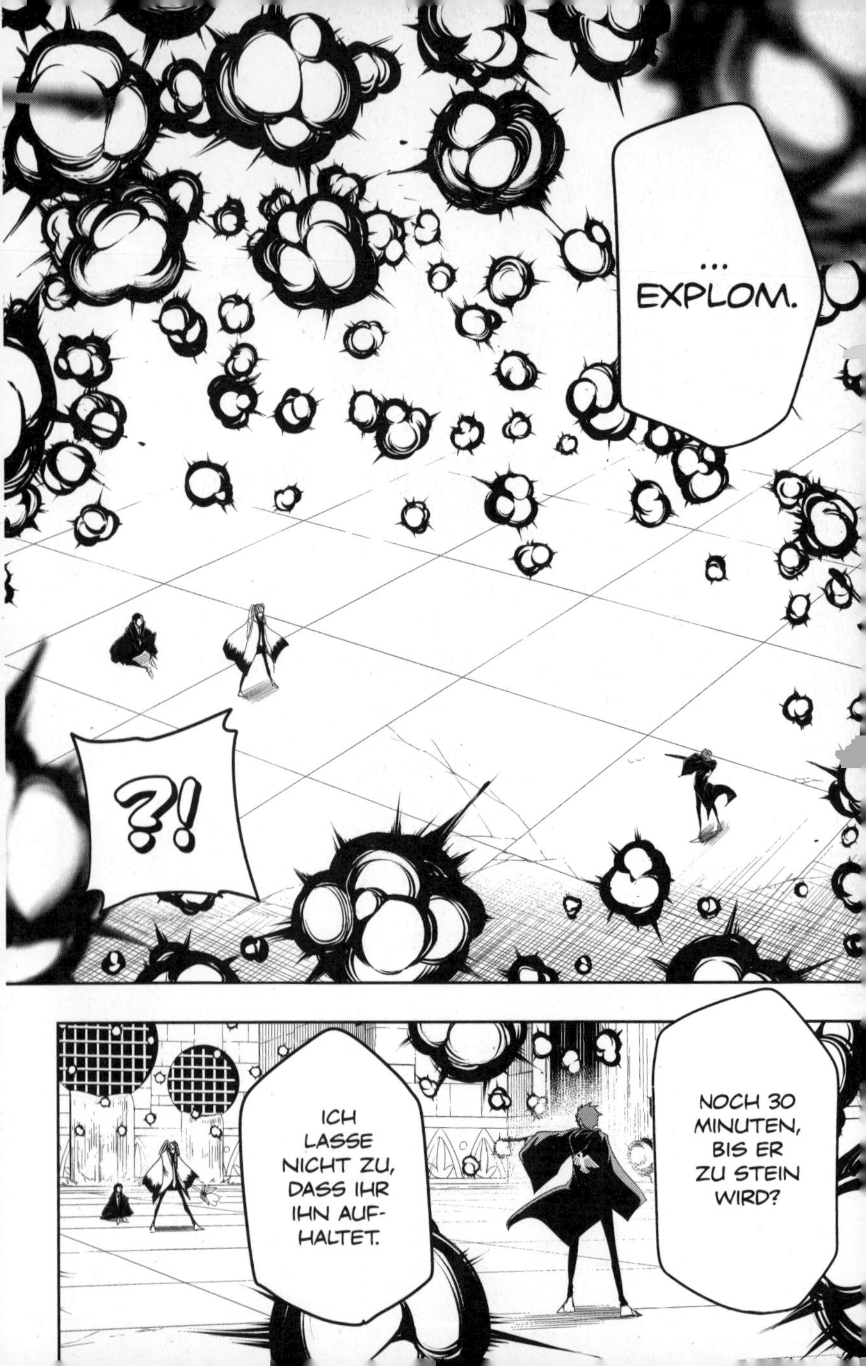
... EXPLOM.
?!
NOCH 30 MINUTEN, BIS ER ZU STEIN WIRD?
ICH LASSE NICHT ZU, DASS IHR IHN AUF-HALTET.

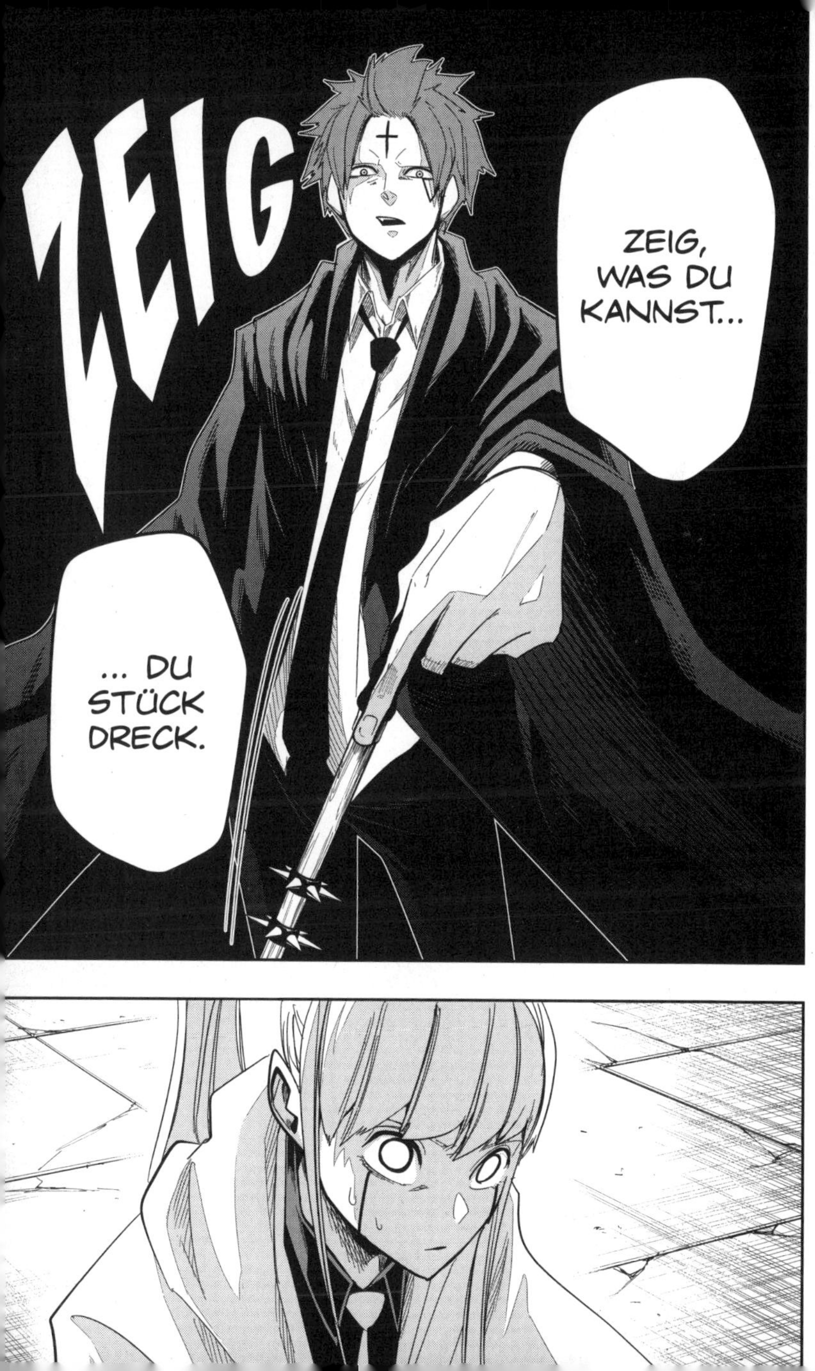
ZEIG, WAS DU KANNST...
ZEIG
... DU STÜCK DRECK.

Extra 1

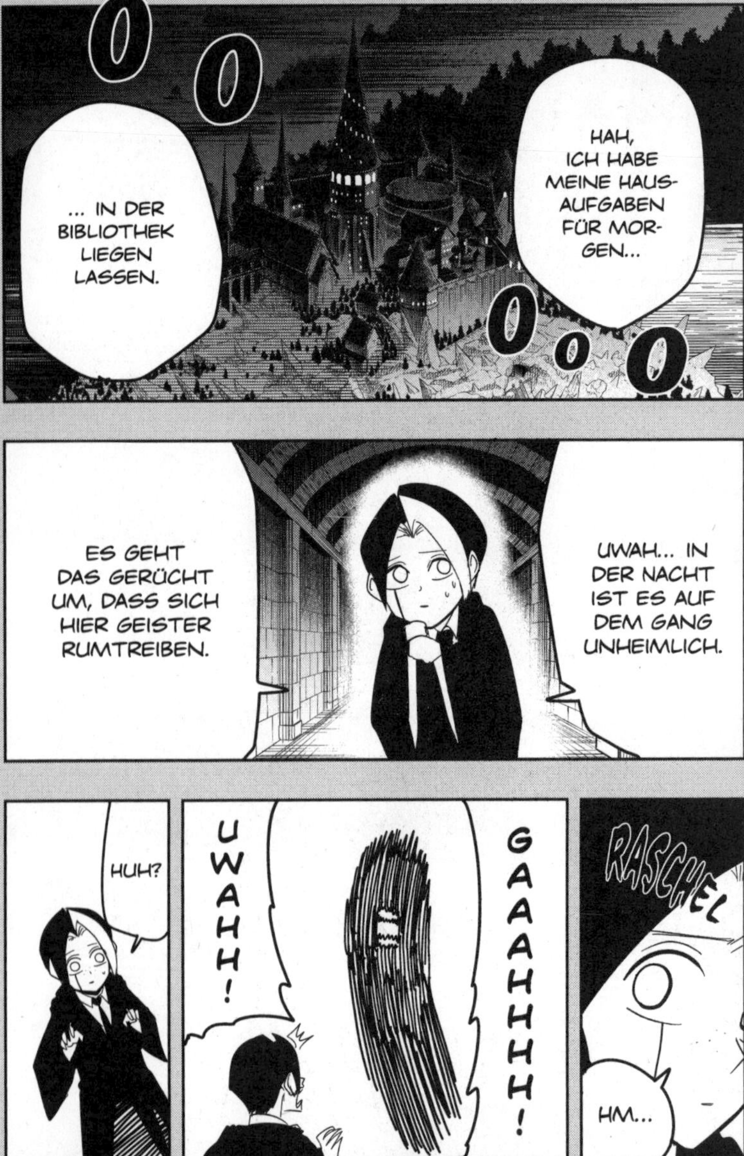

Fortsetzung auf Seite 90

30. Kapitel Dot Barrett und der extrem starke Magier

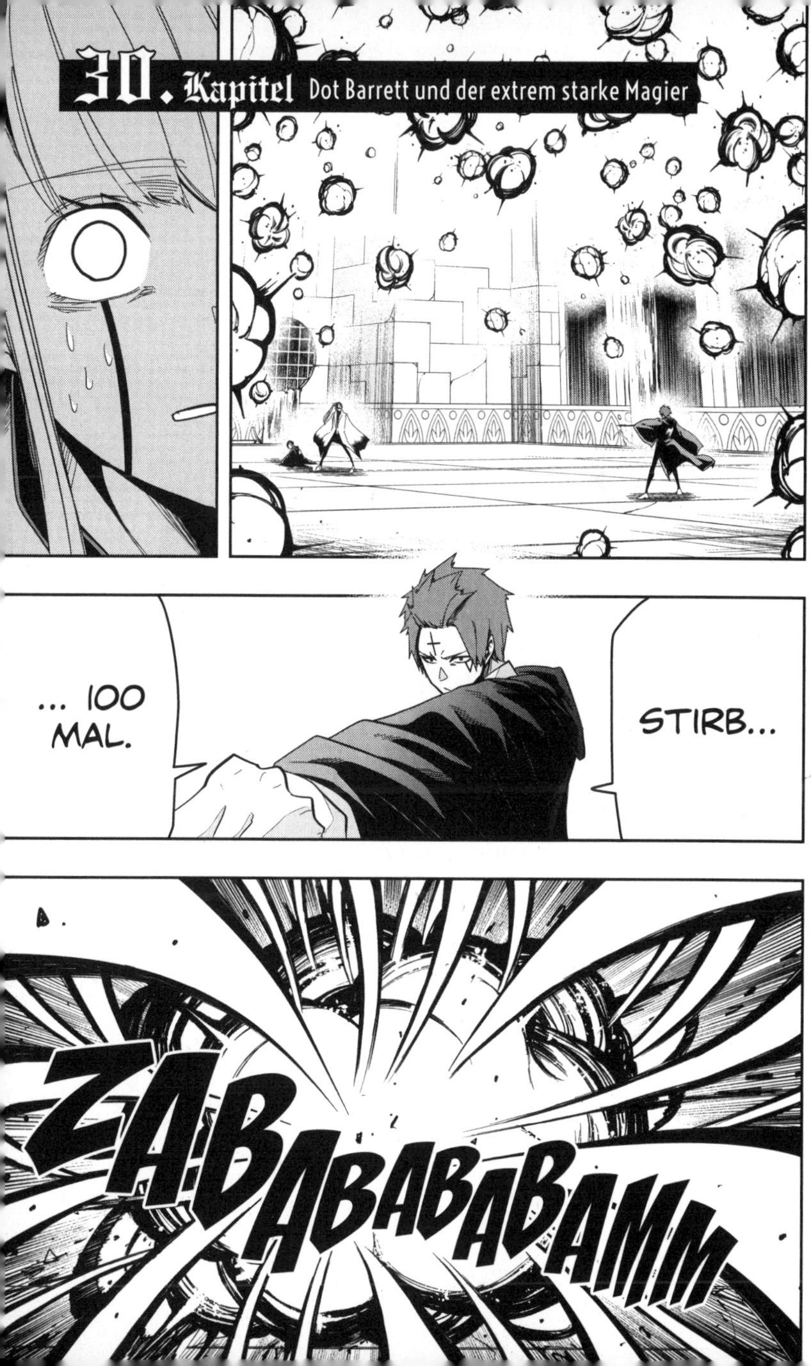

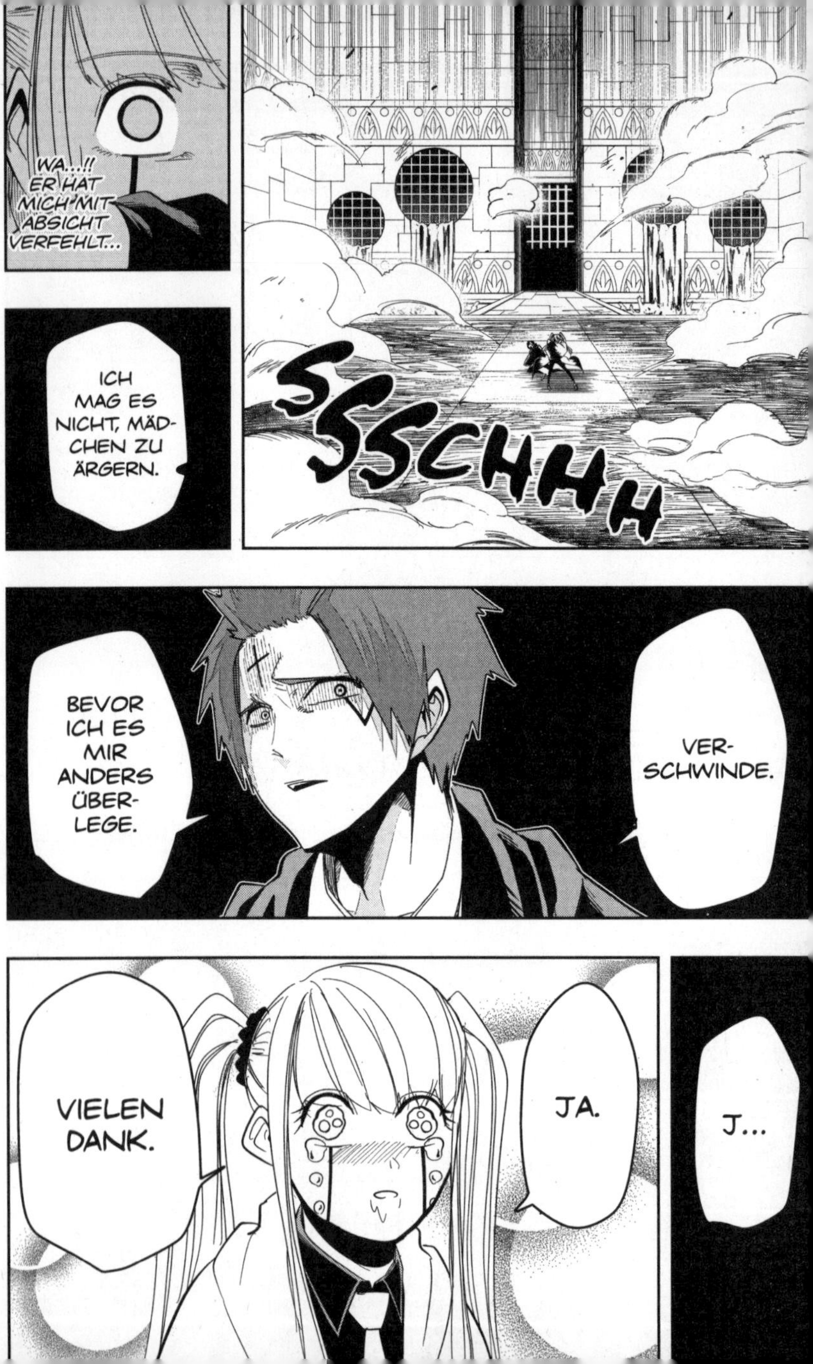
WA...!! ER HAT MICH MIT ABSICHT VERFEHLT...
SSSCHHH
ICH MAG ES NICHT, MÄDCHEN ZU ÄRGERN.
VERSCHWINDE.
BEVOR ICH ES MIR ANDERS ÜBERLEGE.
J...
JA.
VIELEN DANK.

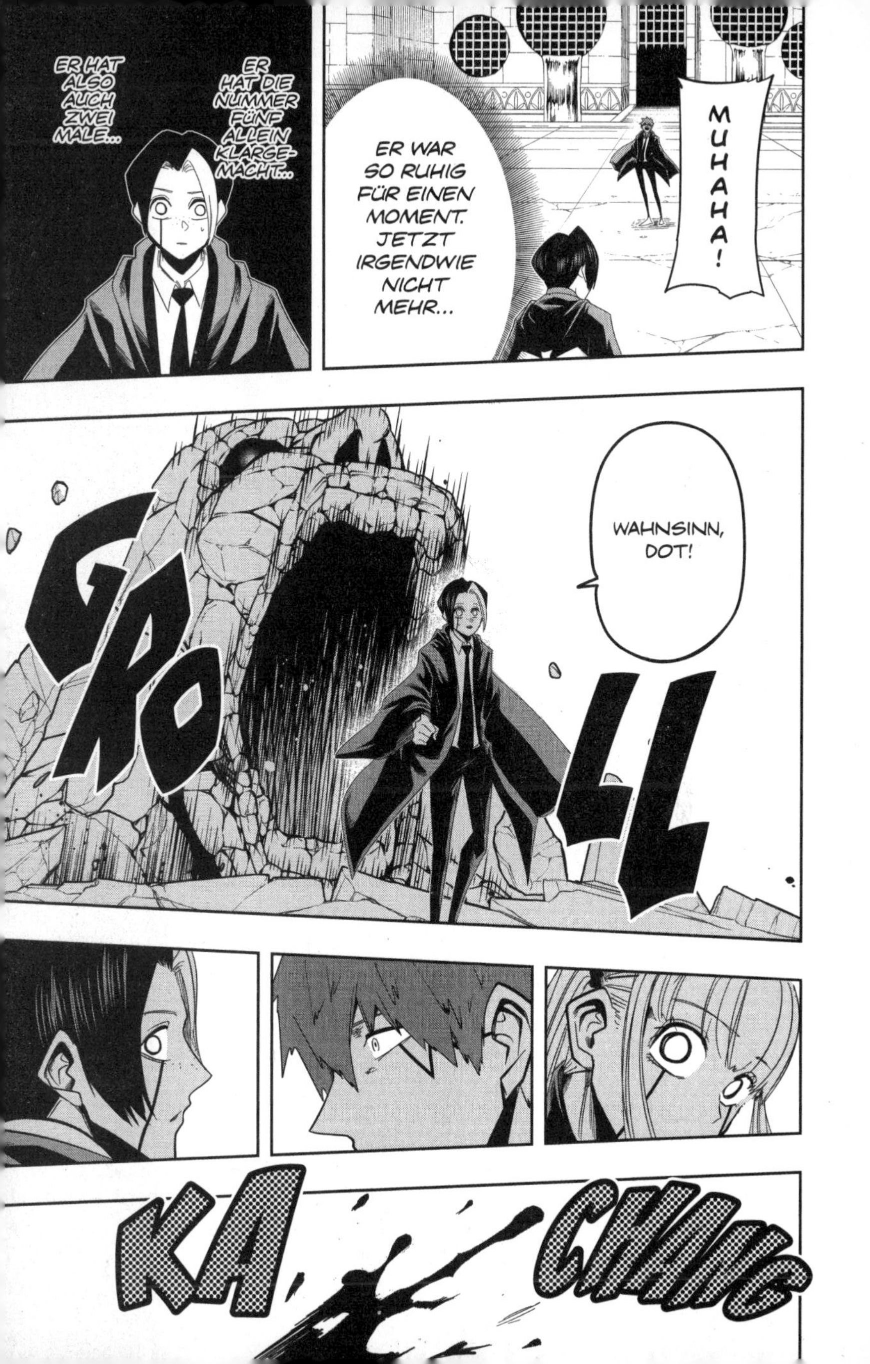
MUHAHAHA!
ER WAR SO RUHIG FÜR EINEN MOMENT. JETZT IRGENDWIE NICHT MEHR...
ER HAT DIE NUMMER FÜNF ALLEIN KLARGE-MACHT...
ER HAT ALSO AUCH ZWEI MALE...
WAHNSINN, DOT!
GROLL
KA
CHING

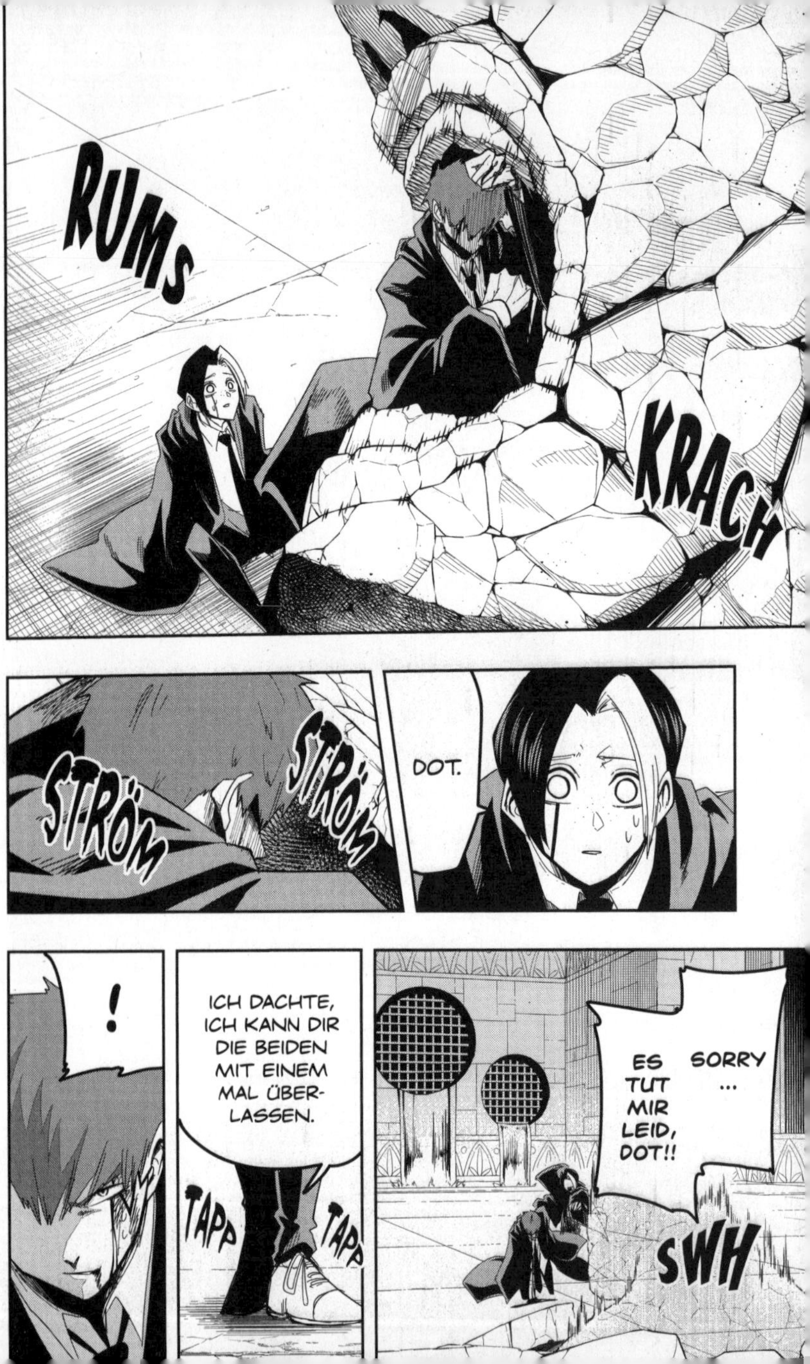

KRACH
RUMS
DOT.
STRÖM
STRÖM
SORRY ...
ES TUT MIR LEID, DOT!!
SWH
ICH DACHTE, ICH KANN DIR DIE BEIDEN MIT EINEM MAL ÜBER-LASSEN.
TAPP
TAPP
!

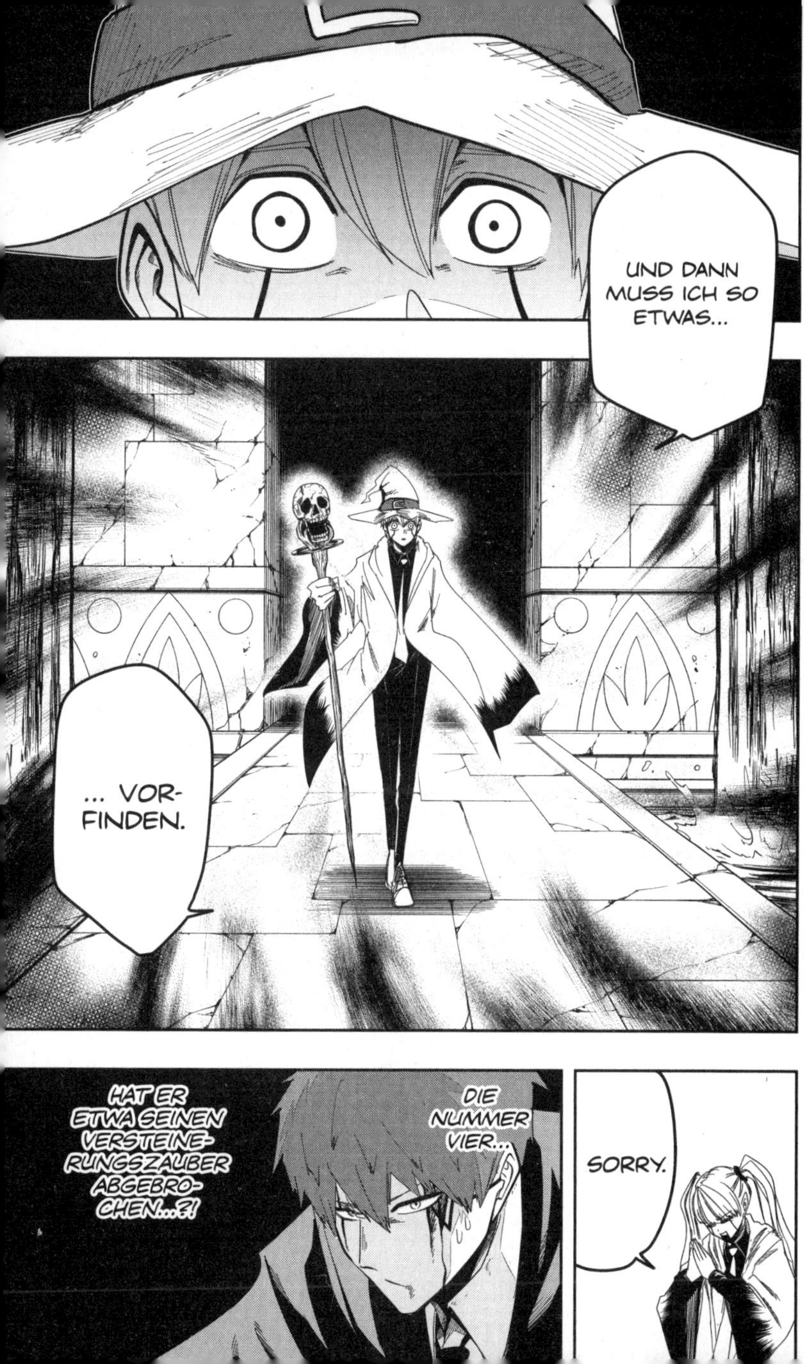
UND DANN MUSS ICH SO ETWAS...
... VOR-FINDEN.
SORRY.
DIE NUMMER VIER...
HAT ER ETWA SEINEN VERSTEINE-RUNGSZAUBER ABGEBRO-CHEN...?!

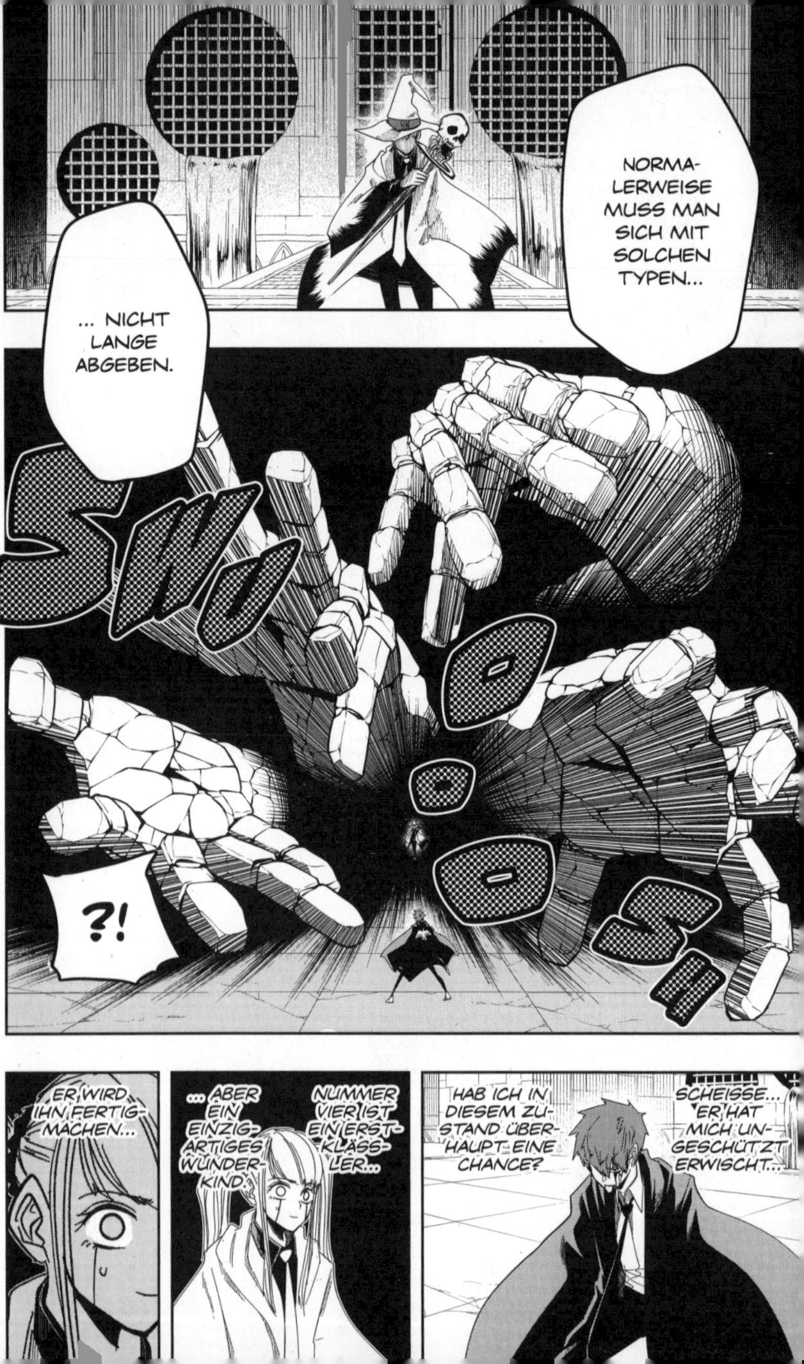
NORMA-LERWEISE MUSS MAN SICH MIT SOLCHEN TYPEN...
... NICHT LANGE ABGEBEN.
SWOOOSH
?!
SCHEISSE... ER HAT MICH UN-GESCHÜTZT ERWISCHT...
HAB ICH IN DIESEM ZU-STAND ÜBER-HAUPT EINE CHANCE?
NUMMER VIER IST EIN ERST-KLÄSS-LER...
... ABER EIN EINZIG-ARTIGES WUNDER-KIND.
ER WIRD IHN FERTIG-MACHEN...

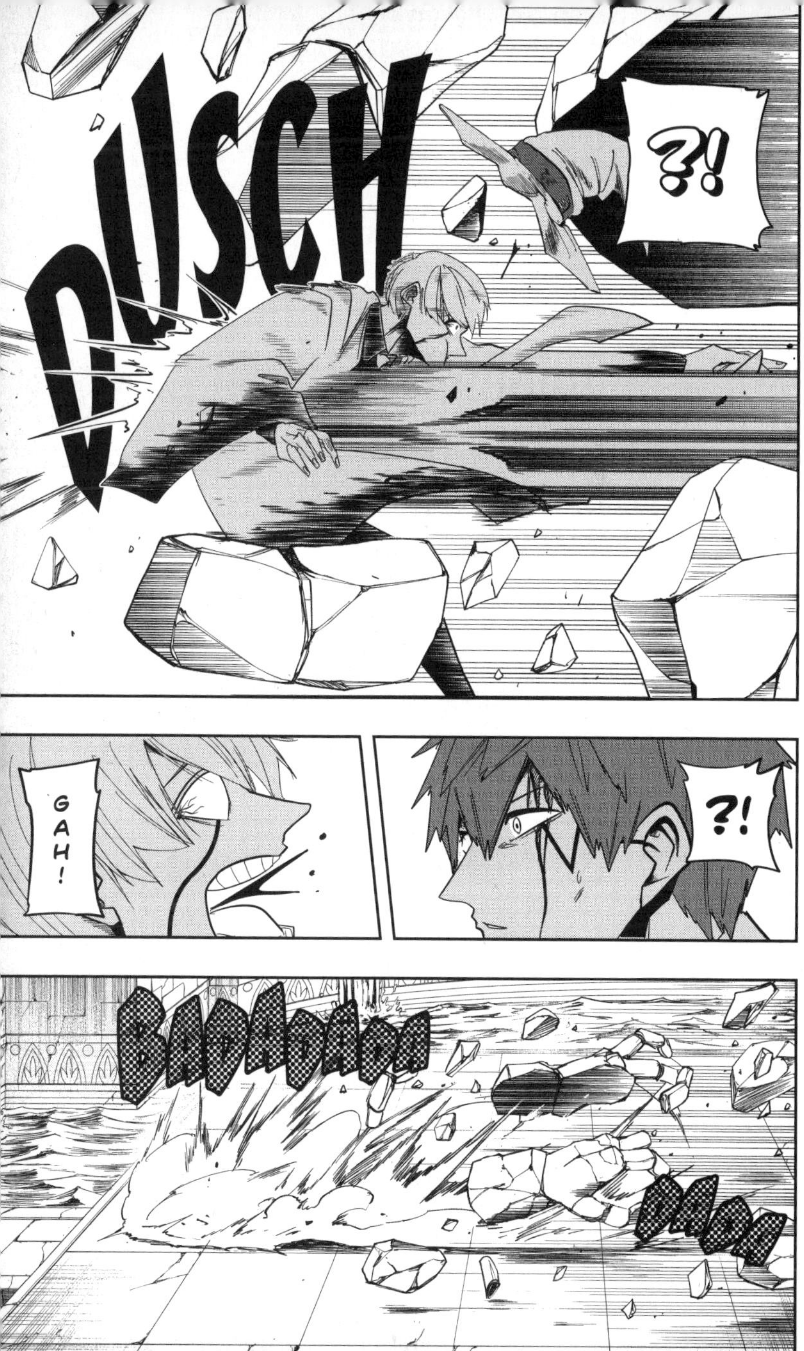
?!
DUSCH
?!
GAH!

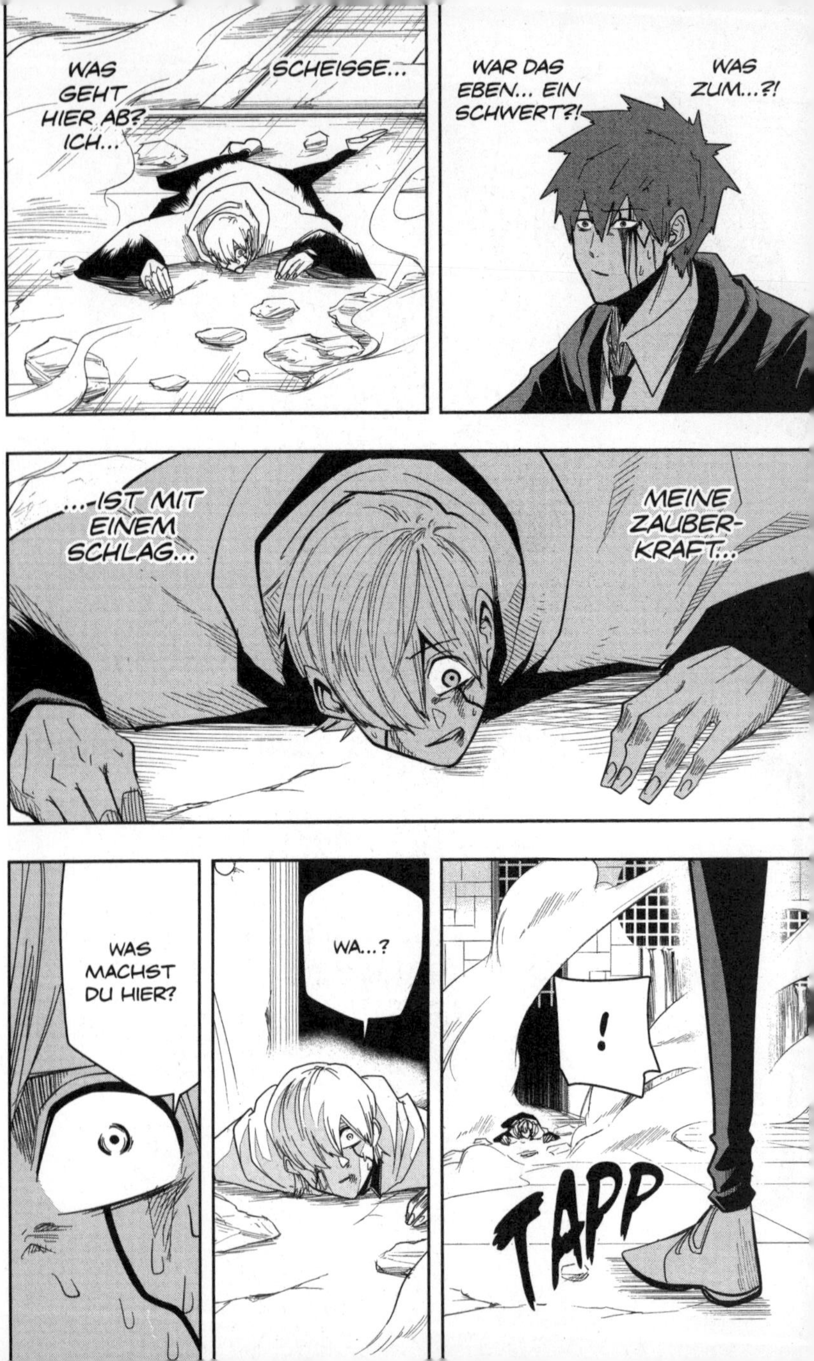
WAS ZUM...?!
WAR DAS EBEN... EIN SCHWERT?!
SCHEISSE...
WAS GEHT HIER AB? ICH...
MEINE ZAUBER-KRAFT...
...IST MIT EINEM SCHLAG...
!
TAPP
WA...?
WAS MACHST DU HIER?

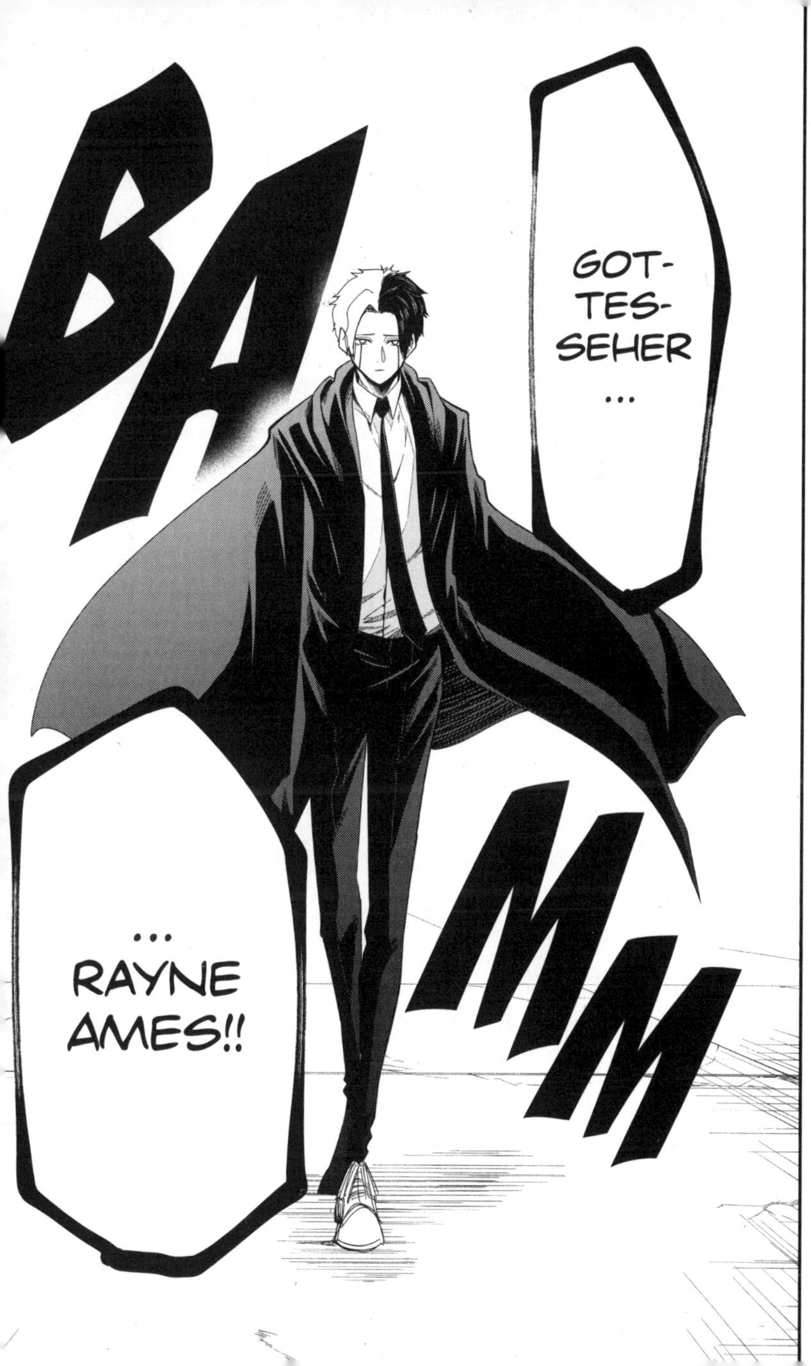
GOT-TES-SEHER ...
BA MM
... RAYNE AMES!!

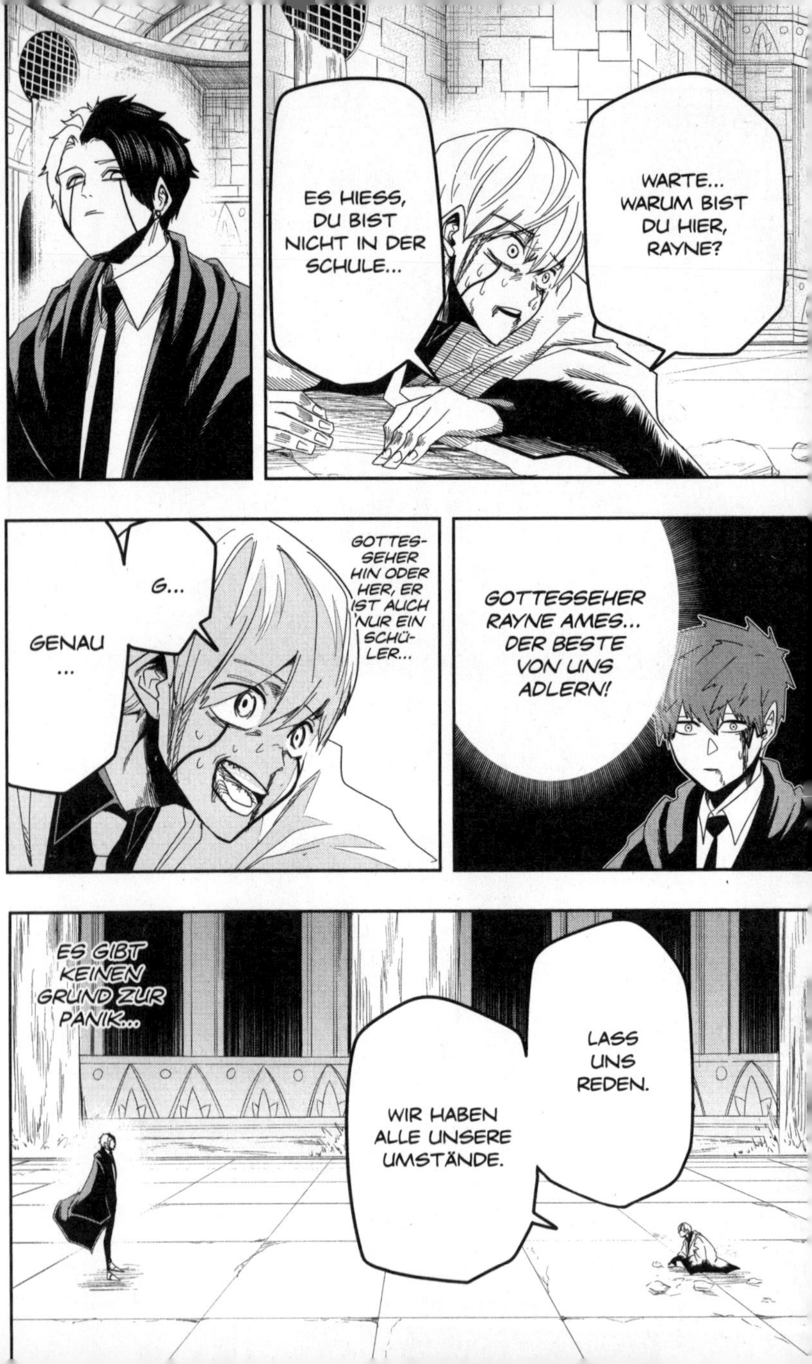
WARTE... WARUM BIST DU HIER, RAYNE?
ES HIESS, DU BIST NICHT IN DER SCHULE...
GOTTESSEHER RAYNE AMES... DER BESTE VON UNS ADLERN!
GOTTES-SEHER HIN ODER HER, ER IST AUCH NUR EIN SCHÜ-LER...
G...
GENAU ...
LASS UNS REDEN.
WIR HABEN ALLE UNSERE UMSTÄNDE.
ES GIBT KEINEN GRUND ZUR PANIK...

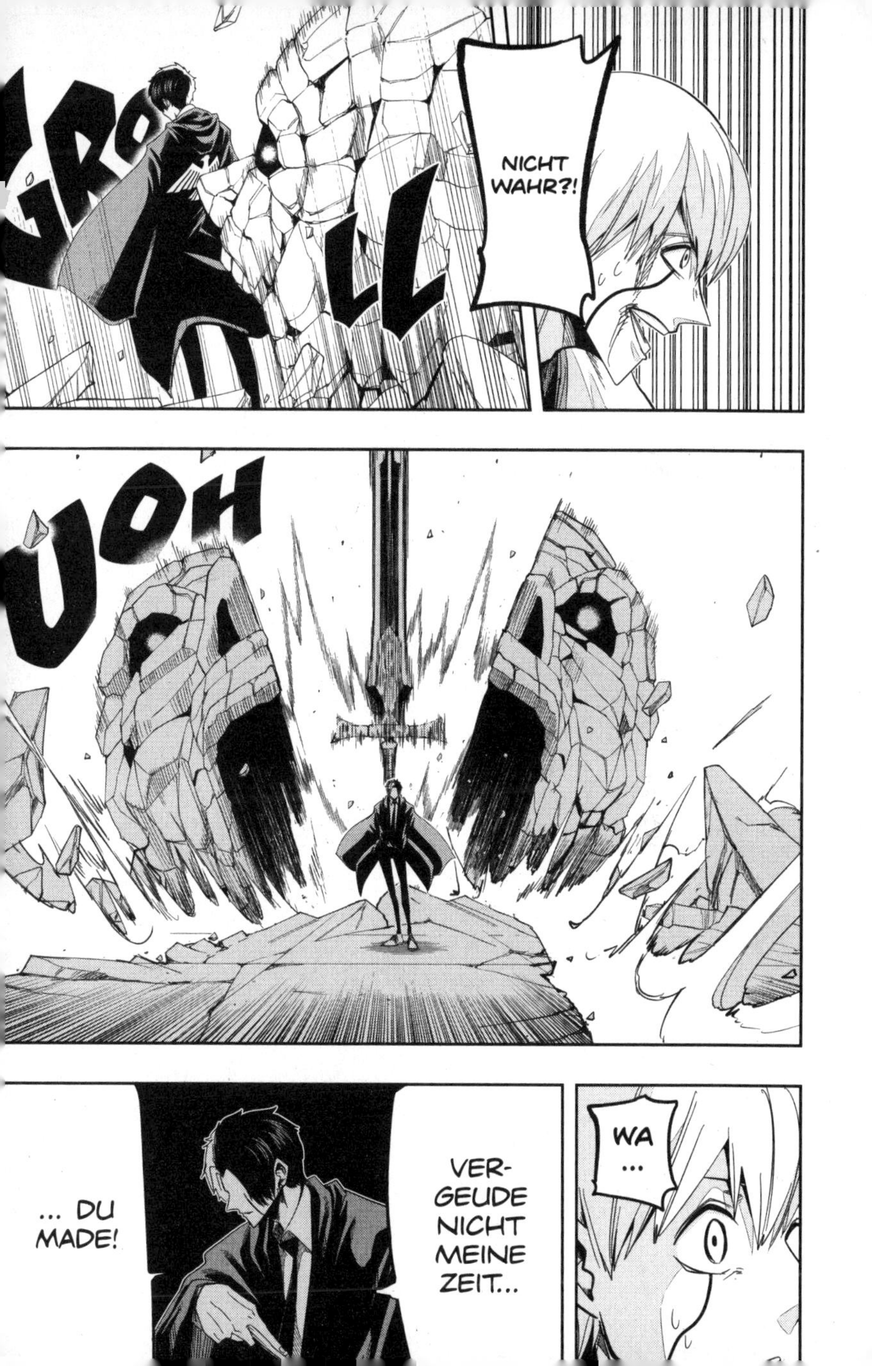
NICHT WAHR?!
GROLL
UOH
WA ...
VERGEUDE NICHT MEINE ZEIT...
... DU MADE!

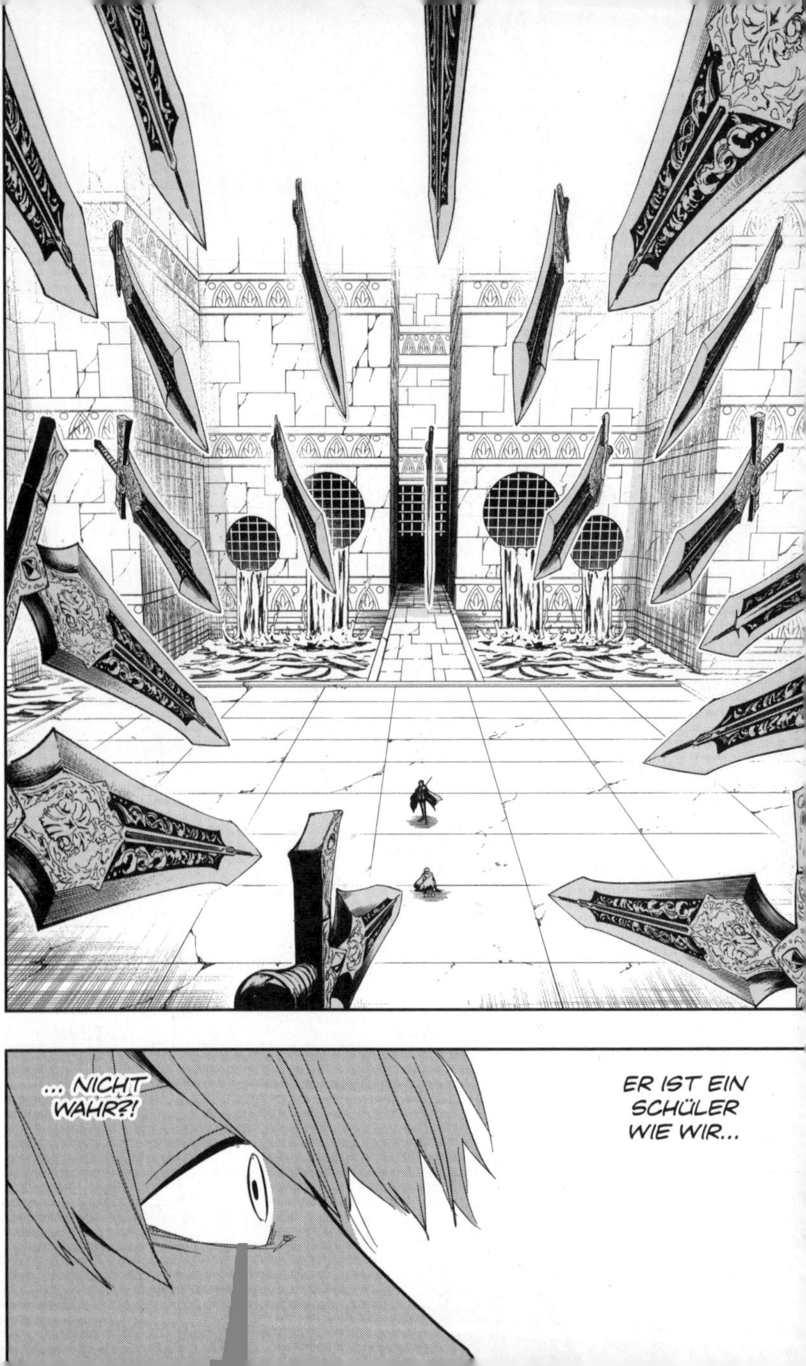
ER IST EIN SCHÜLER WIE WIR...
... NICHT WAHR?!

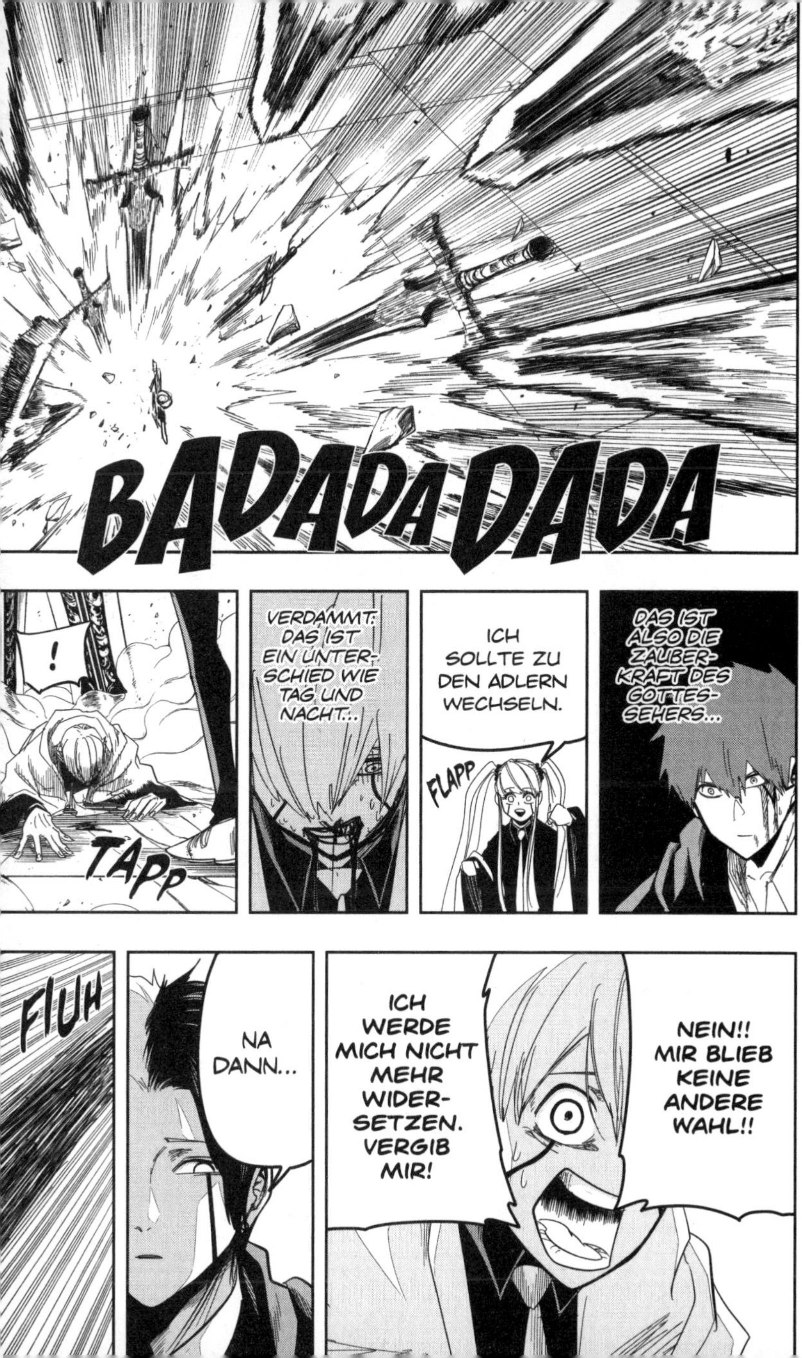
BADADA DADA
DAS IST ALSO DIE ZAUBERKRAFT DES GOTTESSEHERS...
ICH SOLLTE ZU DEN ADLERN WECHSELN.
FLAPP
VERDAMMT: DAS IST EIN UNTERSCHIED WIE TAG UND NACHT...
!
TAPP
NEIN!! MIR BLIEB KEINE ANDERE WAHL!!
ICH WERDE MICH NICHT MEHR WIDERSETZEN. VERGIB MIR!
NA DANN...
FIUH

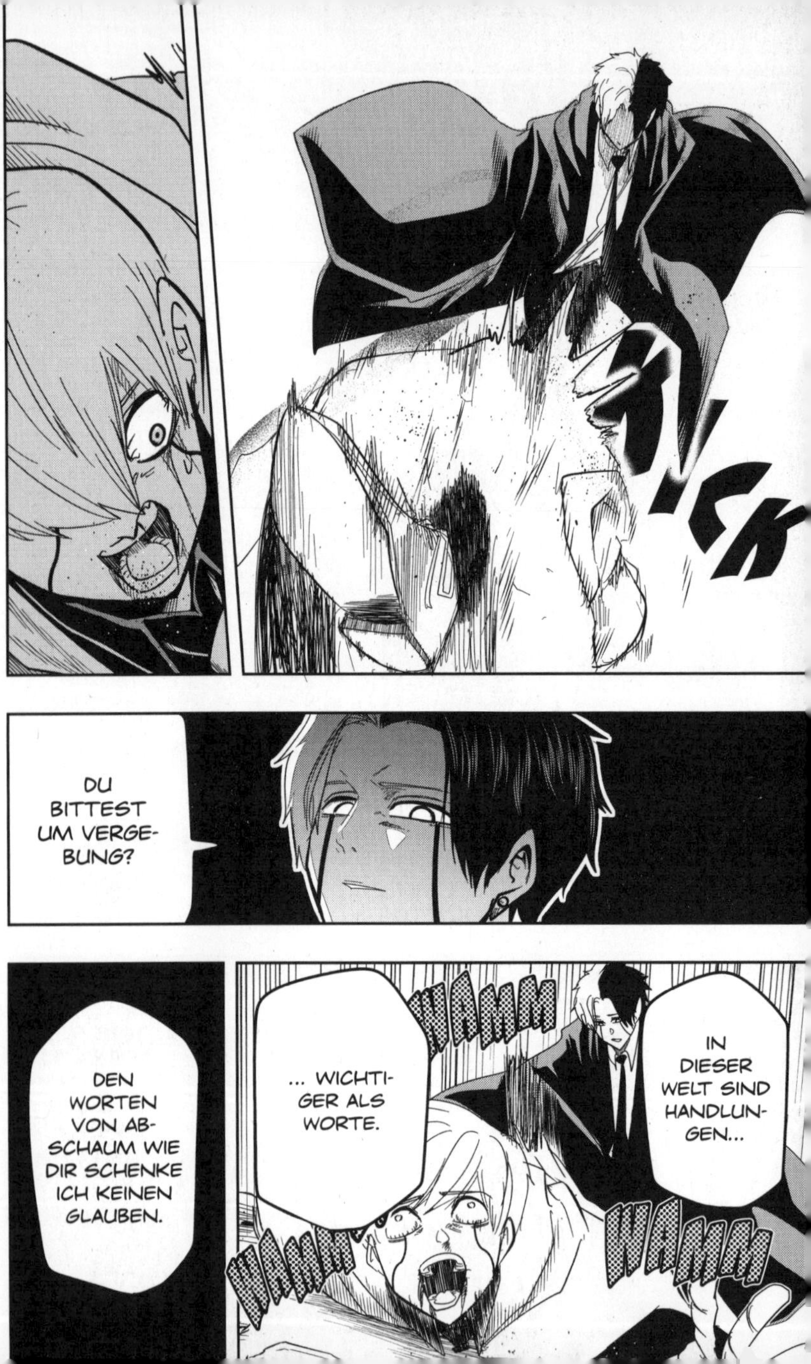
KICK
DU BITTEST UM VERGE-BUNG?
IN DIESER WELT SIND HANDLUN-GEN...
... WICHTI-GER ALS WORTE.
WAMM
WAMM
WAMM
DEN WORTEN VON AB-SCHAUM WIE DIR SCHENKE ICH KEINEN GLAUBEN.

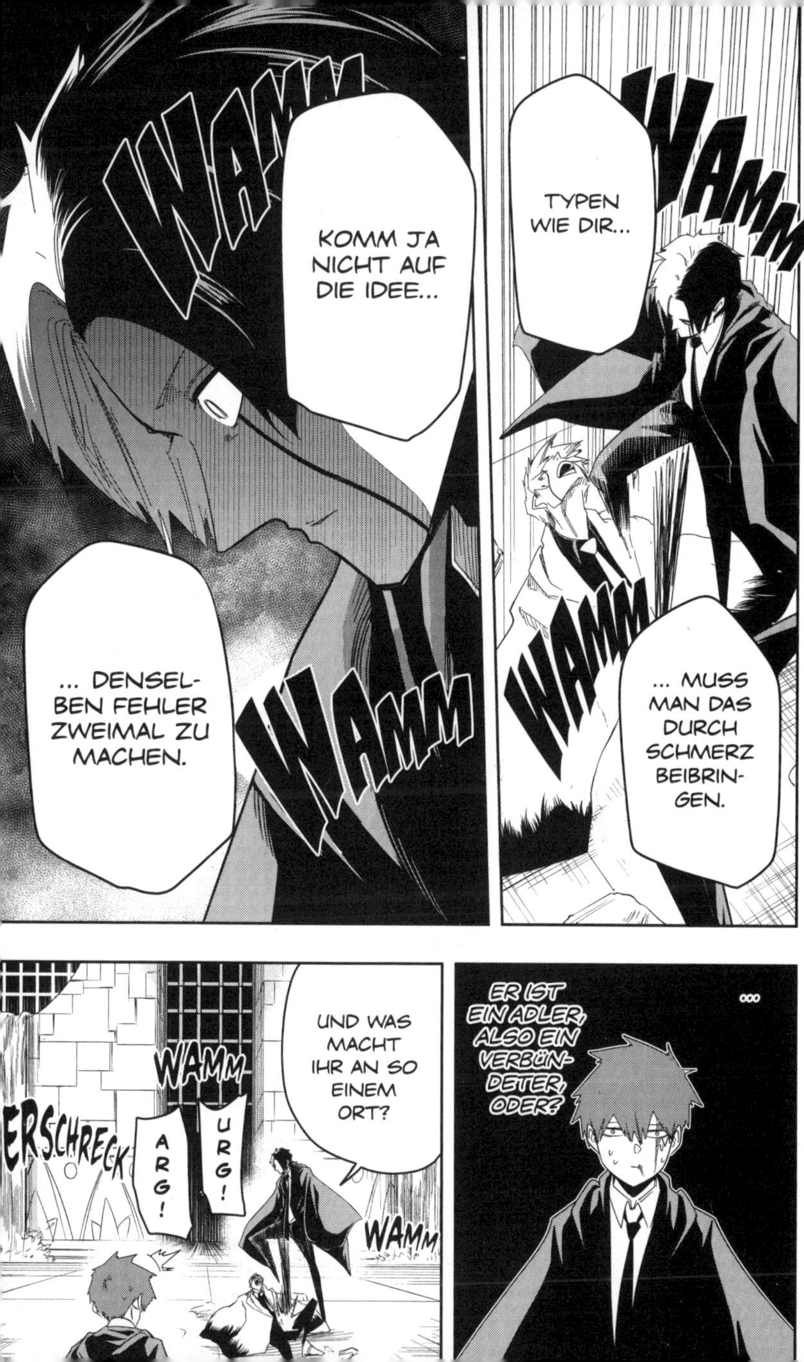
TYPEN WIE DIR...
WAMM
... MUSS MAN DAS DURCH SCHMERZ BEIBRIN-GEN.
WAMM
KOMM JA NICHT AUF DIE IDEE...
WAMM
... DENSEL-BEN FEHLER ZWEIMAL ZU MACHEN.
WAMM
...
ER IST EIN ADLER, ALSO EIN VERBÜN-DETER, ODER?
UND WAS MACHT IHR AN SO EINEM ORT?
WAMM
URG!
ARG!
ERSCHRECK
WAMM

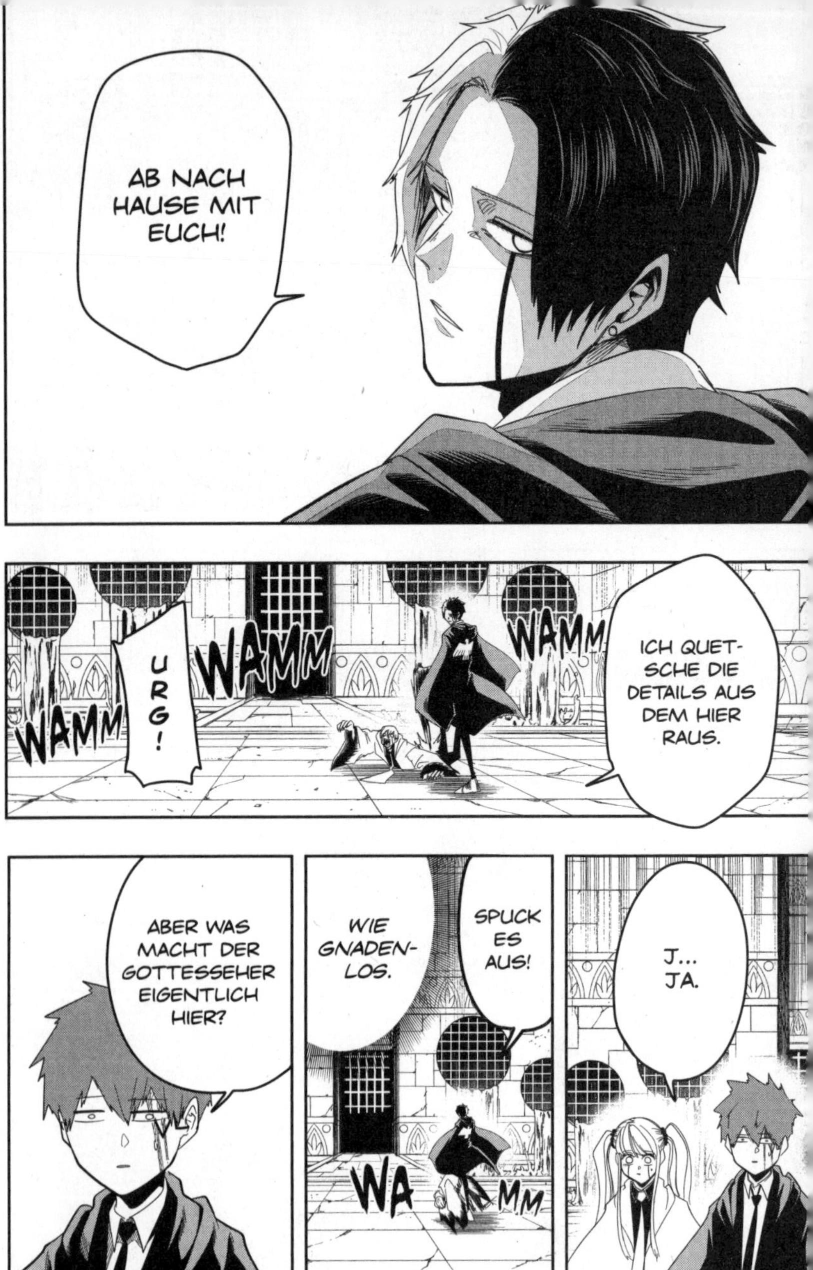
AB NACH HAUSE MIT EUCH!
ICH QUETSCHE DIE DETAILS AUS DEM HIER RAUS.
WAMM
WAMM
URG!
WAMM
J... JA.
SPUCK ES AUS!
WIE GNADENLOS.
WAMM
ABER WAS MACHT DER GOTTESSEHER EIGENTLICH HIER?

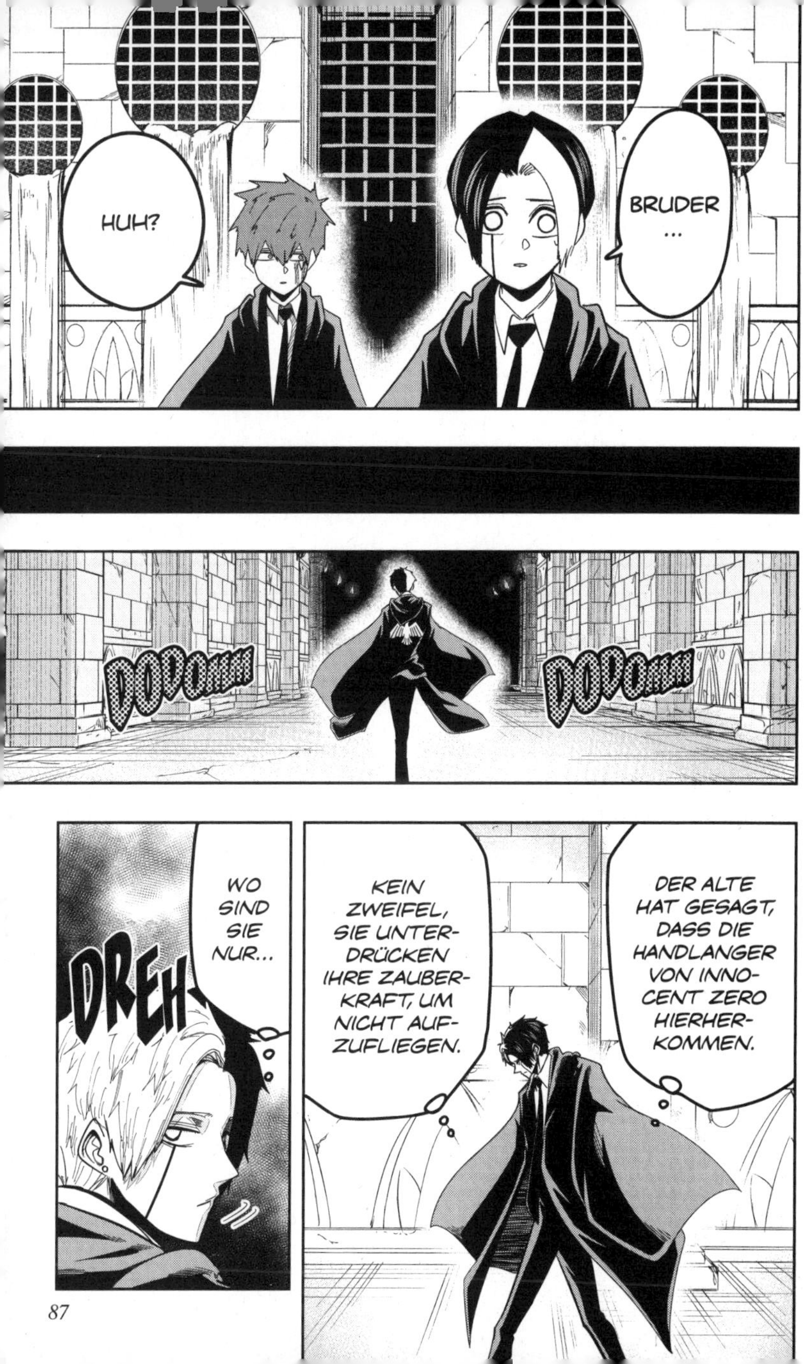
BRUDER ...
HUH?
DODOMM
DODOMM
DER ALTE HAT GESAGT, DASS DIE HANDLANGER VON INNOCENT ZERO HIERHERKOMMEN.
KEIN ZWEIFEL, SIE UNTERDRÜCKEN IHRE ZAUBERKRAFT, UM NICHT AUFZUFLIEGEN.
WO SIND SIE NUR...
DREH

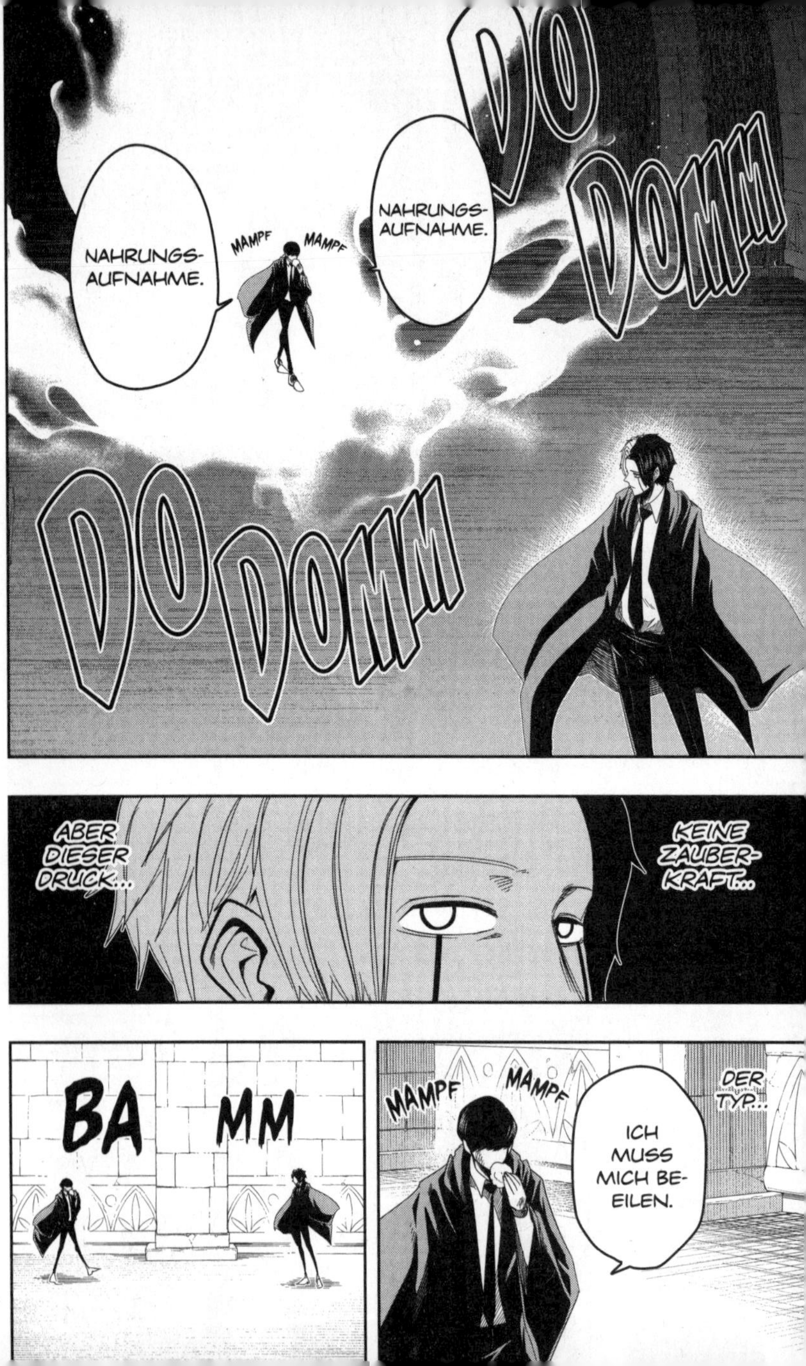
DODOMM
NAHRUNGS-AUFNAHME.
MAMPF
MAMPF
NAHRUNGS-AUFNAHME.
DODOMM
KEINE ZAUBER-KRAFT...
ABER DIESER DRUCK...
DER TYP...
MAMPF
MAMPF
ICH MUSS MICH BE-EILEN.
BAMM

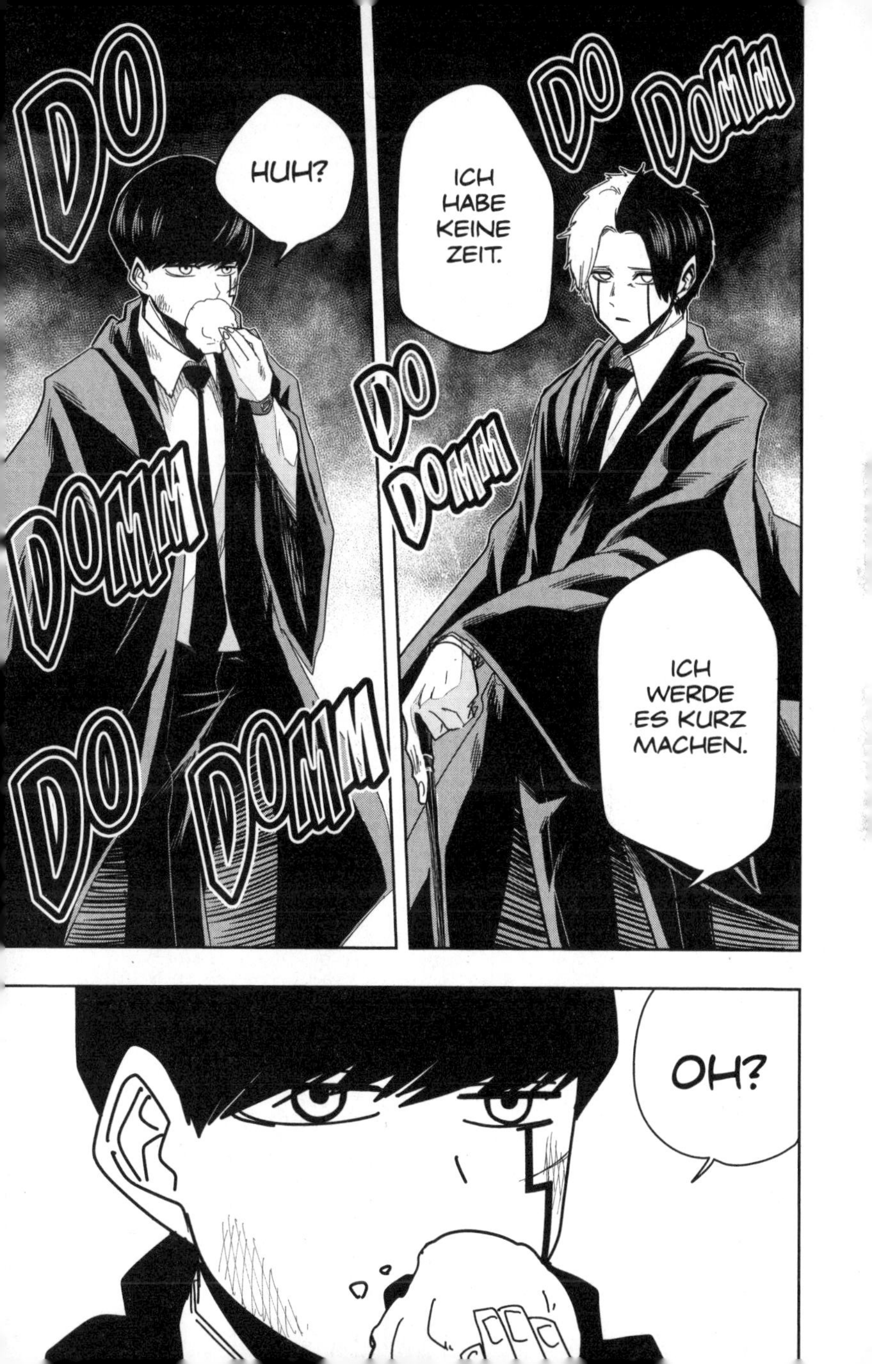
DO DOMM
ICH HABE KEINE ZEIT.
DO DOMM
ICH WERDE ES KURZ MACHEN.
DO
HUH?
DOMM
DO DOMM
OH?

Extra 2

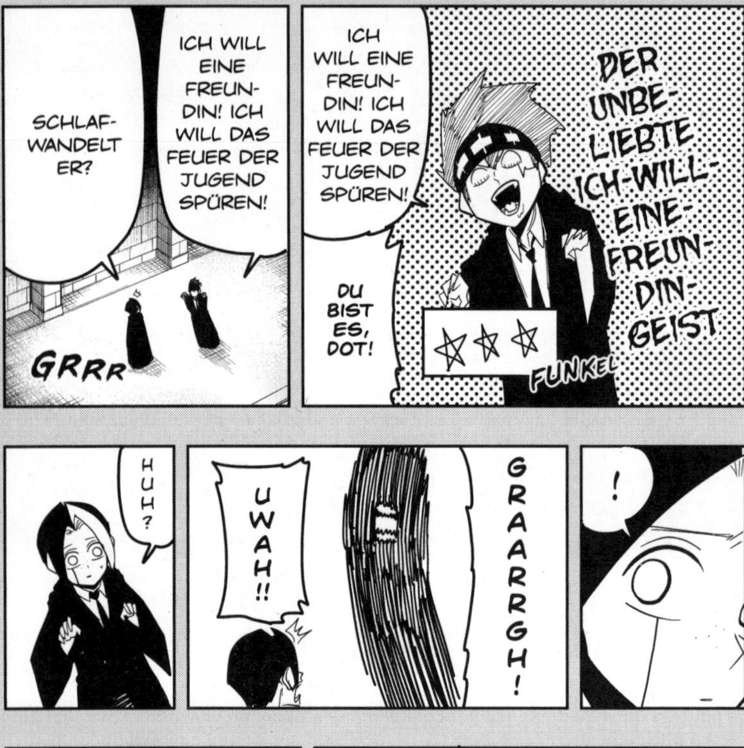

Fortsetzung auf Seite 110

31. Kapitel Mash Burnedead und der Gottesseher

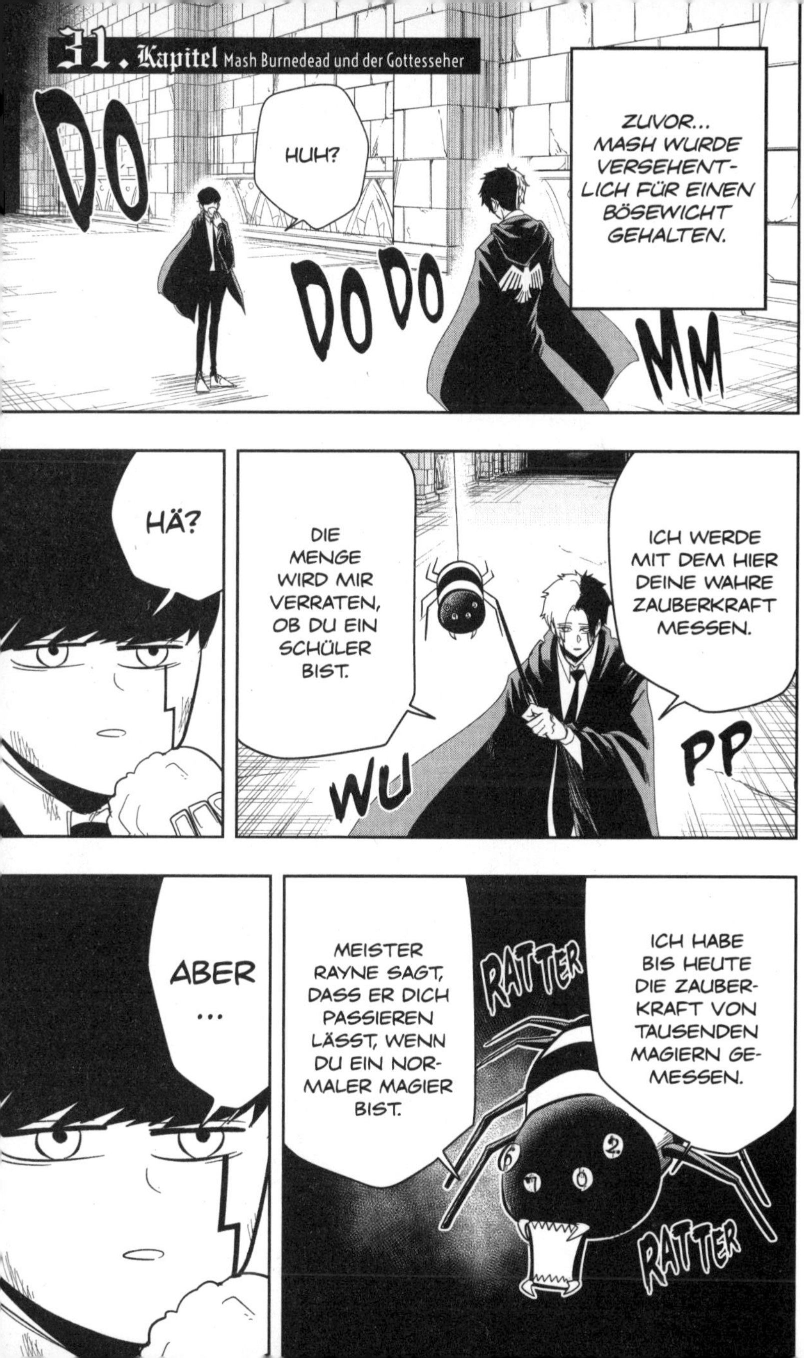

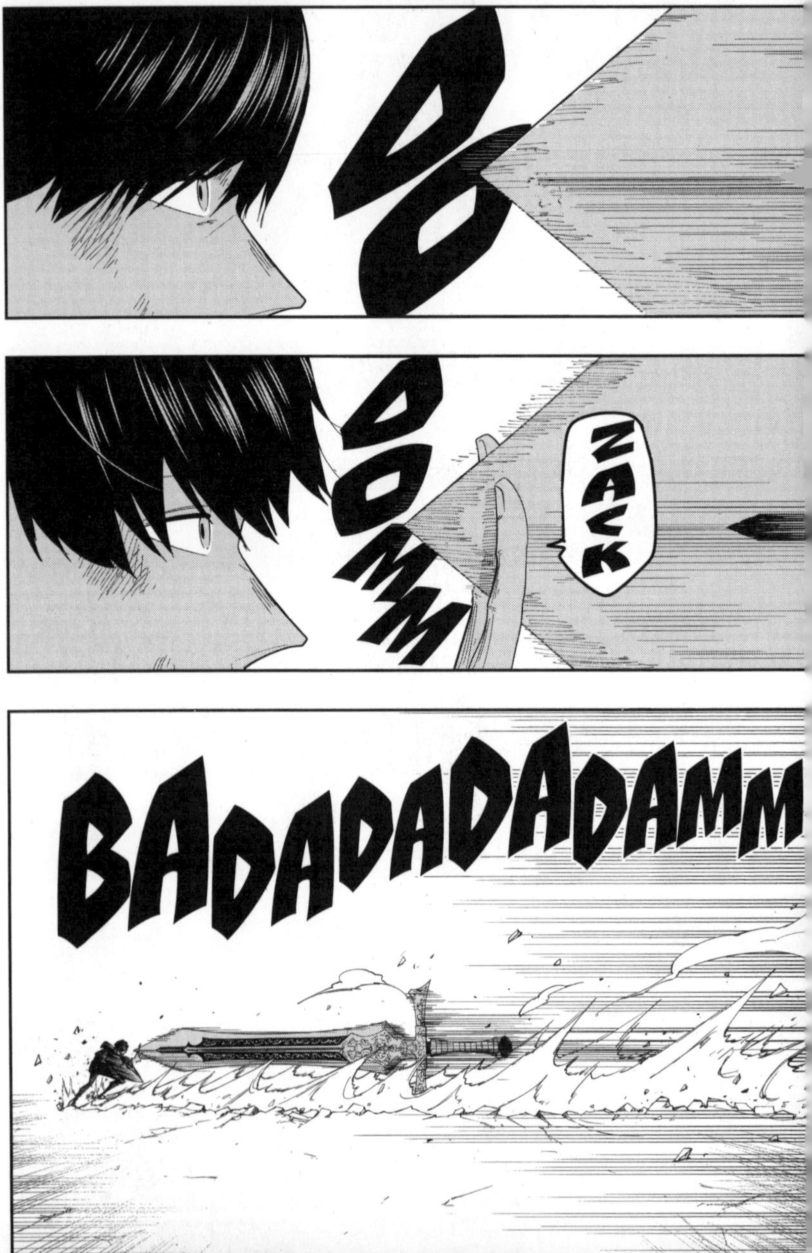
DO
DOMM
ZACK
BADADADADAMM

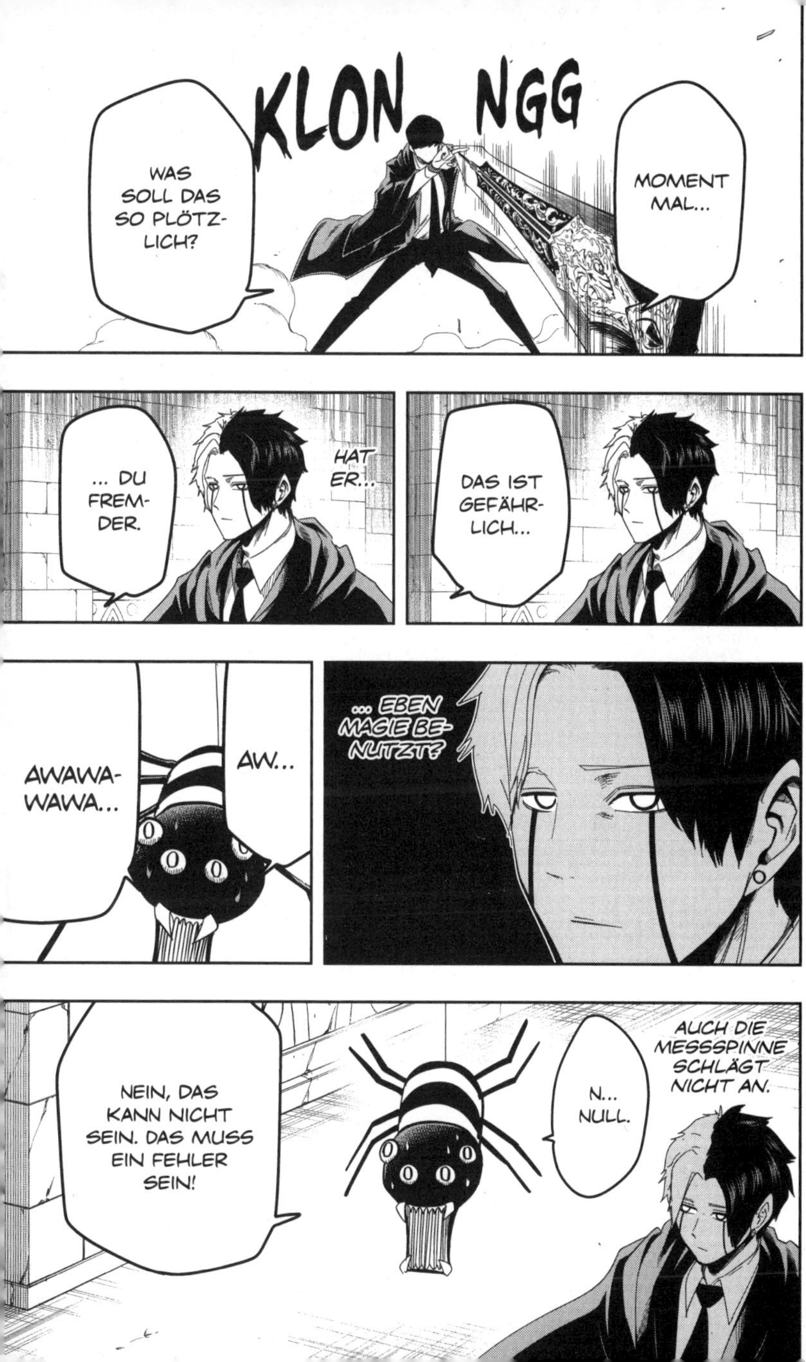
KLON NGG
MOMENT MAL...
WAS SOLL DAS SO PLÖTZLICH?
DAS IST GEFÄHRLICH...
HAT ER...
... DU FREMDER.
... EBEN MAGIE BENUTZT?
AW...
AWAWAWAWA...
AUCH DIE MESSSPINNE SCHLÄGT NICHT AN.
N... NULL.
NEIN, DAS KANN NICHT SEIN. DAS MUSS EIN FEHLER SEIN!

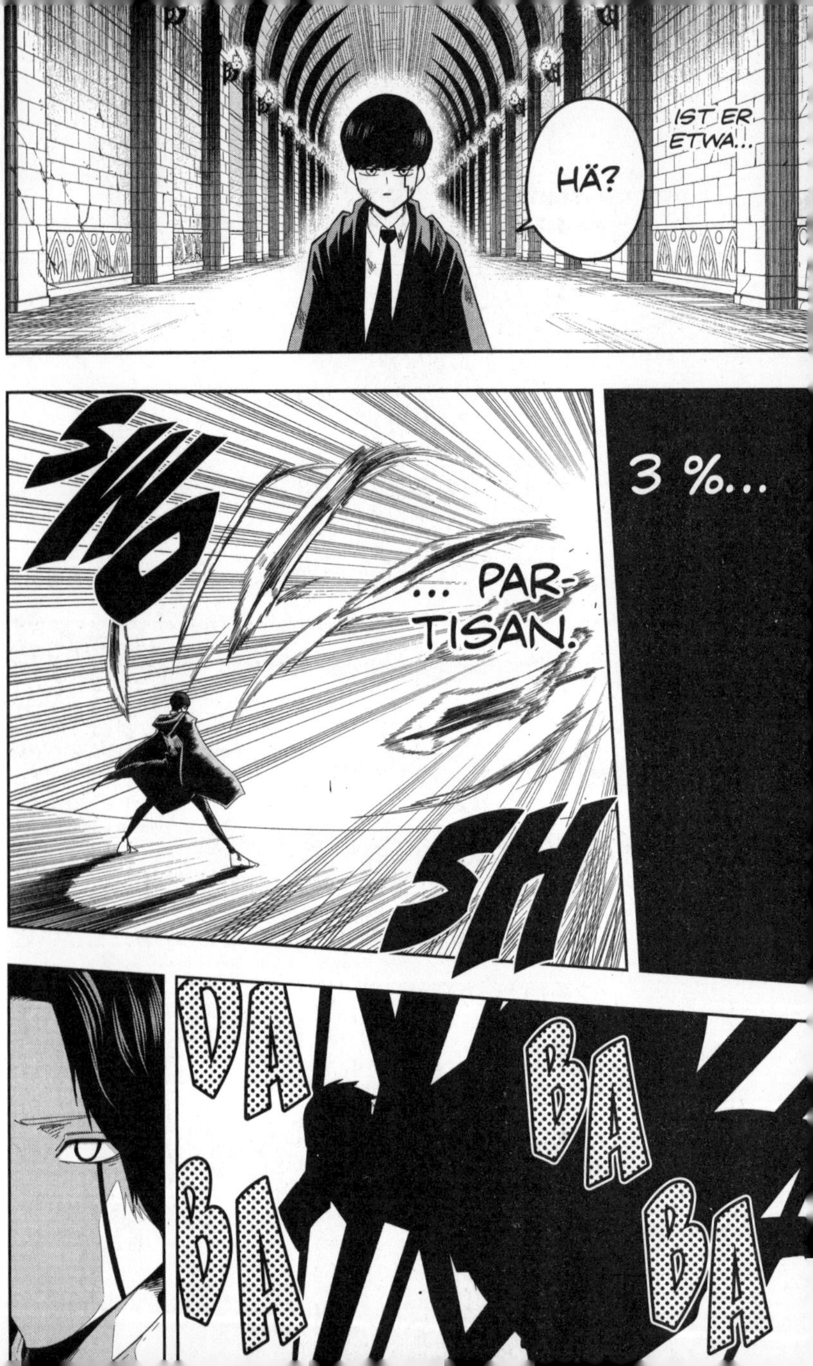

IST ER ETWA...
HÄ?
3 %...
... PAR-TISAN.
SWO
SH
BA
BA
DA
BA
BA

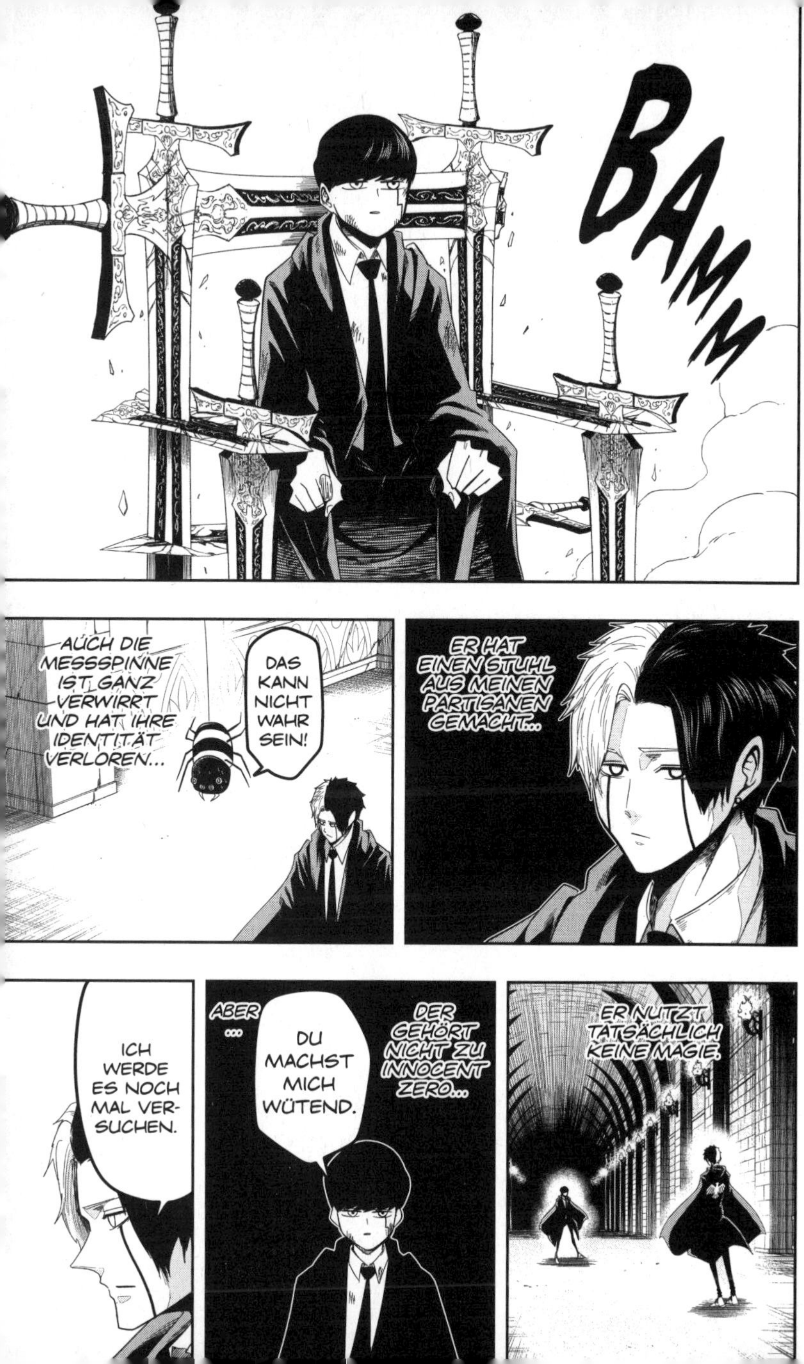
BAMM
ER HAT EINEN STUHL AUS MEINEN PARTISANEN GEMACHT...
DAS KANN NICHT WAHR SEIN!
AUCH DIE MESSSPINNE IST GANZ VERWIRRT UND HAT IHRE IDENTITÄT VERLOREN...
ER NUTZT TATSÄCHLICH KEINE MAGIE.
DER GEHÖRT NICHT ZU INNOCENT ZERO...
ABER ...
DU MACHST MICH WÜTEND.
ICH WERDE ES NOCH MAL VER-SUCHEN.

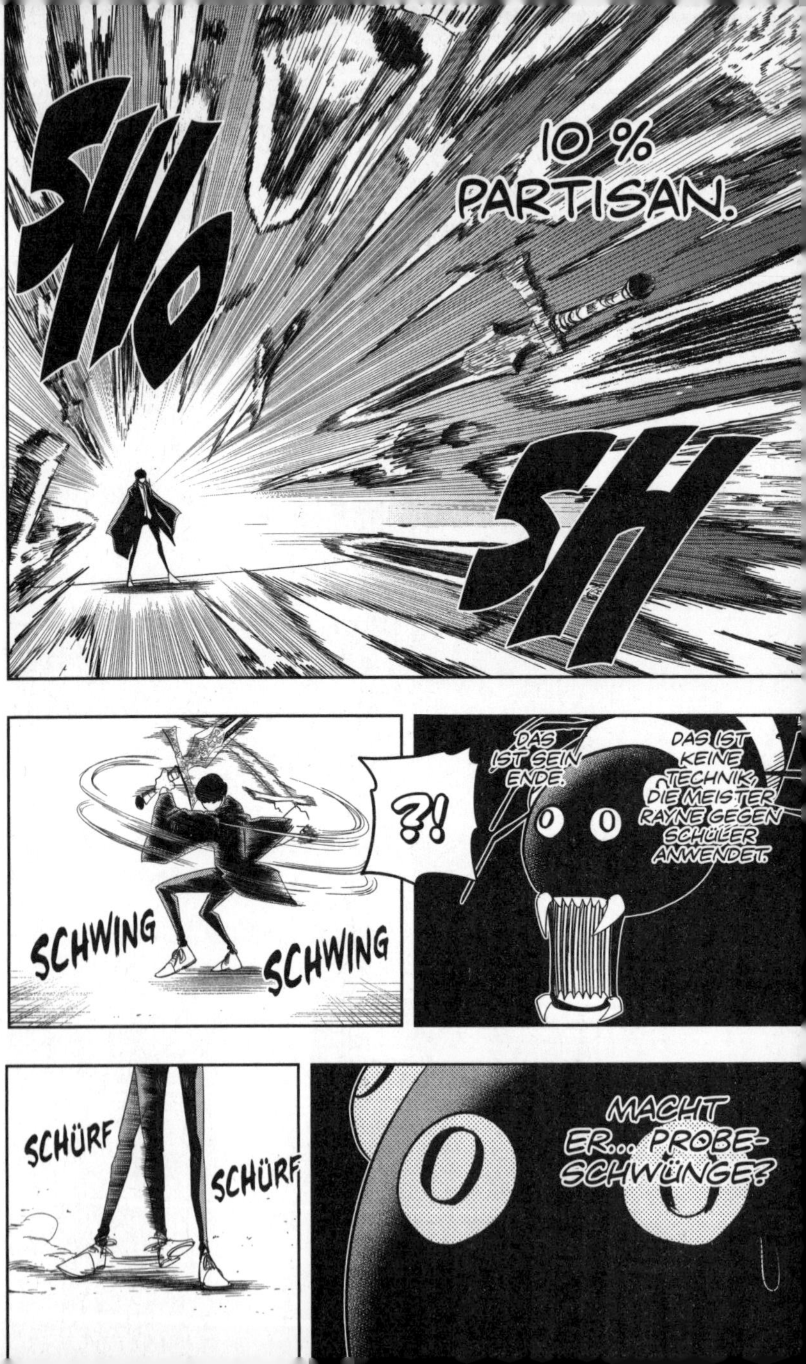
10 %
PARTISAN.
SHHO
SHH
DAS IST KEINE TECHNIK, DIE MEISTER RAYNE GEGEN SCHÜLER ANWENDET.
DAS IST SEIN ENDE.
?!
SCHWING
SCHWING
MACHT ER... PROBE-SCHWÜNGE?
SCHÜRF
SCHÜRF

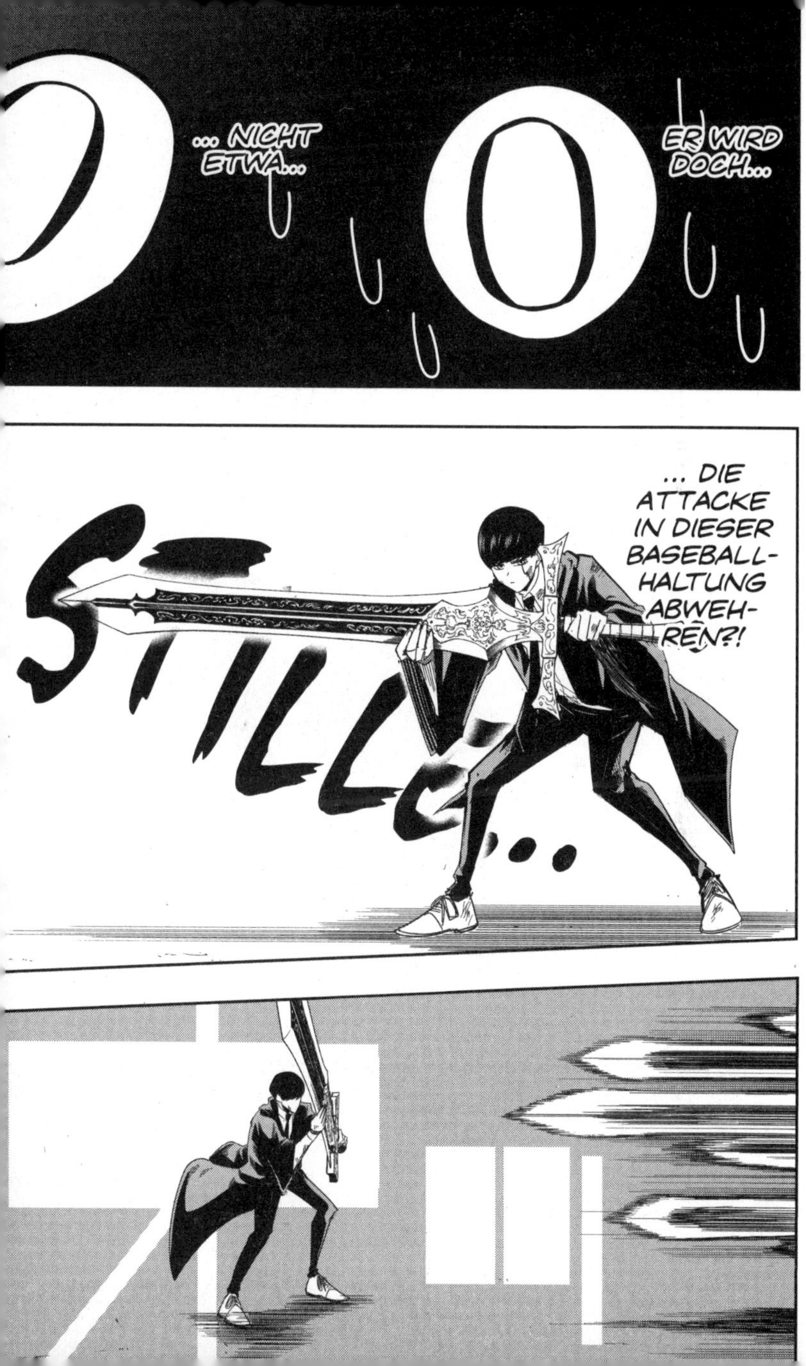
ER WIRD DOCH...
... NICHT ETWA...
... DIE ATTACKE IN DIESER BASEBALL-HALTUNG ABWEH-REN?!
STILLE...

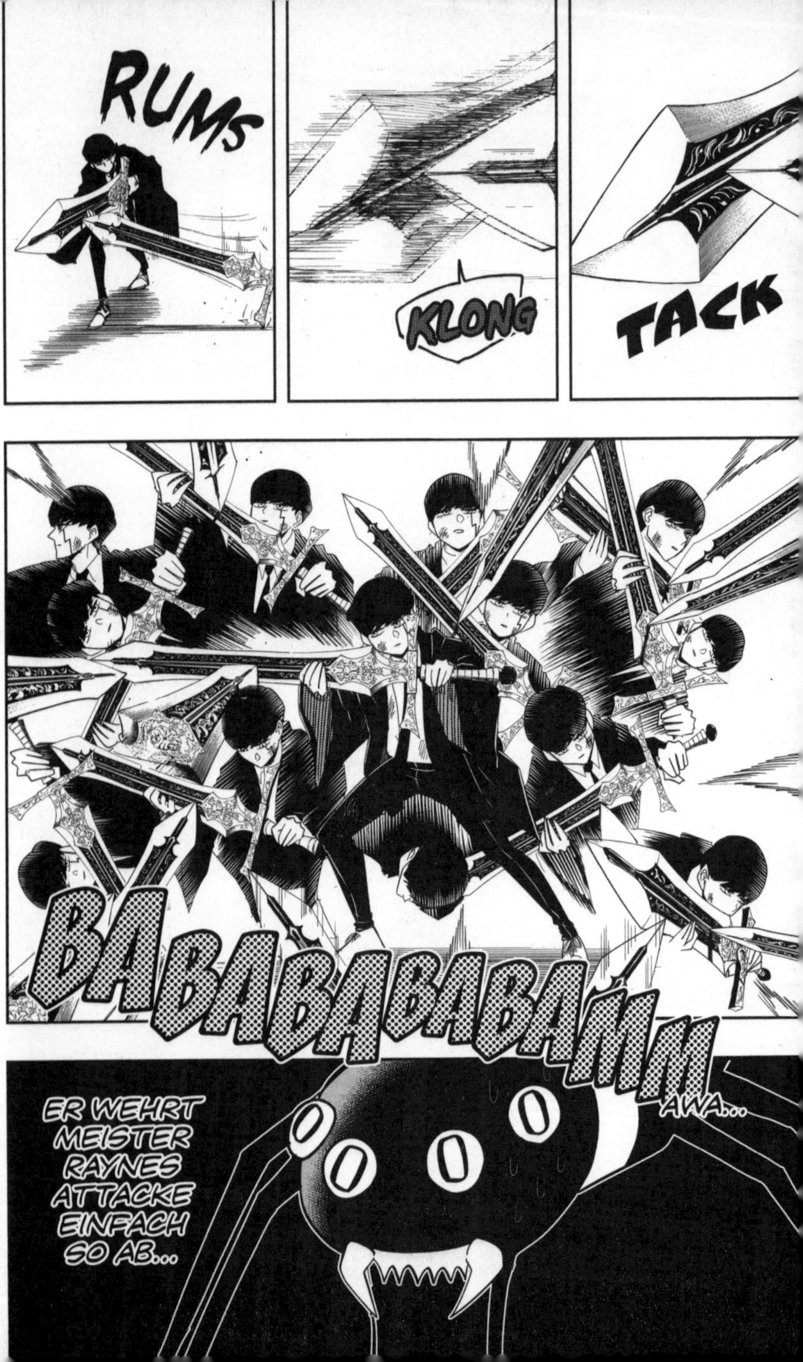
RUMS
KLONG
TACK
BABABABABAMM
AWA...
ER WEHRT MEISTER RAYNES ATTACKE EINFACH SO AB...

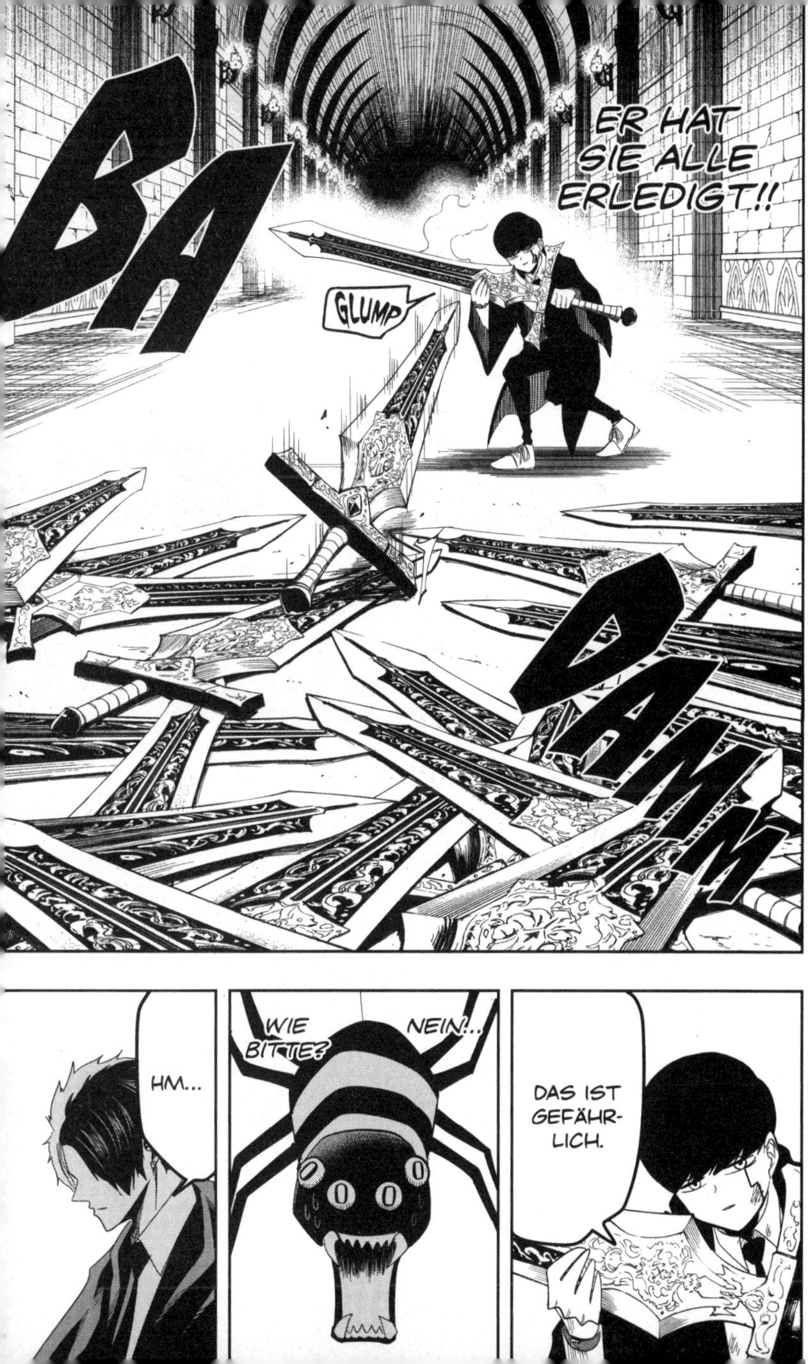
ER HAT SIE ALLE ERLEDIGT!!
GLUMP
BA
DAMM
DAS IST GEFÄHR-LICH.
NEIN...
WIE BITTE?
HM...

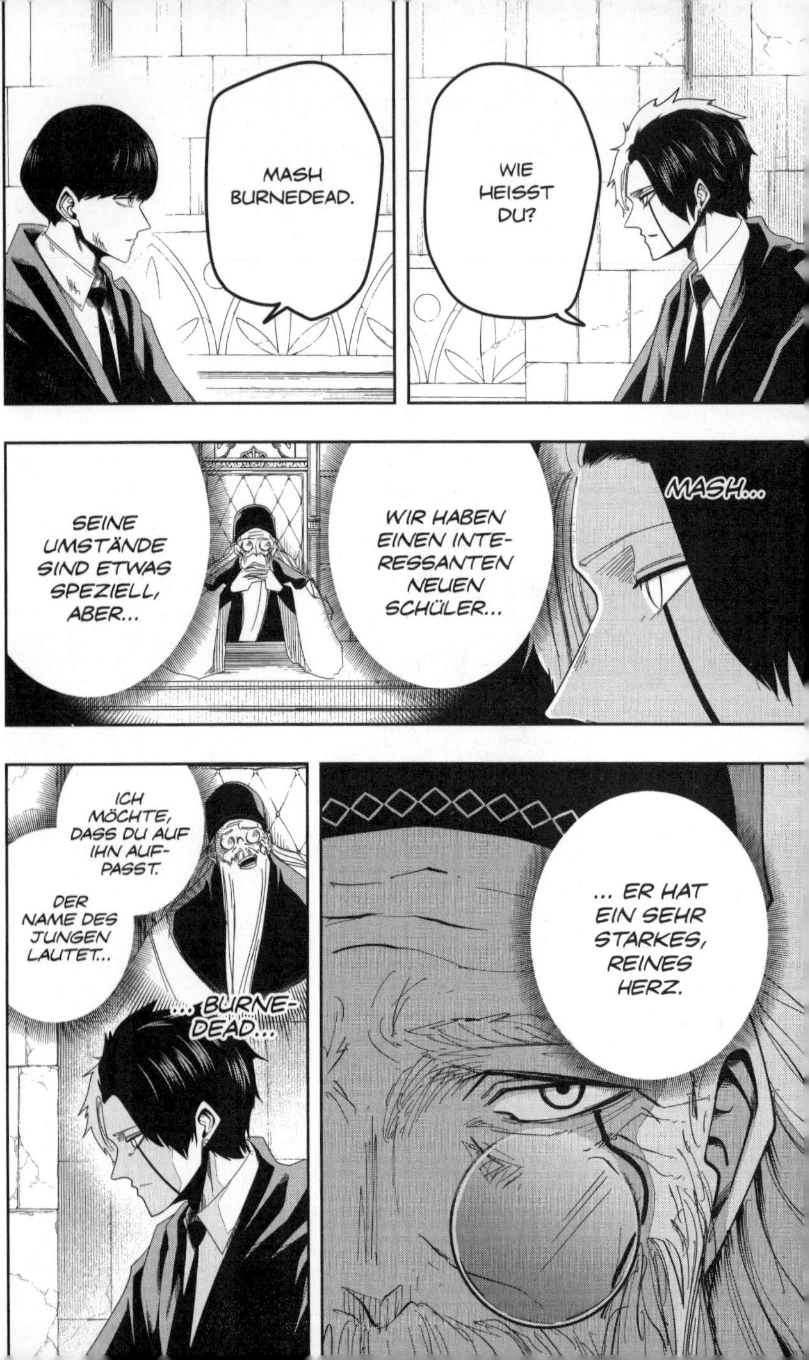
WIE HEISST DU?
MASH BURNEDEAD.
MASH...
WIR HABEN EINEN INTERESSANTEN NEUEN SCHÜLER...
SEINE UMSTÄNDE SIND ETWAS SPEZIELL, ABER...
... ER HAT EIN SEHR STARKES, REINES HERZ.
ICH MÖCHTE, DASS DU AUF IHN AUFPASST.
DER NAME DES JUNGEN LAUTET...
... BURNEDEAD...

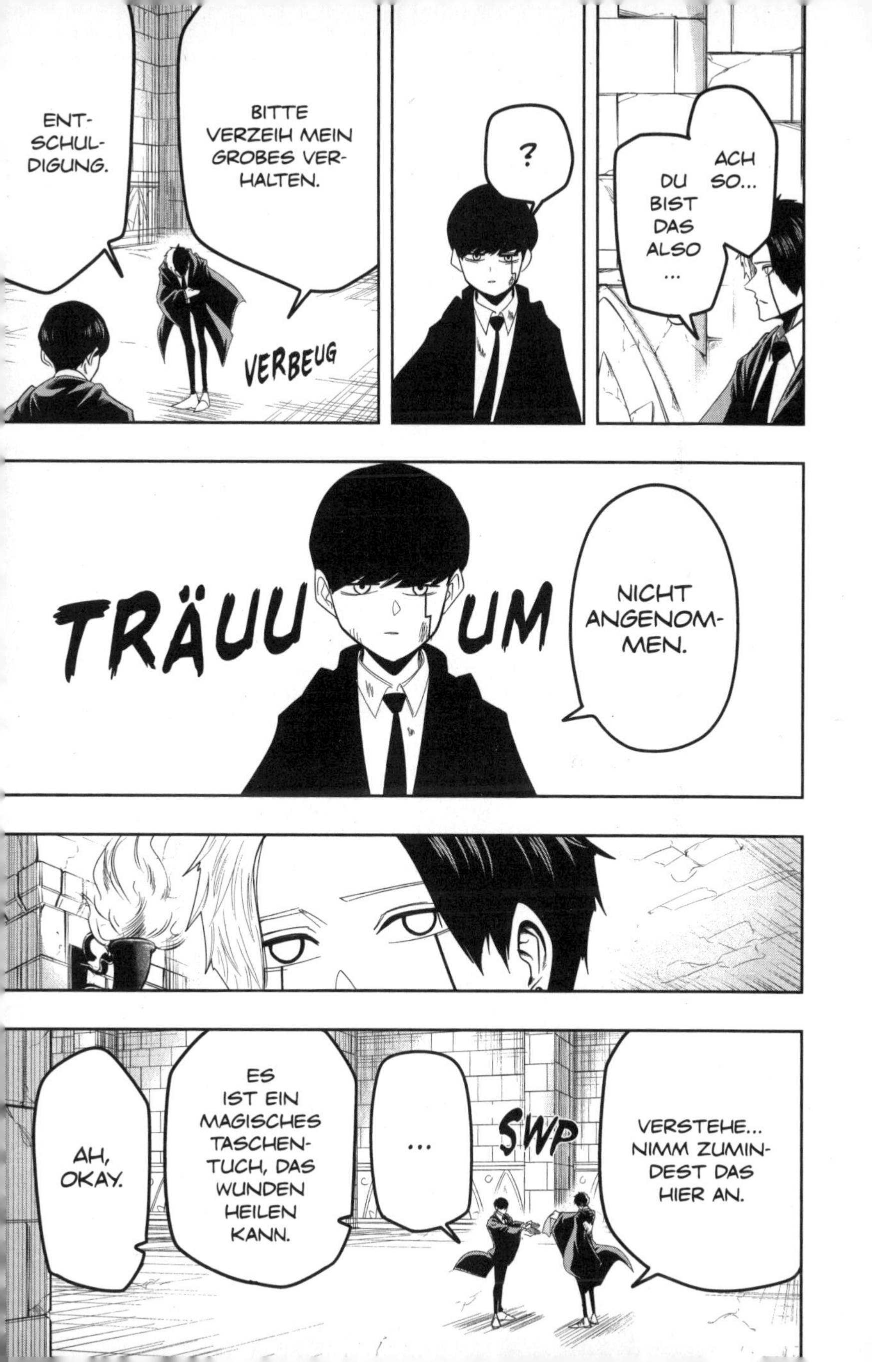
ACH SO...
DU BIST DAS ALSO ...
?
BITTE VERZEIH MEIN GROBES VERHALTEN.
ENTSCHULDIGUNG.
VERBEUG
TRÄUUUM
NICHT ANGENOMMEN.
VERSTEHE... NIMM ZUMINDEST DAS HIER AN.
SWP
...
ES IST EIN MAGISCHES TASCHENTUCH, DAS WUNDEN HEILEN KANN.
AH, OKAY.

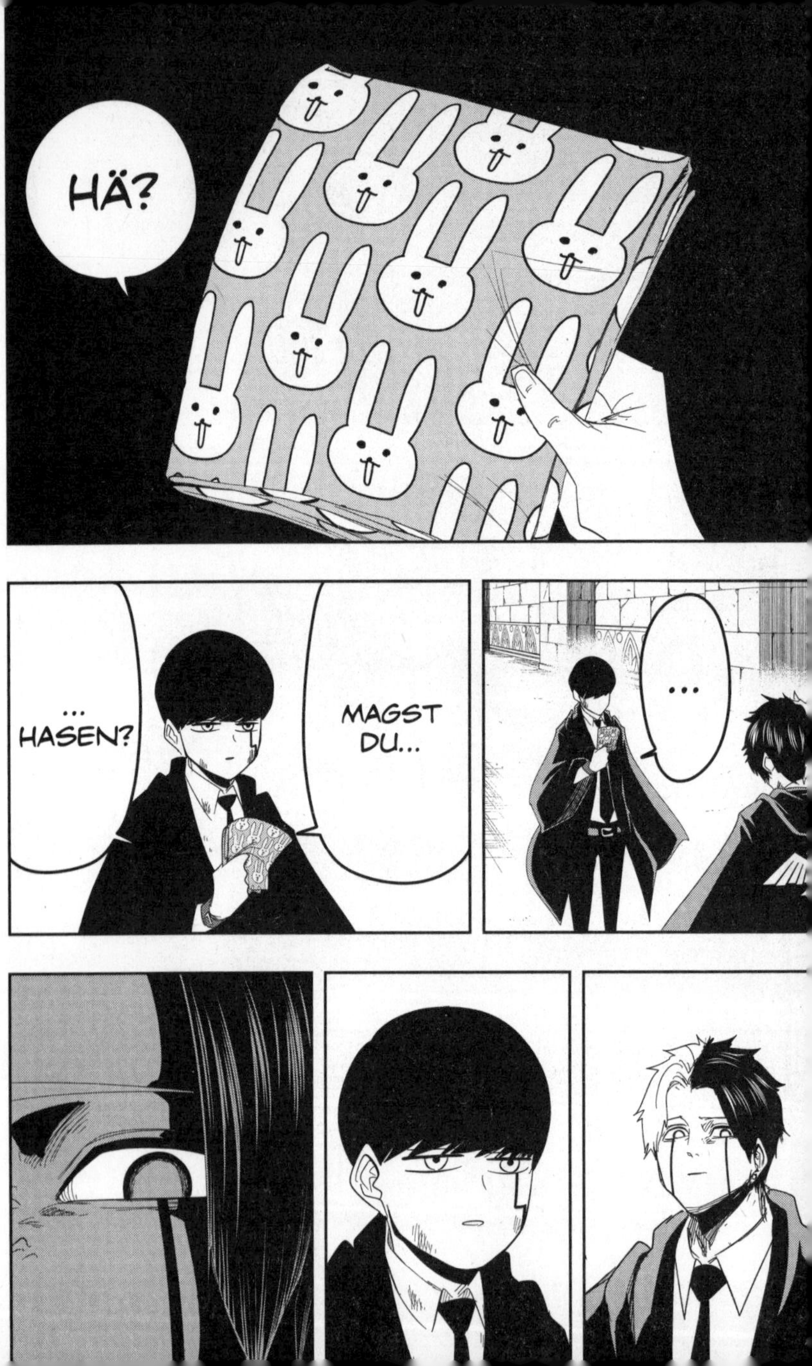
HÄ?
...
MAGST DU...
... HASEN?

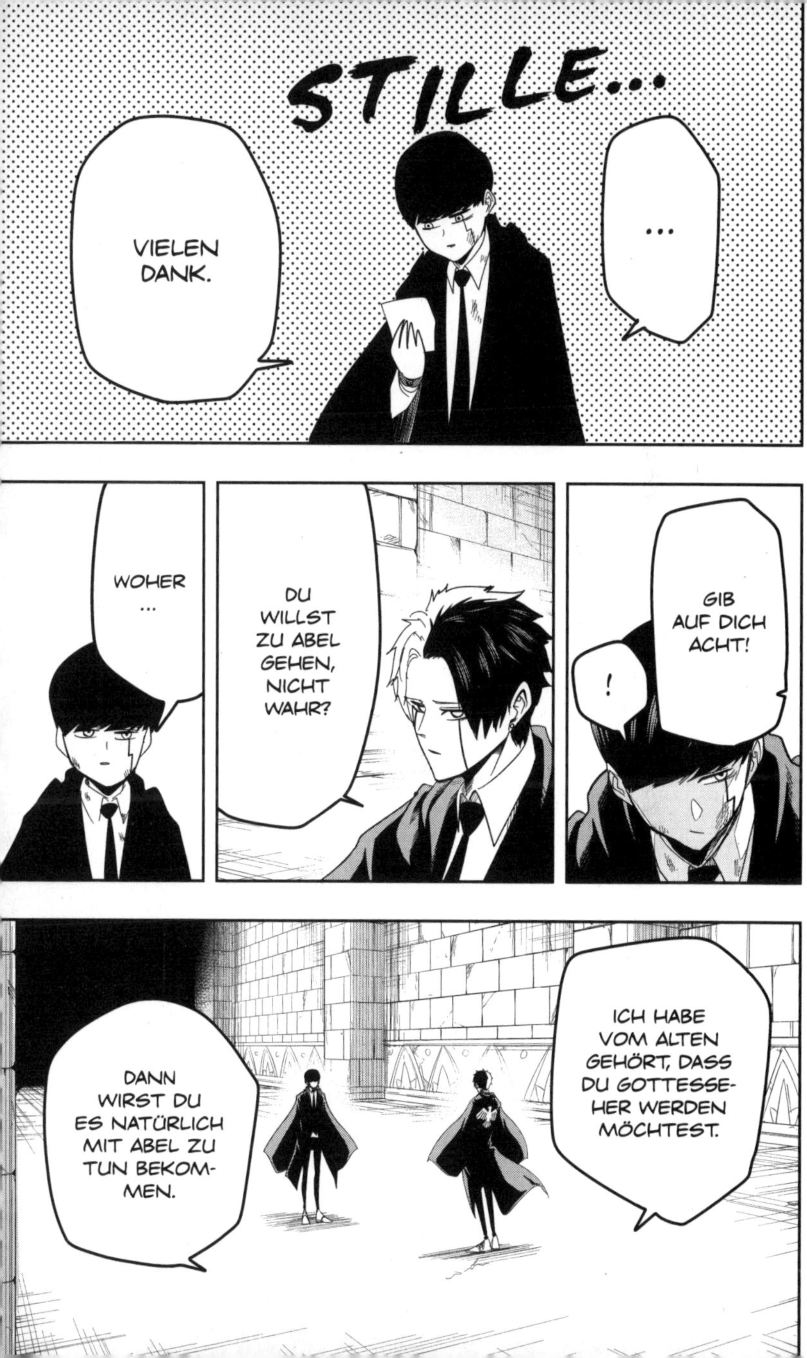
STILLE...
...
VIELEN DANK.
!
GIB AUF DICH ACHT!
DU WILLST ZU ABEL GEHEN, NICHT WAHR?
WOHER ...
ICH HABE VOM ALTEN GEHÖRT, DASS DU GOTTESSEHER WERDEN MÖCHTEST.
DANN WIRST DU ES NATÜRLICH MIT ABEL ZU TUN BEKOMMEN.

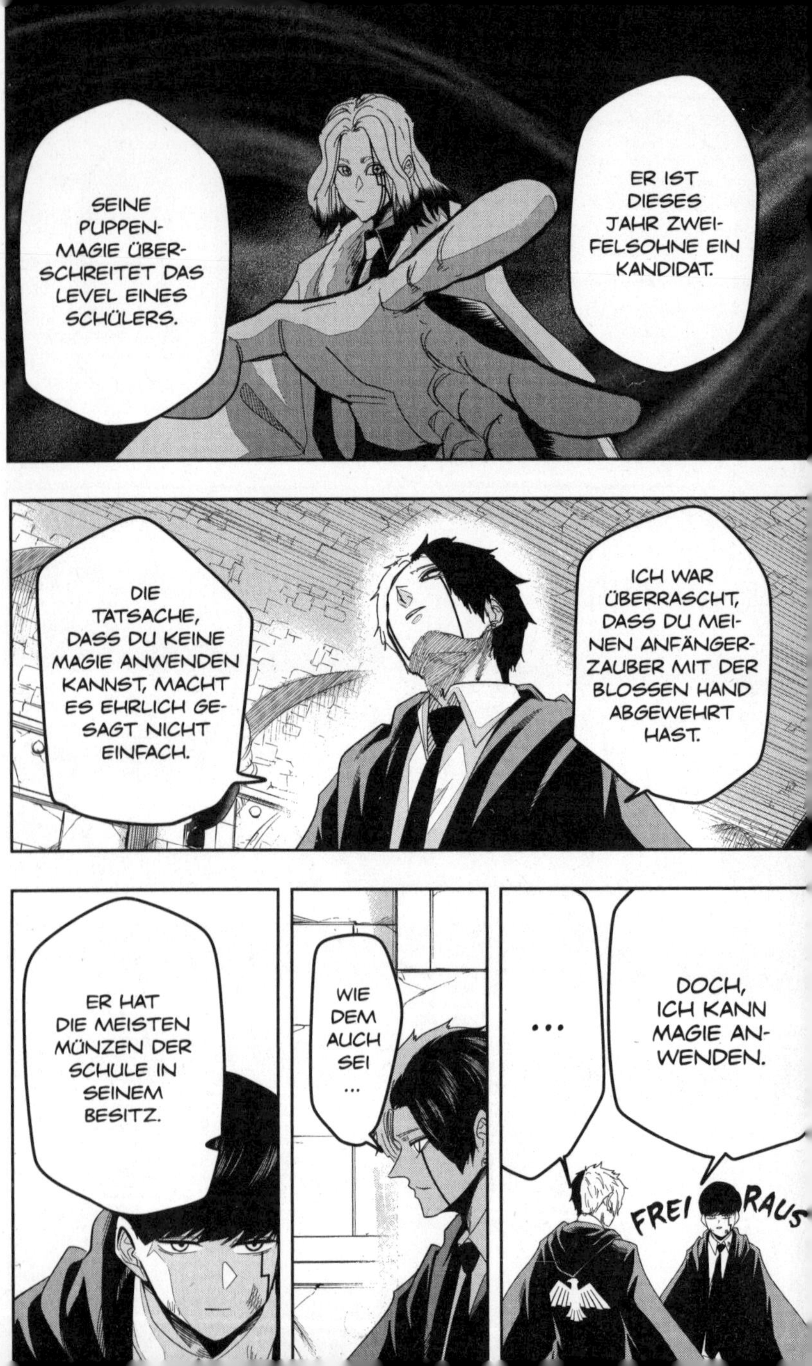
ER IST DIESES JAHR ZWEIFELSOHNE EIN KANDIDAT.
SEINE PUPPENMAGIE ÜBERSCHREITET DAS LEVEL EINES SCHÜLERS.
ICH WAR ÜBERRASCHT, DASS DU MEINEN ANFÄNGERZAUBER MIT DER BLOSSEN HAND ABGEWEHRT HAST.
DIE TATSACHE, DASS DU KEINE MAGIE ANWENDEN KANNST, MACHT ES EHRLICH GESAGT NICHT EINFACH.
DOCH, ICH KANN MAGIE ANWENDEN.
...
FREI RAUS
WIE DEM AUCH SEI ...
ER HAT DIE MEISTEN MÜNZEN DER SCHULE IN SEINEM BESITZ.

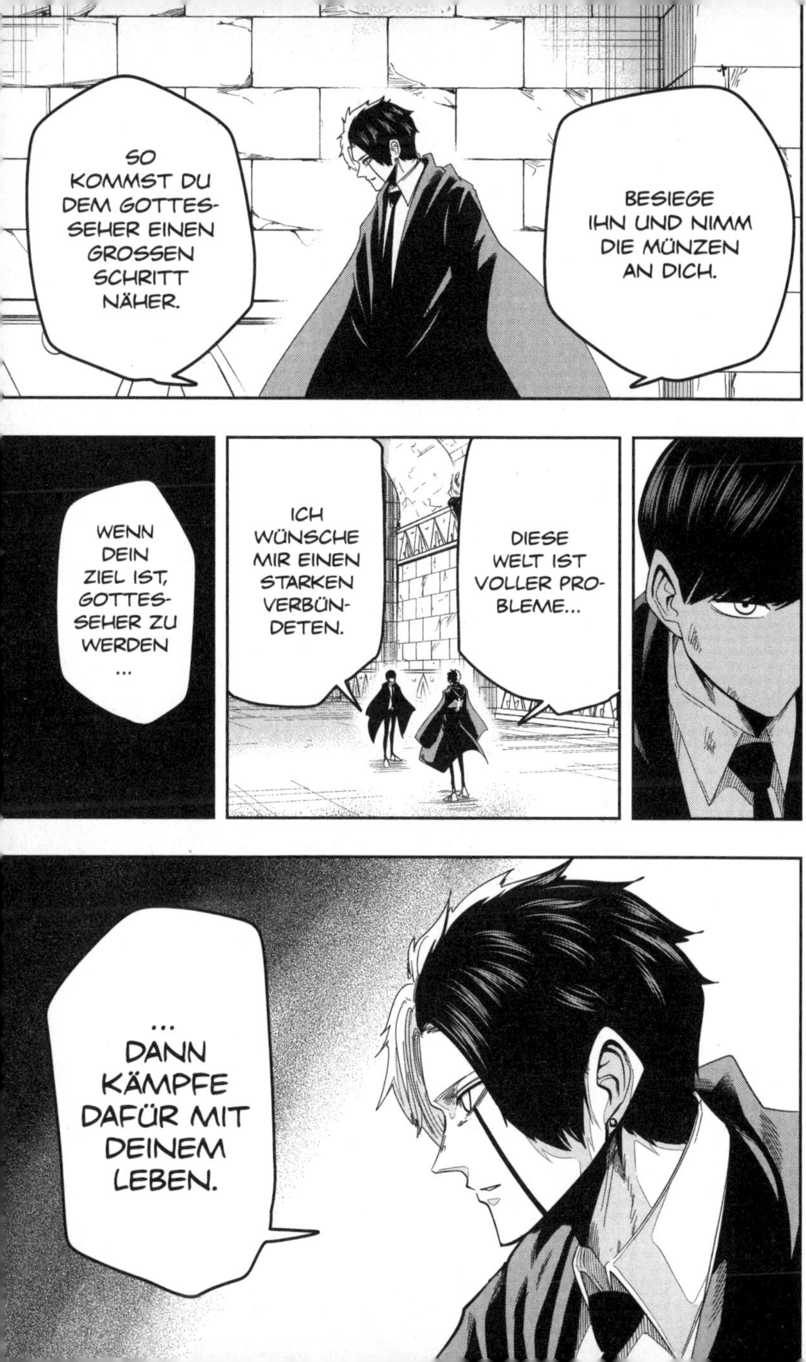
BESIEGE IHN UND NIMM DIE MÜNZEN AN DICH.
SO KOMMST DU DEM GOTTES-SEHER EINEN GROSSEN SCHRITT NÄHER.
DIESE WELT IST VOLLER PRO-BLEME...
ICH WÜNSCHE MIR EINEN STARKEN VERBÜN-DETEN.
WENN DEIN ZIEL IST, GOTTES-SEHER ZU WERDEN ...
... DANN KÄMPFE DAFÜR MIT DEINEM LEBEN.

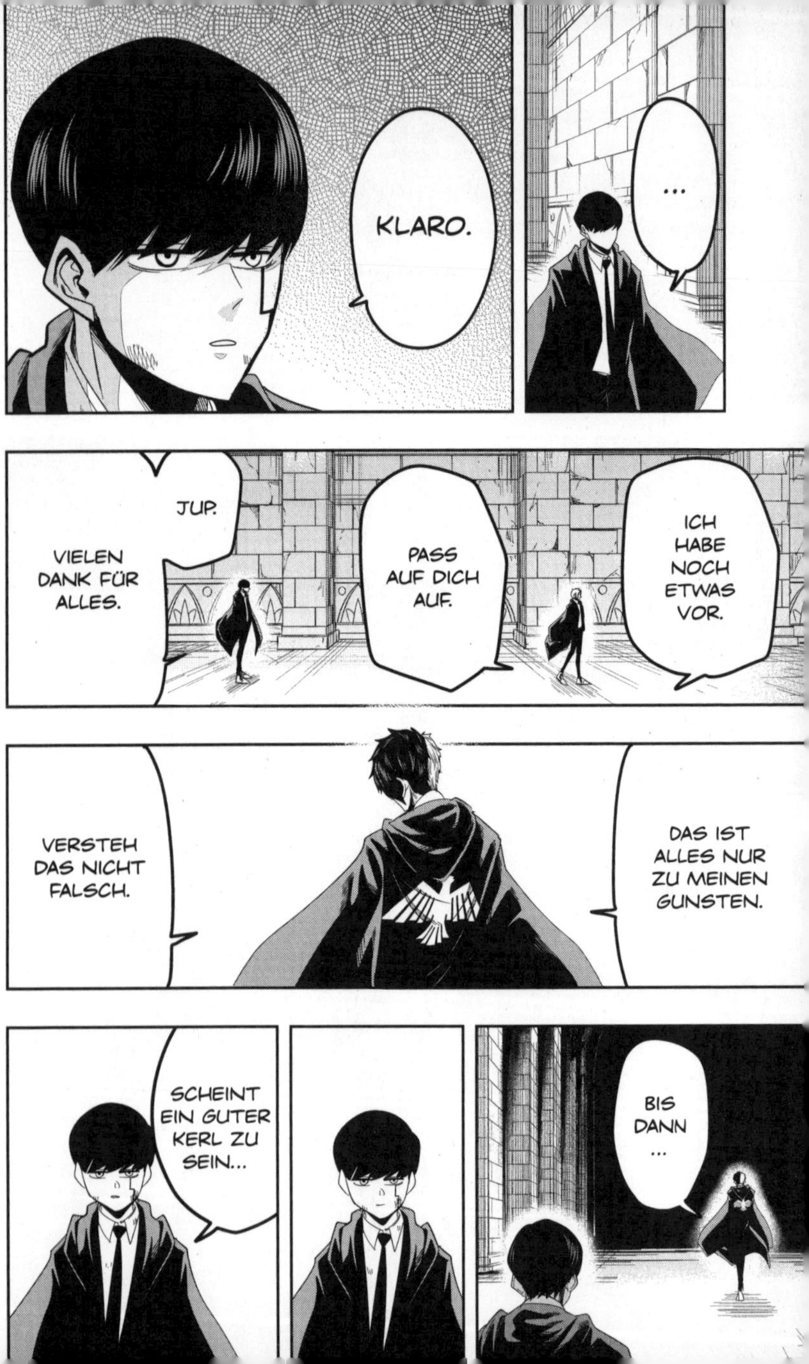
...
KLARO.
ICH HABE NOCH ETWAS VOR.
PASS AUF DICH AUF.
JUP.
VIELEN DANK FÜR ALLES.
DAS IST ALLES NUR ZU MEINEN GUNSTEN.
VERSTEH DAS NICHT FALSCH.
BIS DANN ...
SCHEINT EIN GUTER KERL ZU SEIN...

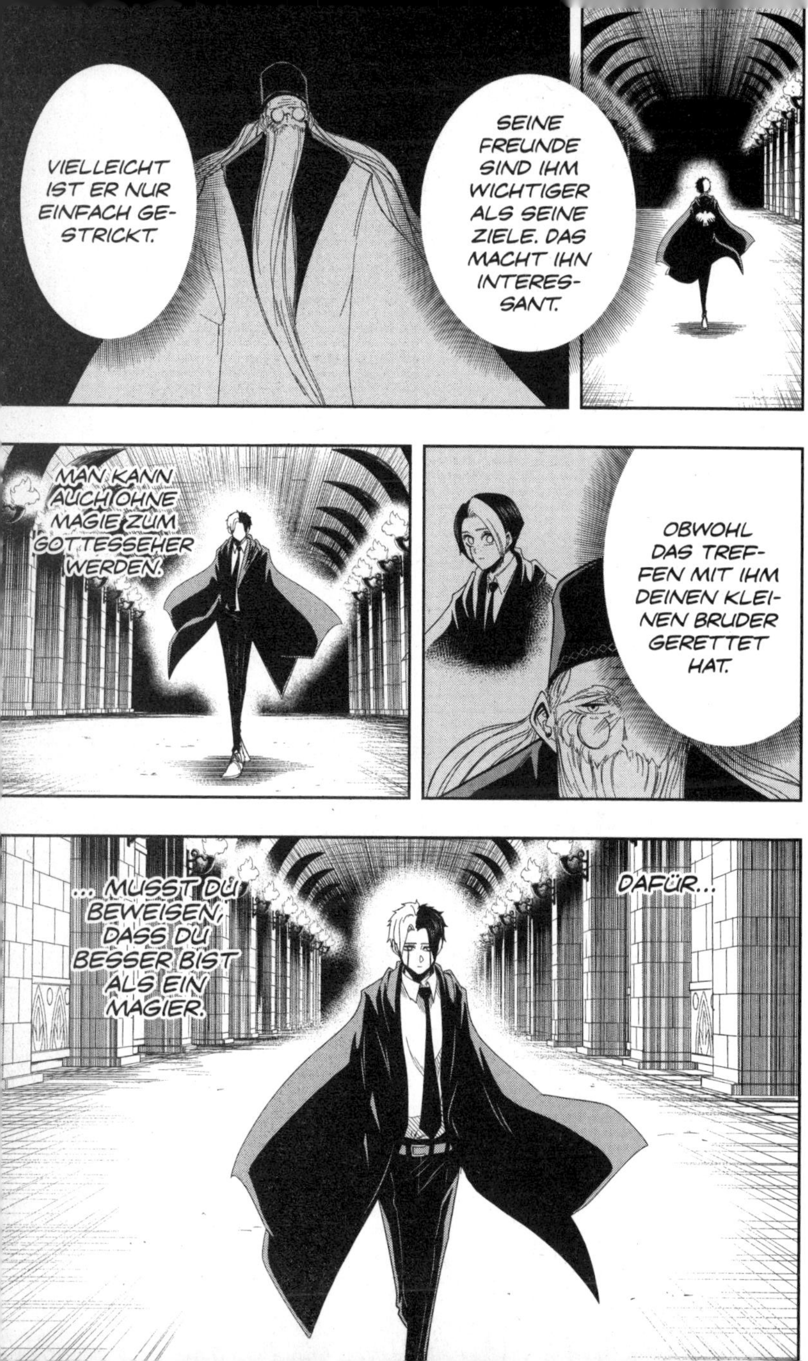
SEINE FREUNDE SIND IHM WICHTIGER ALS SEINE ZIELE. DAS MACHT IHN INTERES-SANT.
VIELLEICHT IST ER NUR EINFACH GE-STRICKT.
OBWOHL DAS TREF-FEN MIT IHM DEINEN KLEI-NEN BRUDER GERETTET HAT.
MAN KANN AUCH OHNE MAGIE ZUM GOTTESSEHER WERDEN.
DAFÜR...
... MUSST DU BEWEISEN, DASS DU BESSER BIST ALS EIN MAGIER.

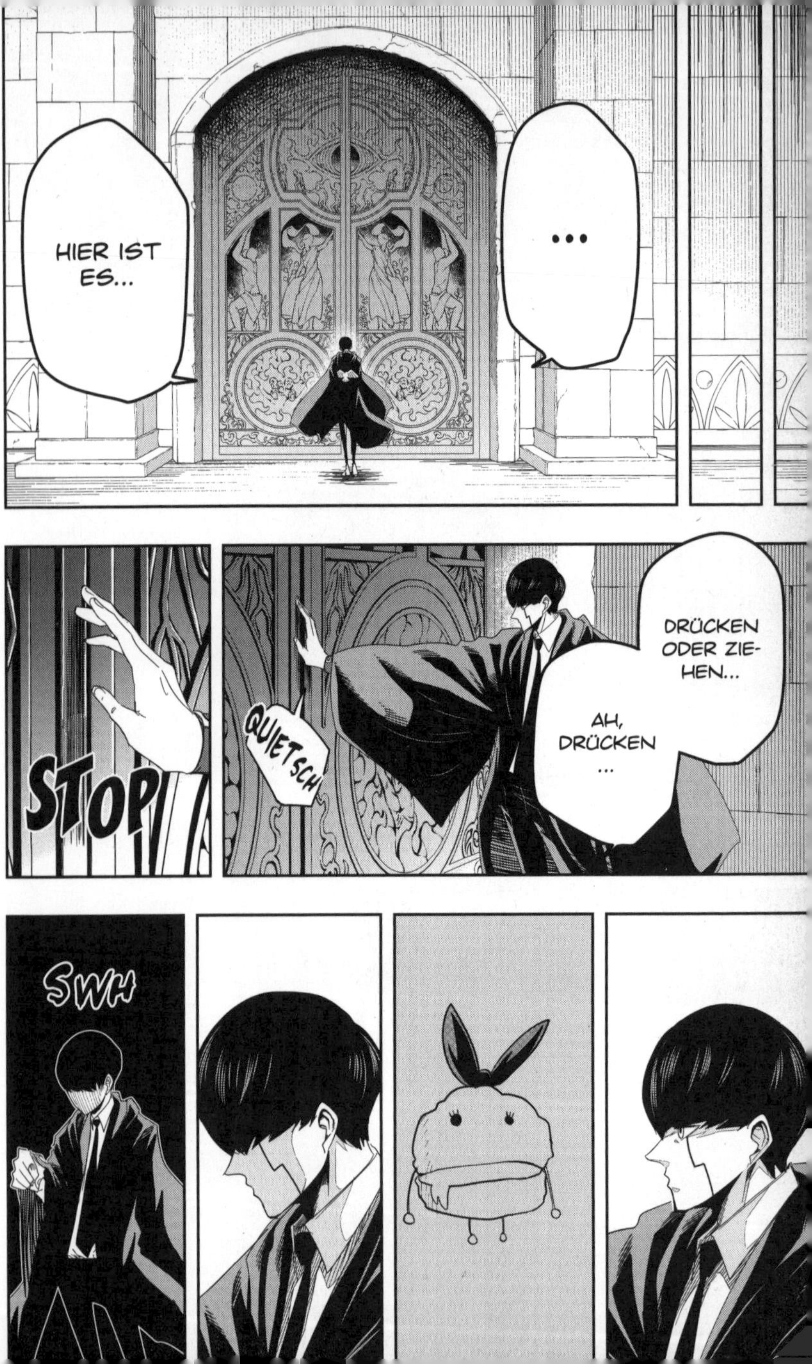
...
HIER IST ES...
DRÜCKEN ODER ZIEHEN...
AH, DRÜCKEN ...
QUIETSCH
STOP
SWH

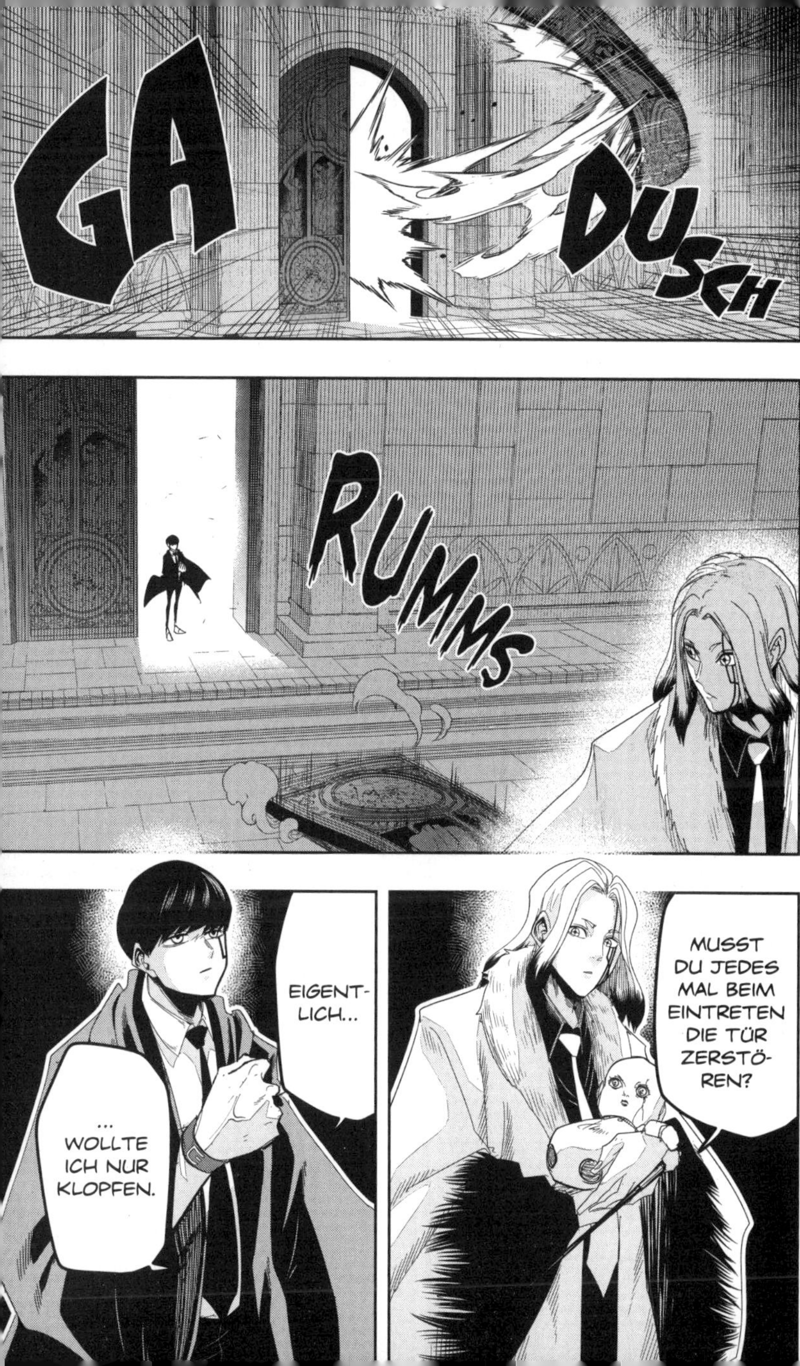
GA
DUSCH
RUMMS
MUSST DU JEDES MAL BEIM EINTRETEN DIE TÜR ZERSTÖREN?
EIGENT-LICH...
... WOLLTE ICH NUR KLOPFEN.

Extra 3

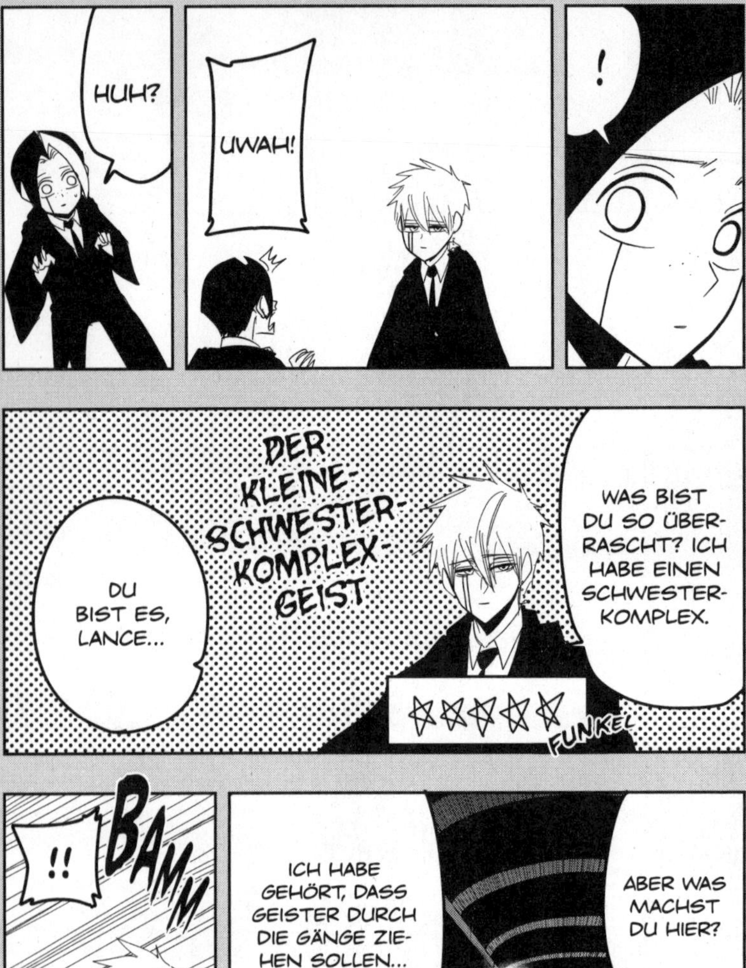

Fortsetzung auf Seite 132

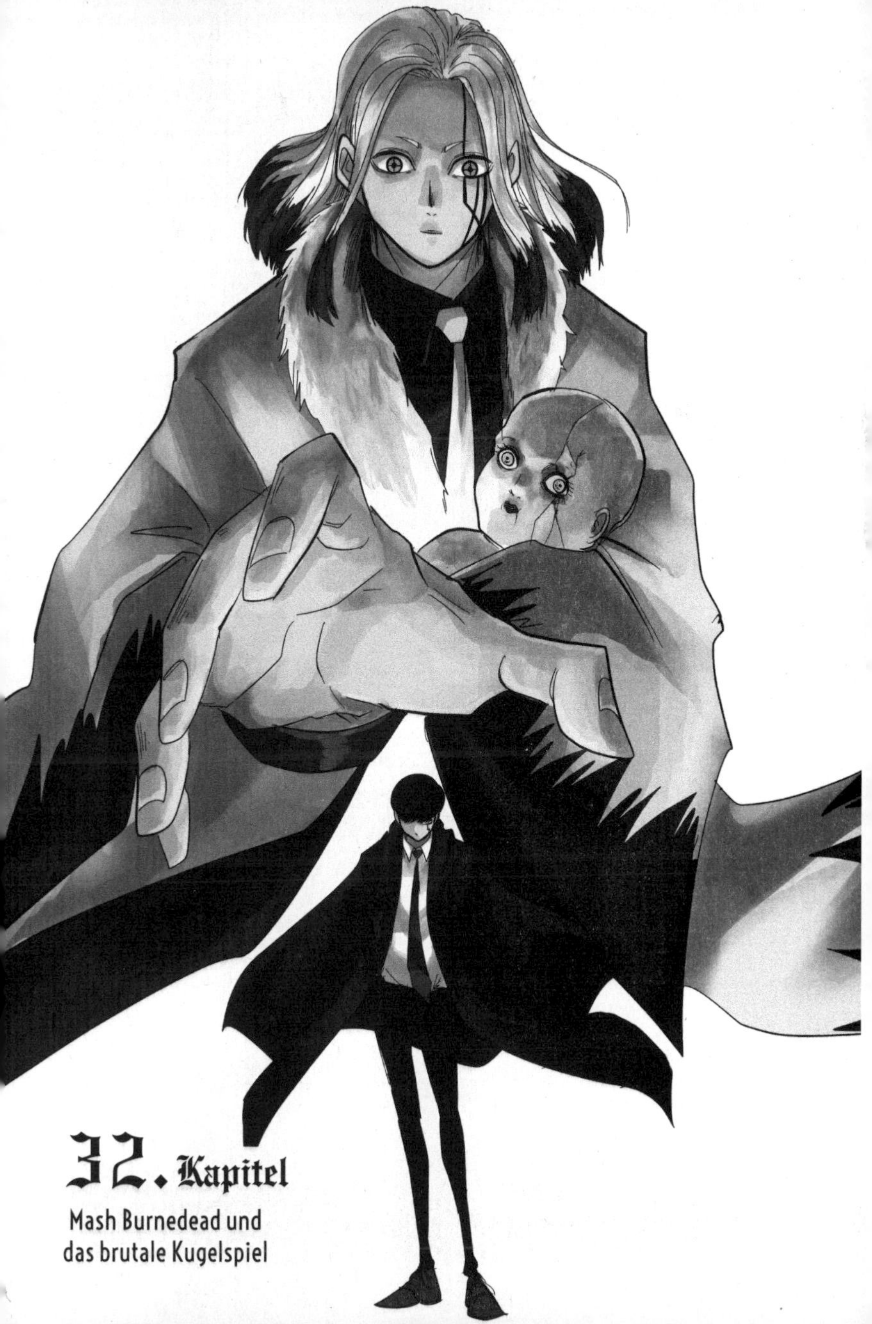

32. Kapitel

Mash Burnedead und das brutale Kugelspiel

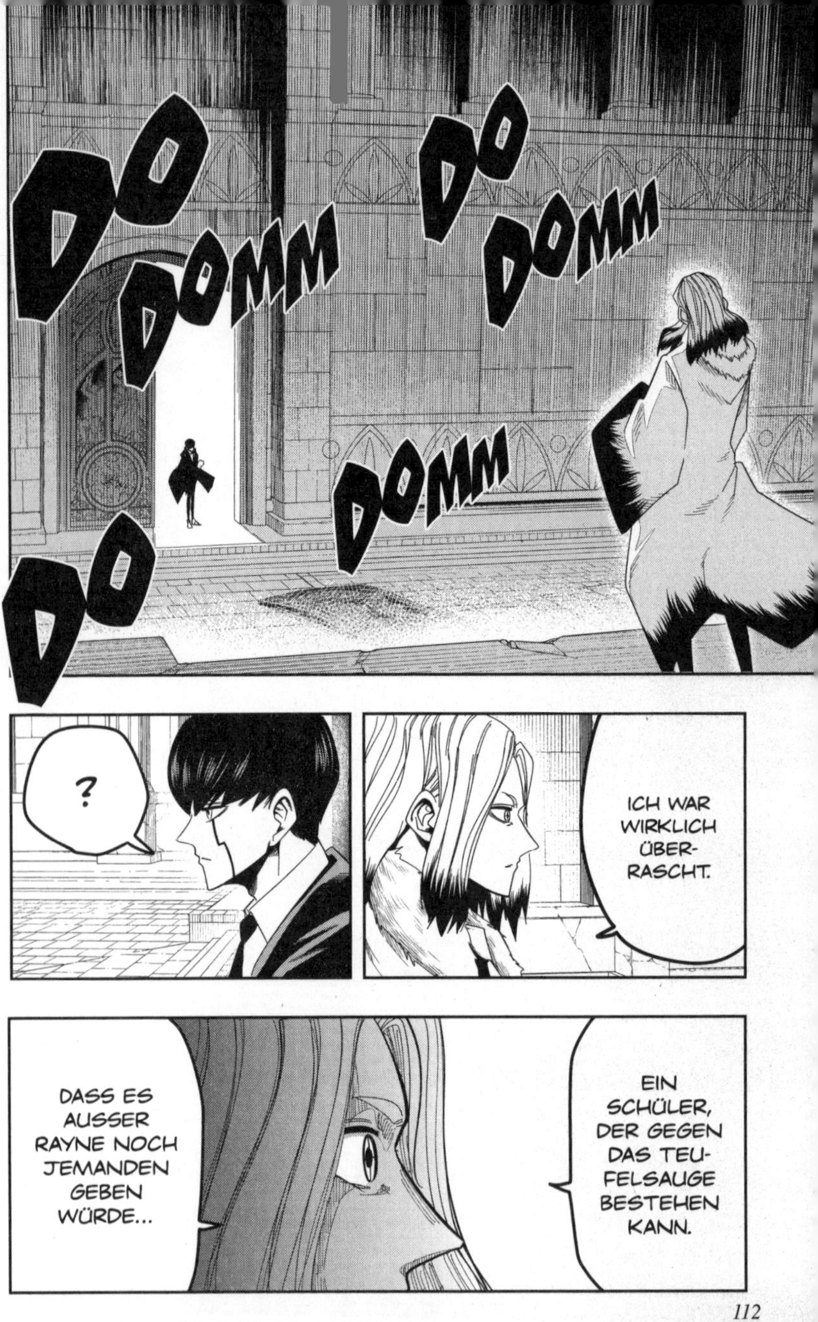
DO DOMM
DO DOMM
DO DOMM
ICH WAR WIRKLICH ÜBERRASCHT.
?
EIN SCHÜLER, DER GEGEN DAS TEUFELSAUGE BESTEHEN KANN.
DASS ES AUSSER RAYNE NOCH JEMANDEN GEBEN WÜRDE...

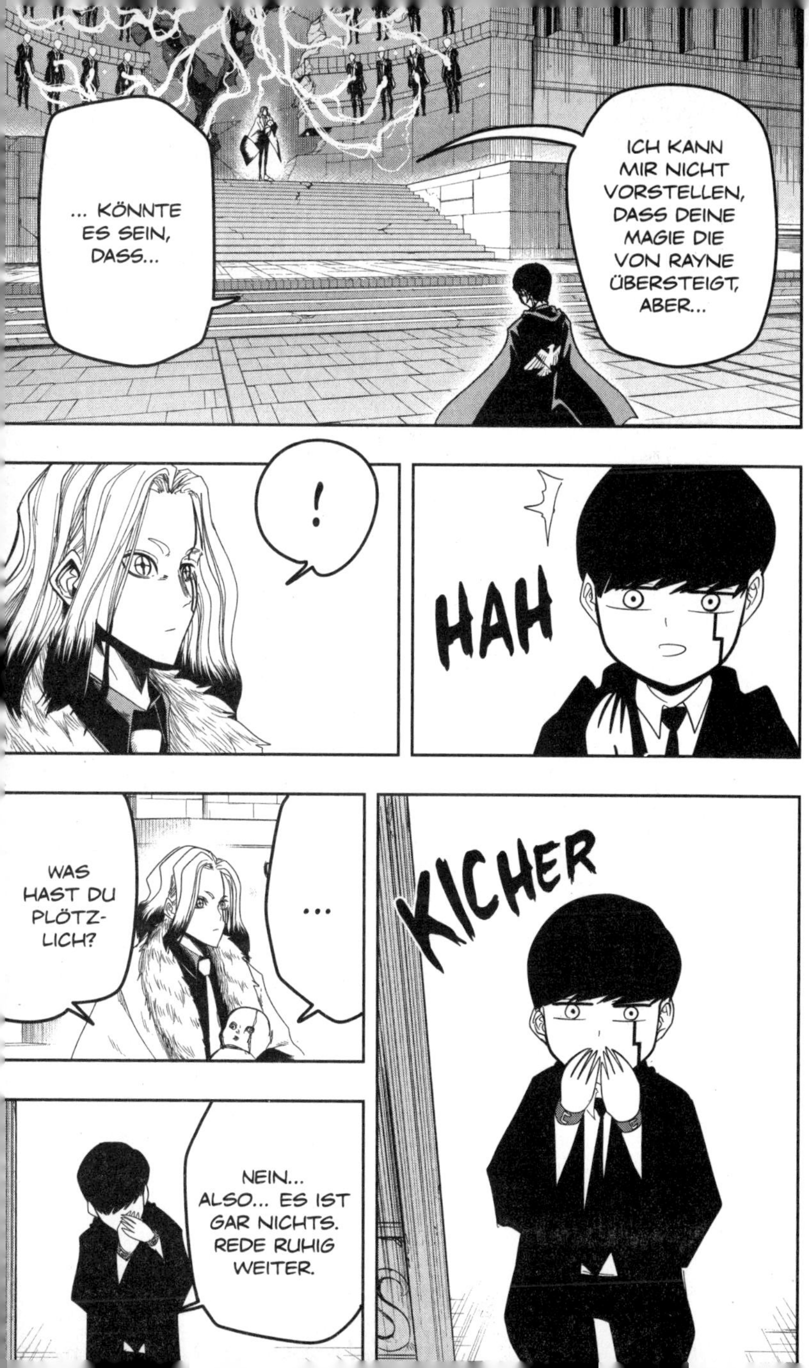

ICH KANN MIR NICHT VORSTELLEN, DASS DEINE MAGIE DIE VON RAYNE ÜBERSTEIGT, ABER...
... KÖNNTE ES SEIN, DASS...
HAH
!
KICHER
...
WAS HAST DU PLÖTZLICH?
NEIN... ALSO... ES IST GAR NICHTS. REDE RUHIG WEITER.

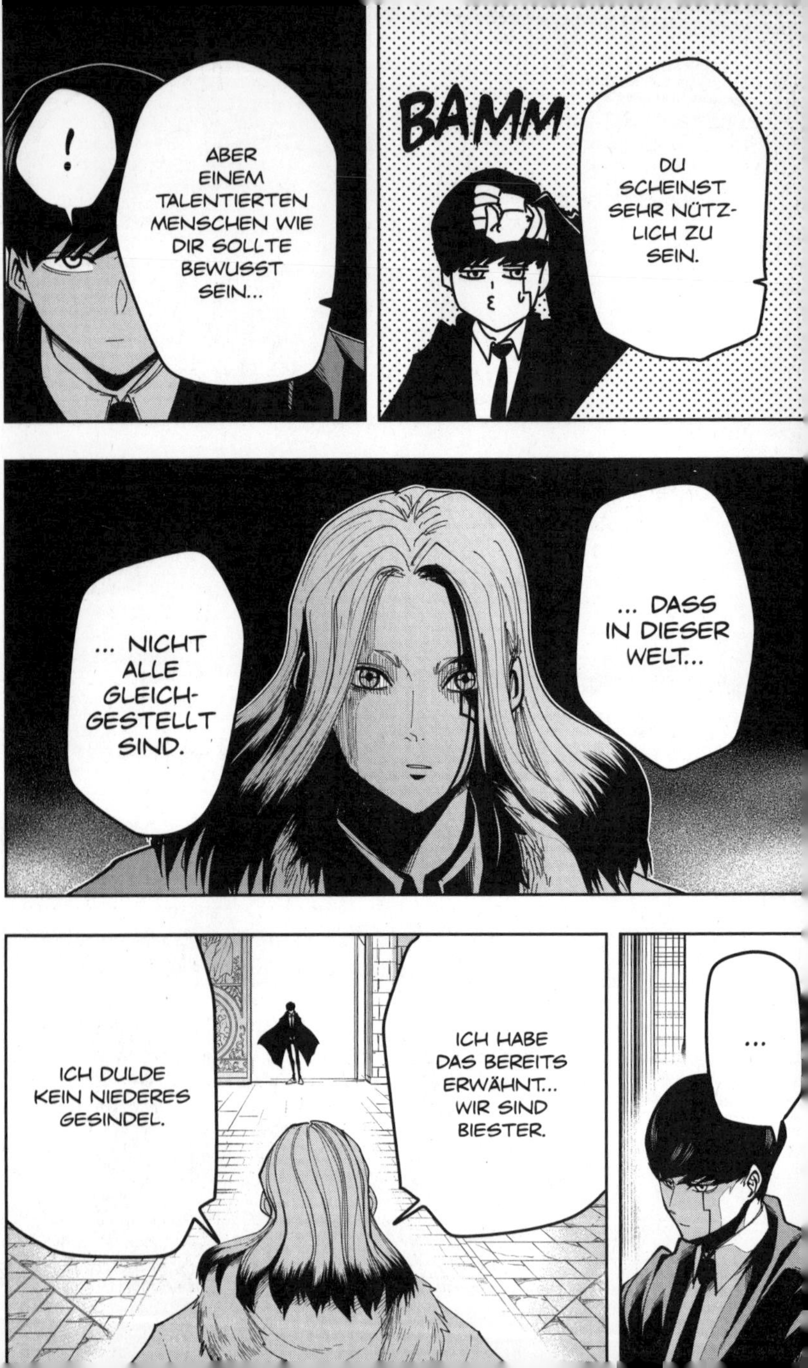
BAMM
DU SCHEINST SEHR NÜTZLICH ZU SEIN.
!
ABER EINEM TALENTIERTEN MENSCHEN WIE DIR SOLLTE BEWUSST SEIN...
... DASS IN DIESER WELT...
... NICHT ALLE GLEICHGESTELLT SIND.
...
ICH HABE DAS BEREITS ERWÄHNT... WIR SIND BIESTER.
ICH DULDE KEIN NIEDERES GESINDEL.

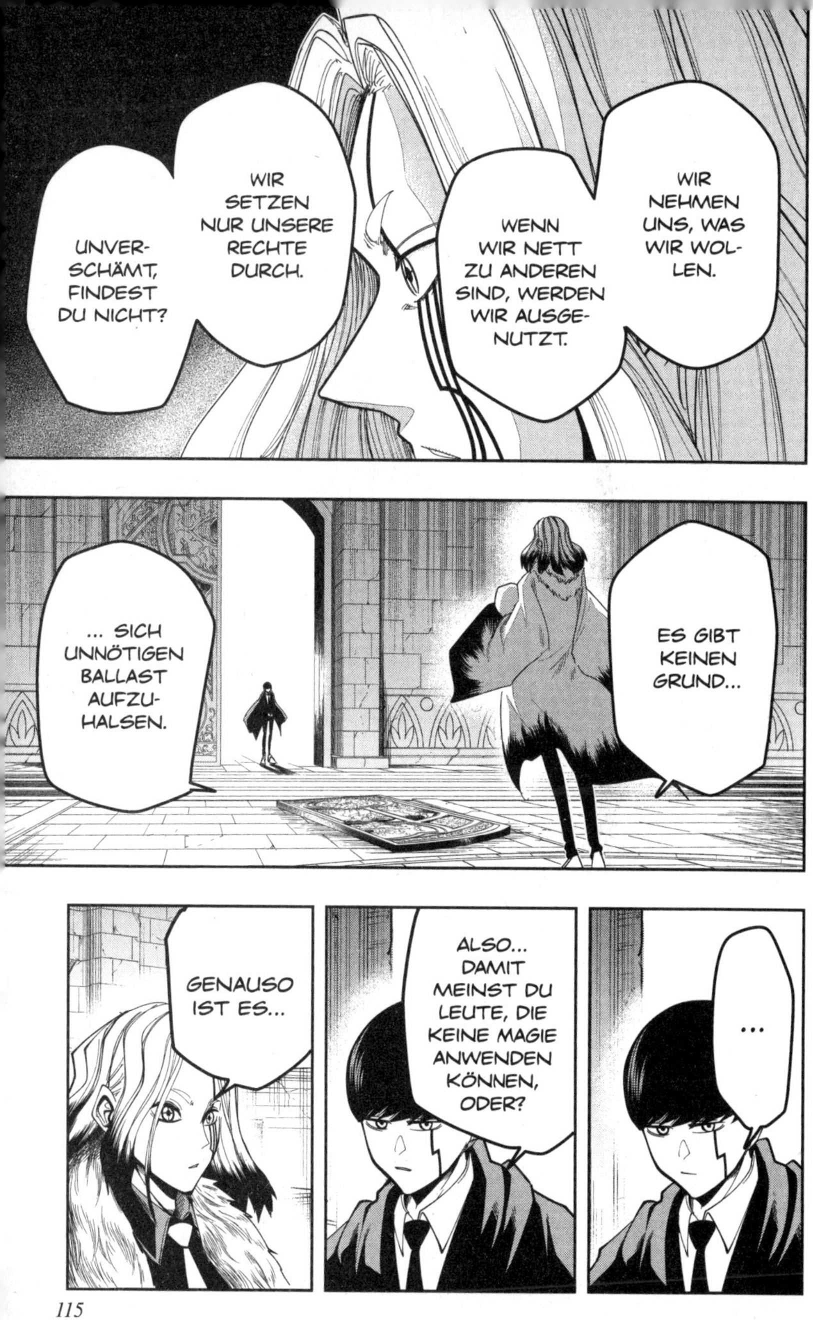

WIR NEHMEN UNS, WAS WIR WOL-LEN.
WENN WIR NETT ZU ANDEREN SIND, WERDEN WIR AUSGE-NUTZT.
WIR SETZEN NUR UNSERE RECHTE DURCH.
UNVER-SCHÄMT, FINDEST DU NICHT?
ES GIBT KEINEN GRUND...
... SICH UNNÖTIGEN BALLAST AUFZU-HALSEN.
...
ALSO... DAMIT MEINST DU LEUTE, DIE KEINE MAGIE ANWENDEN KÖNNEN, ODER?
GENAUSO IST ES...

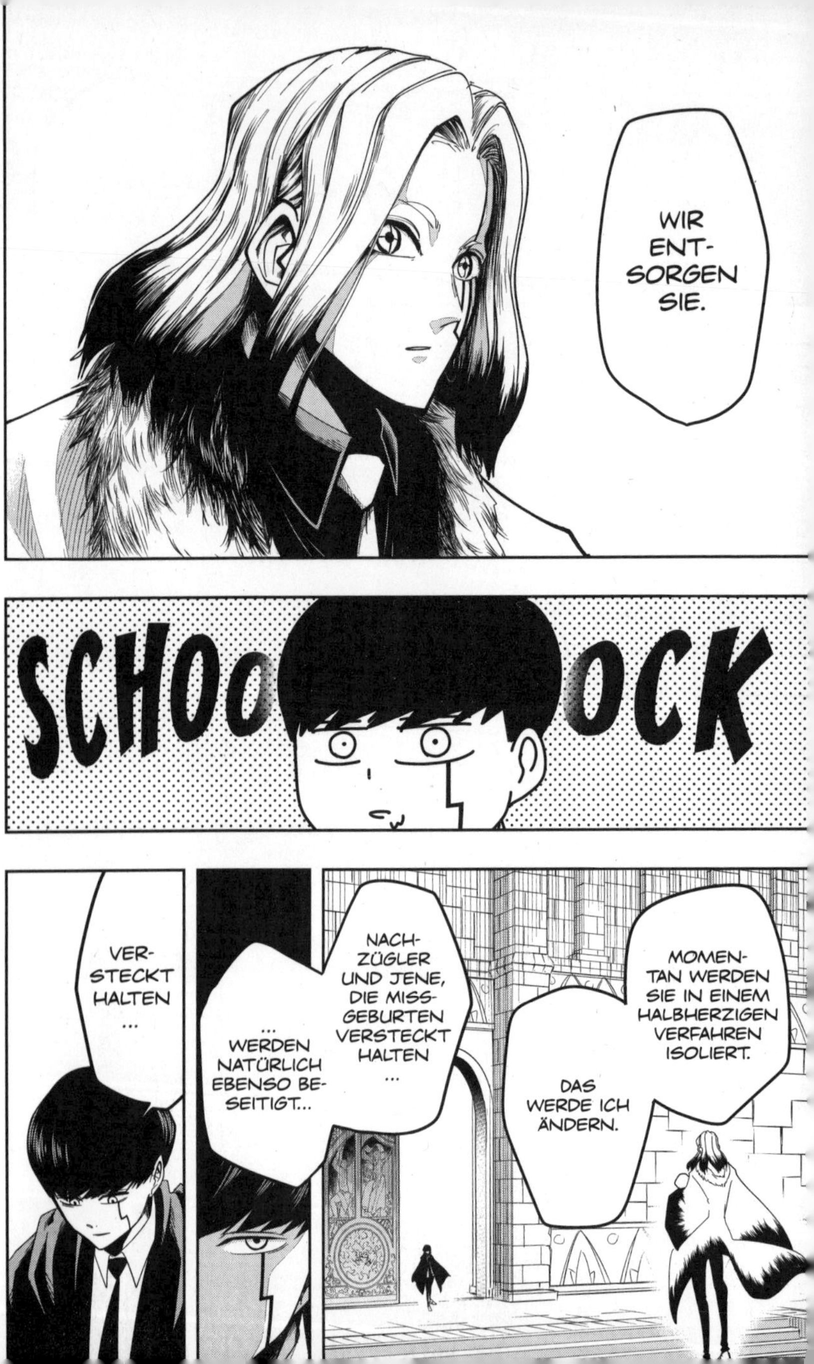
WIR ENTSORGEN SIE.
SCHOO
OCK
MOMENTAN WERDEN SIE IN EINEM HALBHERZIGEN VERFAHREN ISOLIERT.
DAS WERDE ICH ÄNDERN.
NACHZÜGLER UND JENE, DIE MISSGEBURTEN VERSTECKT HALTEN ...
... WERDEN NATÜRLICH EBENSO BESEITIGT...
VERSTECKT HALTEN ...

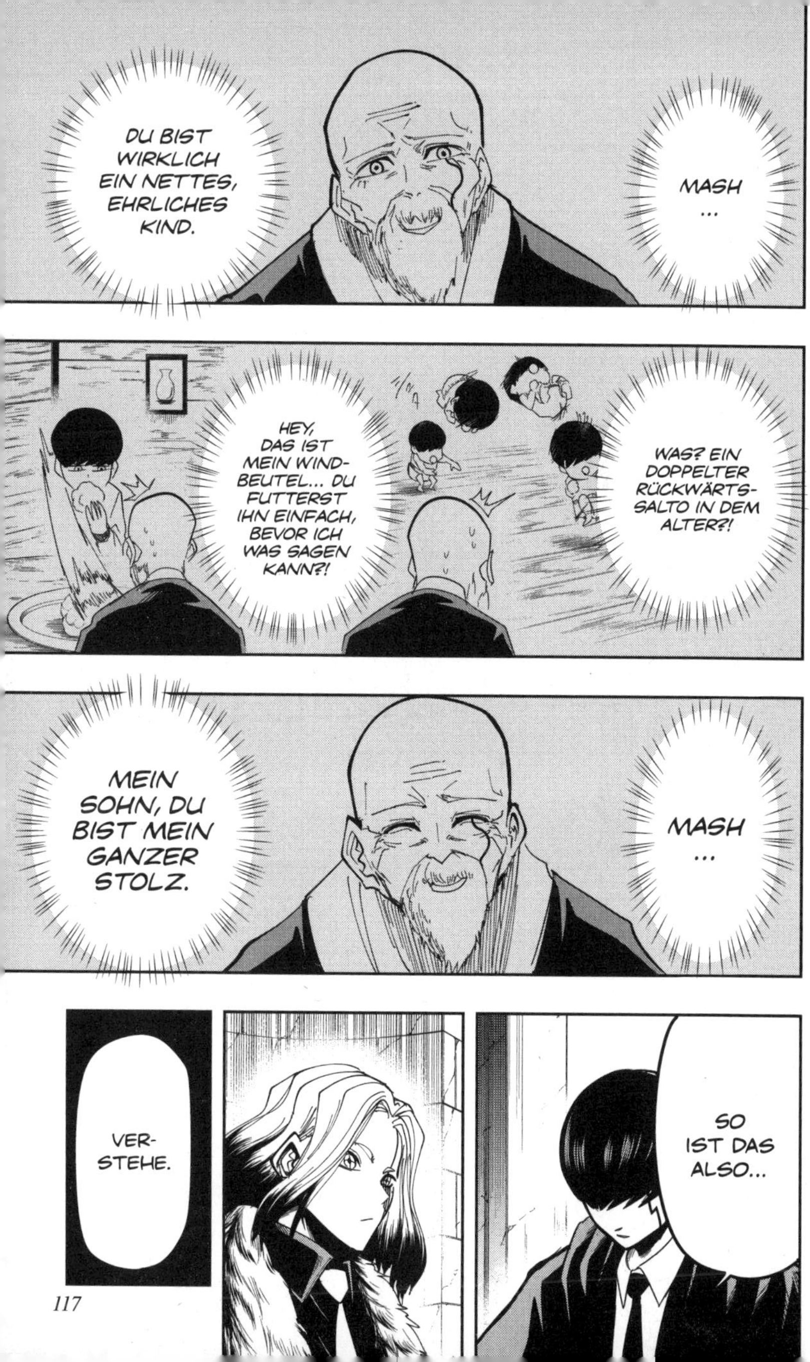
MASH ...
DU BIST WIRKLICH EIN NETTES, EHRLICHES KIND.
WAS? EIN DOPPELTER RÜCKWÄRTS-SALTO IN DEM ALTER?!
HEY, DAS IST MEIN WIND-BEUTEL... DU FUTTERST IHN EINFACH, BEVOR ICH WAS SAGEN KANN?!
MASH ...
MEIN SOHN, DU BIST MEIN GANZER STOLZ.
SO IST DAS ALSO...
VER-STEHE.

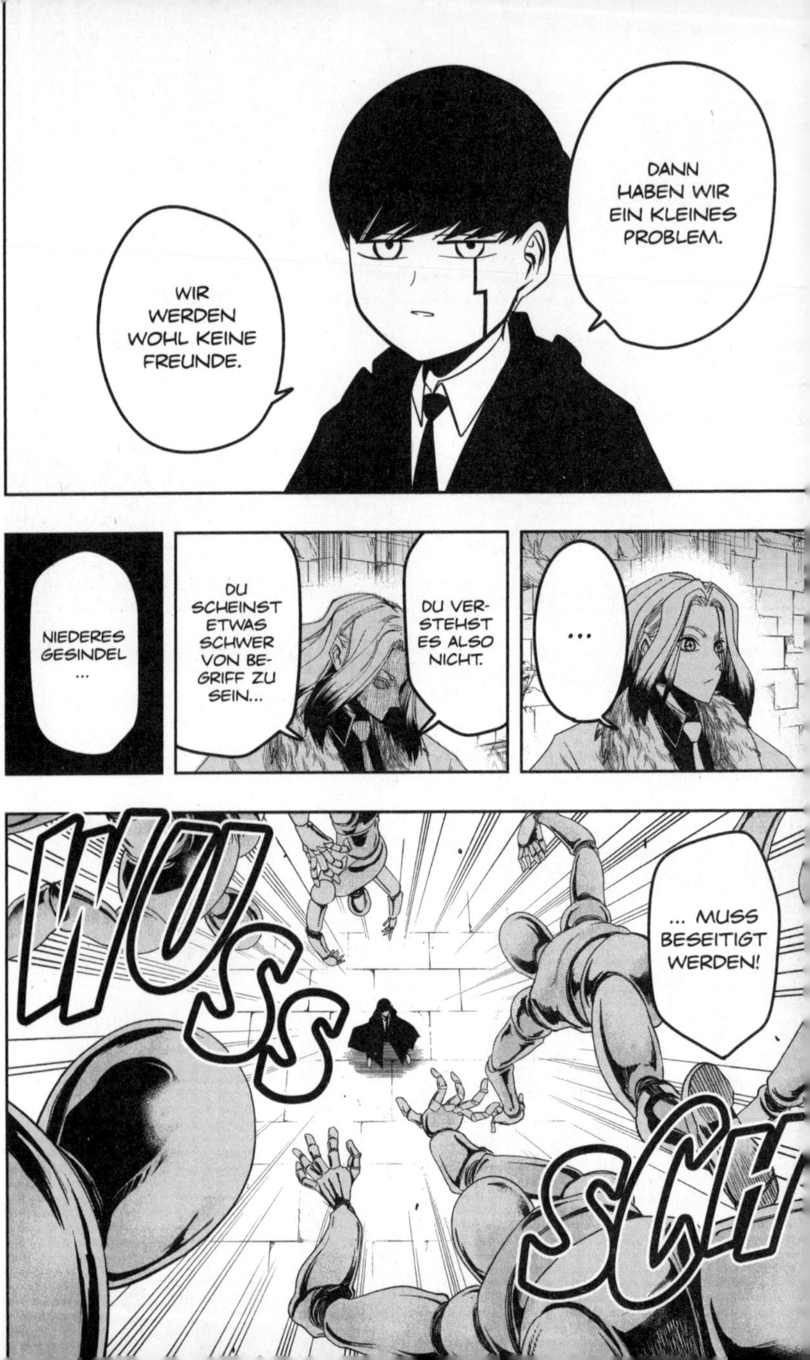
DANN HABEN WIR EIN KLEINES PROBLEM.
WIR WERDEN WOHL KEINE FREUNDE.
...
DU VER-STEHST ES ALSO NICHT.
DU SCHEINST ETWAS SCHWER VON BE-GRIFF ZU SEIN...
NIEDERES GESINDEL ...
... MUSS BESEITIGT WERDEN!
WUSS
SCH

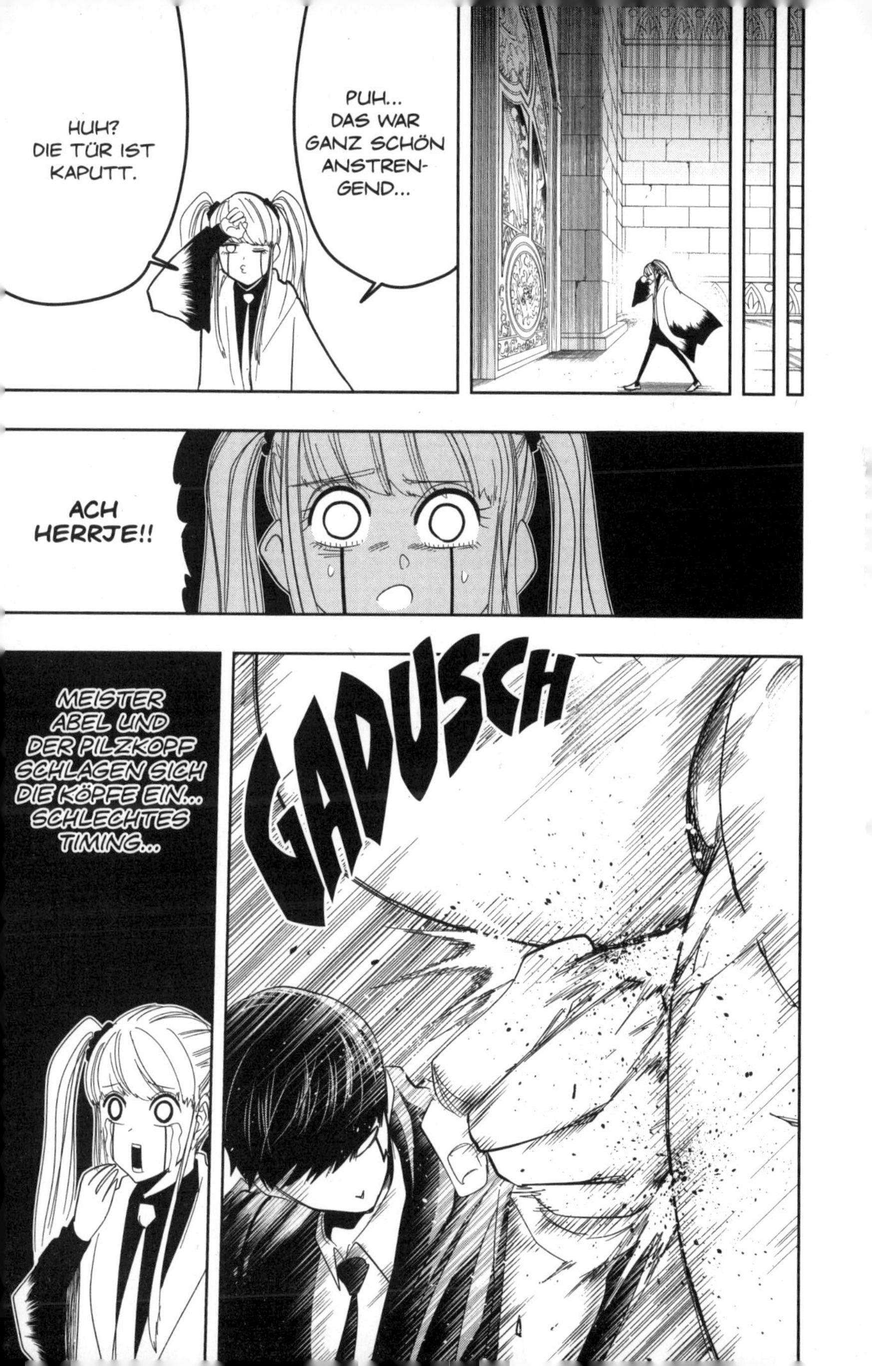
PUH... DAS WAR GANZ SCHÖN ANSTREN-GEND...
HUH? DIE TÜR IST KAPUTT.
ACH HERRJE!!
GADUSCH
MEISTER ABEL UND DER PILZKOPF SCHLAGEN SICH DIE KÖPFE EIN... SCHLECHTES TIMING...

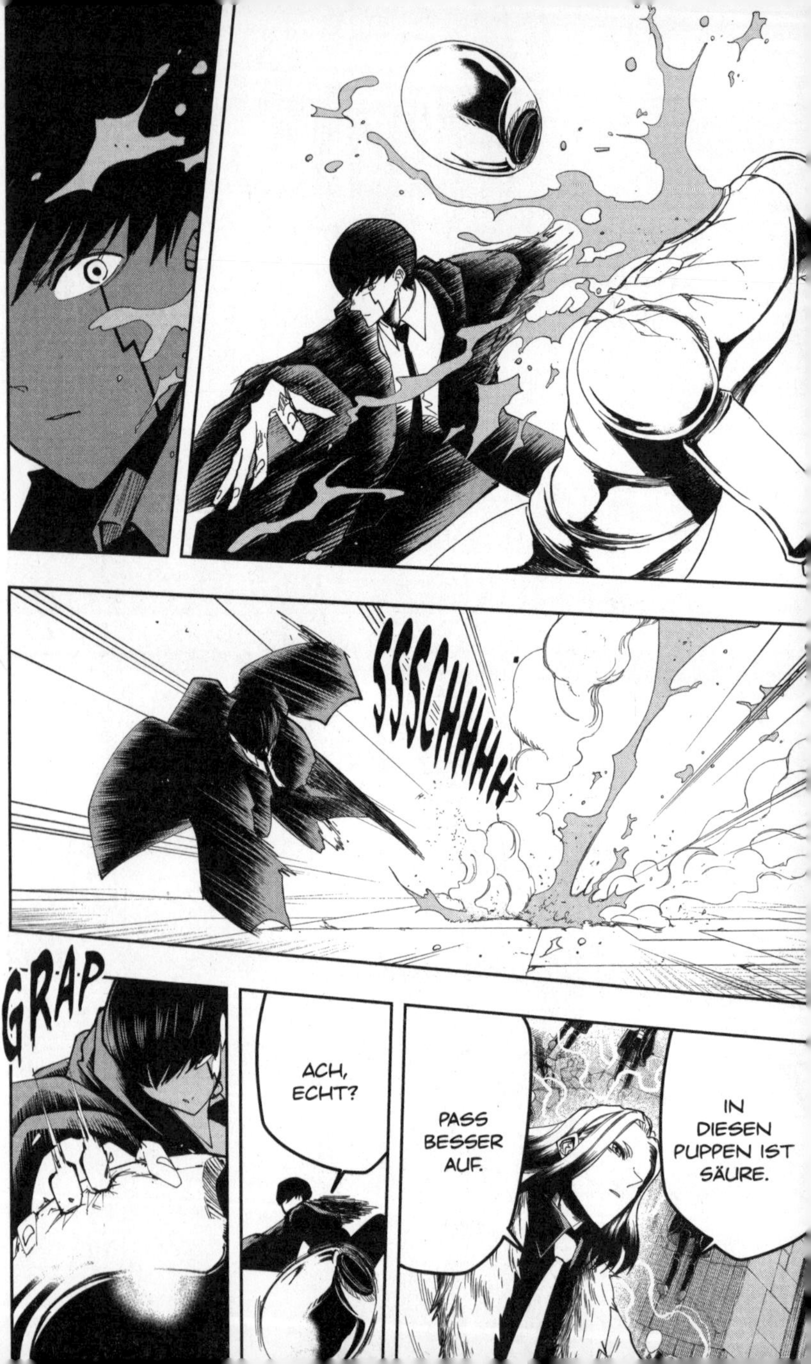
SSSCHHHH
GRAP
IN DIESEN PUPPEN IST SÄURE.
PASS BESSER AUF.
ACH, ECHT?

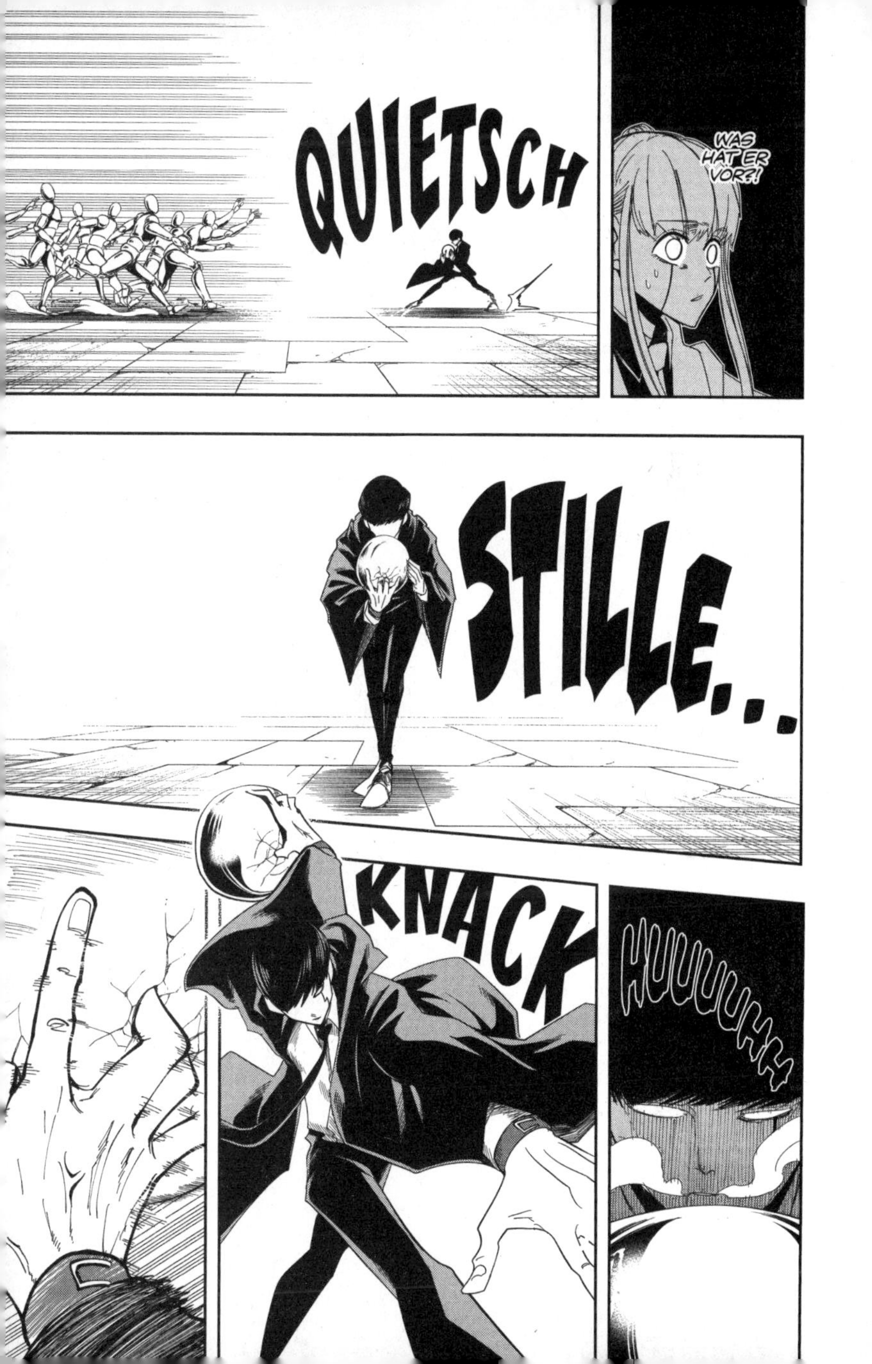
WAS HAT ER VOR?!
QUIETSCH
STILLE...
HUUUUUHH
KNACK

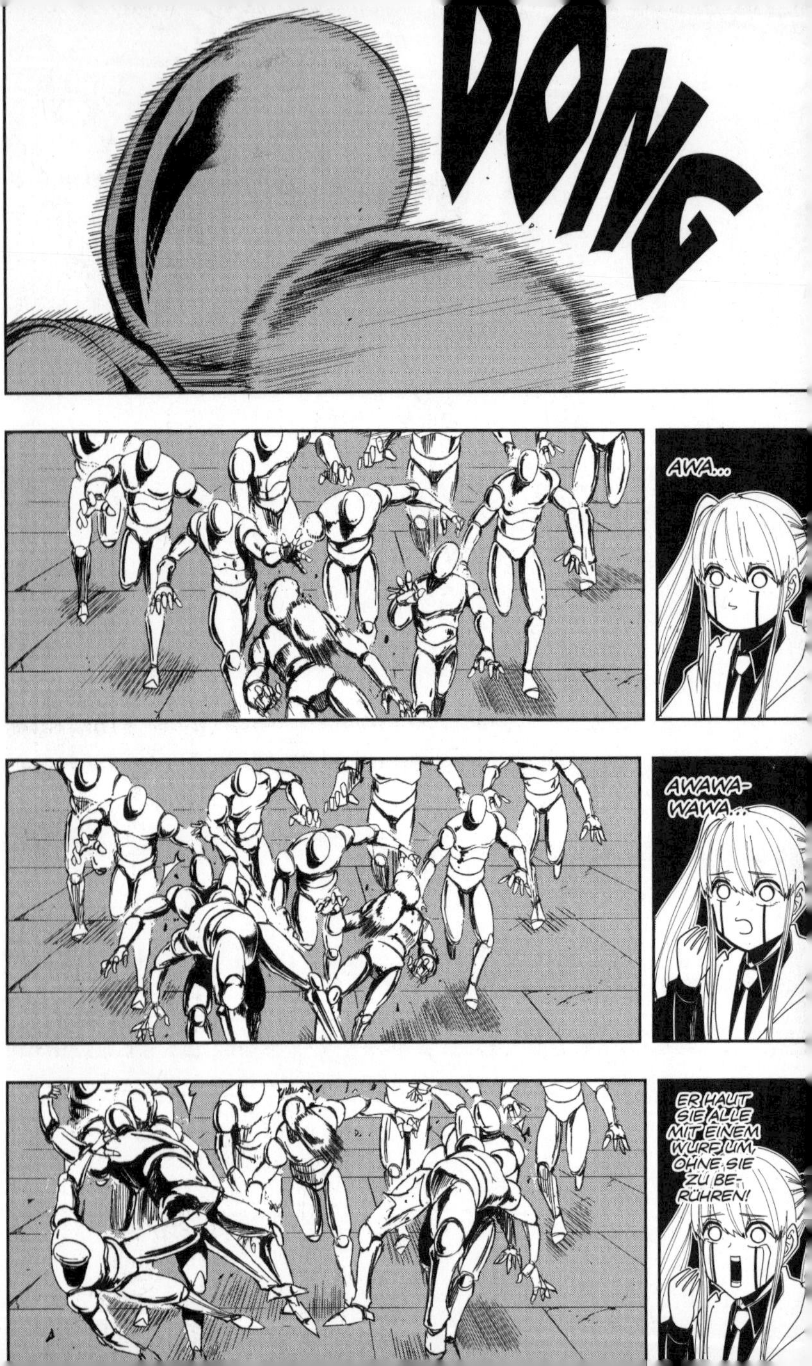
DONG
AWA...
AWAWA-
WAWA...
ER HAUT SIE ALLE MIT EINEM WURF UM, OHNE SIE ZU BE-RÜHREN!

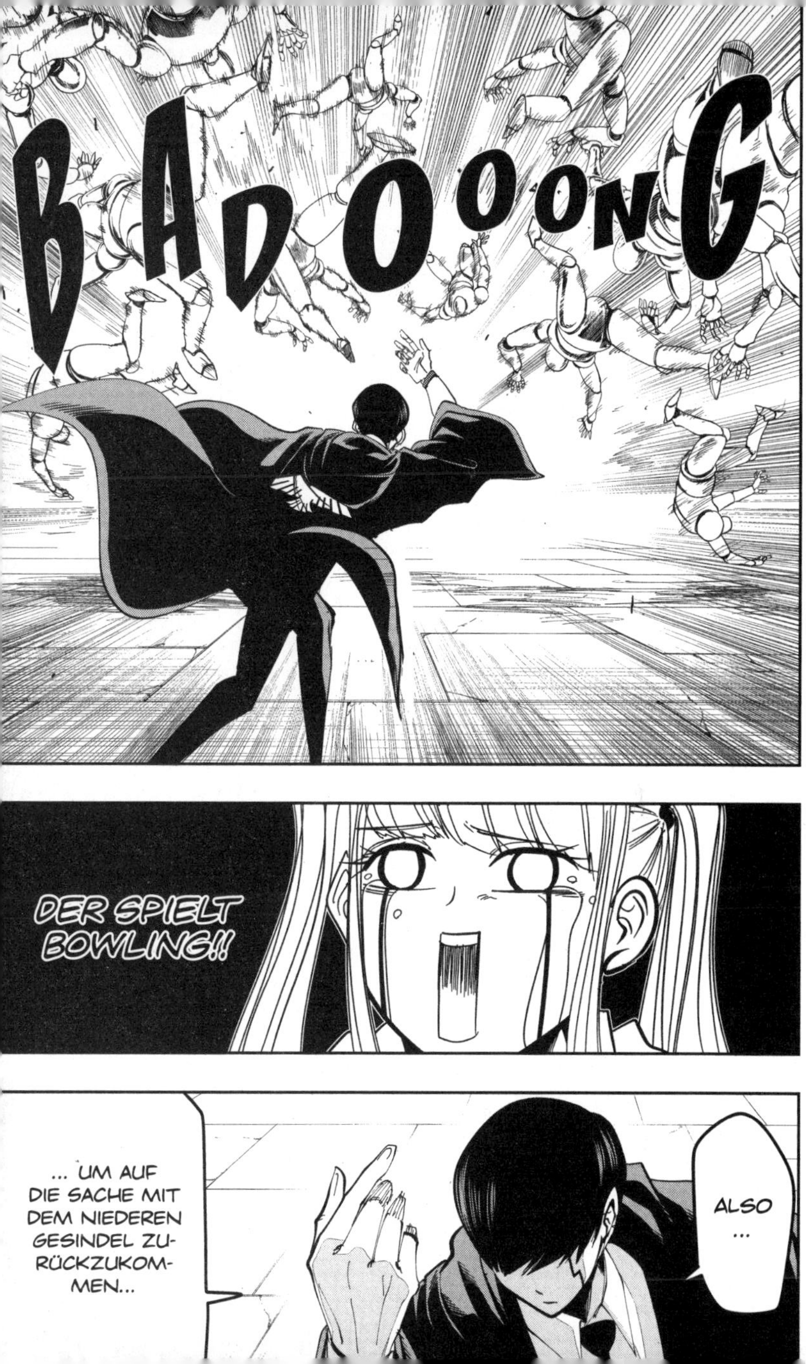
BADOOONG
DER SPIELT BOWLING!!
ALSO ...
... UM AUF DIE SACHE MIT DEM NIEDEREN GESINDEL ZURÜCKZUKOMMEN...

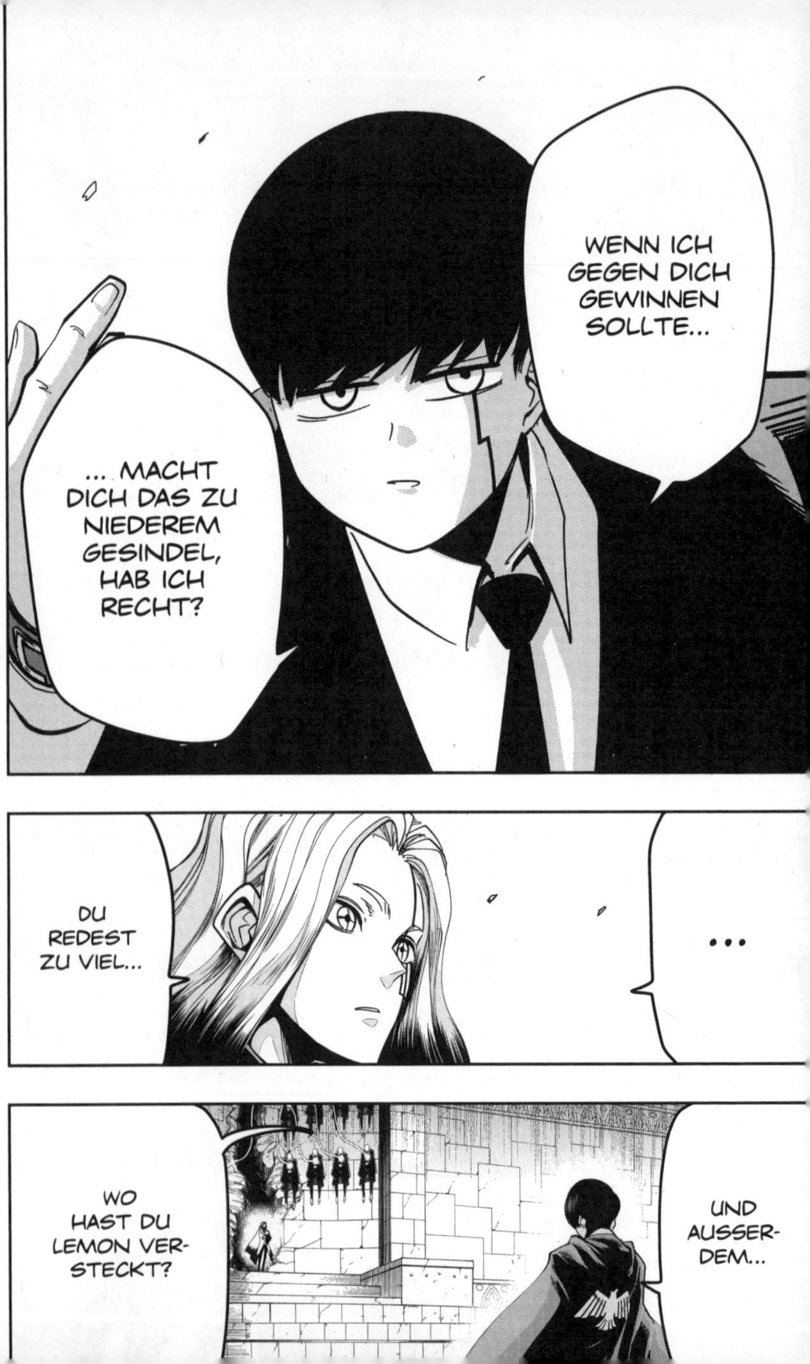
WENN ICH GEGEN DICH GEWINNEN SOLLTE...
... MACHT DICH DAS ZU NIEDEREM GESINDEL, HAB ICH RECHT?
...
DU REDEST ZU VIEL...
UND AUSSER-DEM...
WO HAST DU LEMON VER-STECKT?

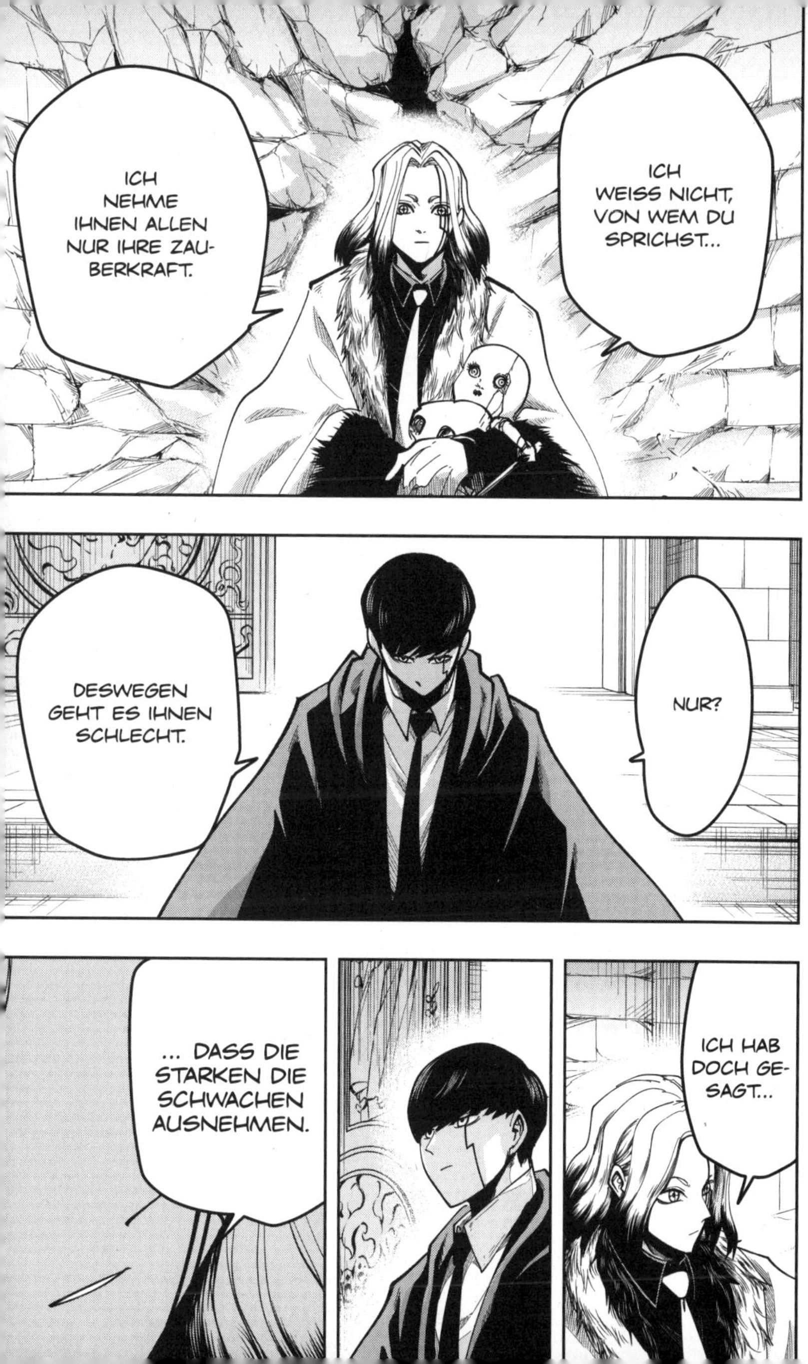
ICH WEISS NICHT, VON WEM DU SPRICHST...
ICH NEHME IHNEN ALLEN NUR IHRE ZAUBERKRAFT.
NUR?
DESWEGEN GEHT ES IHNEN SCHLECHT.
ICH HAB DOCH GESAGT...
... DASS DIE STARKEN DIE SCHWACHEN AUSNEHMEN.

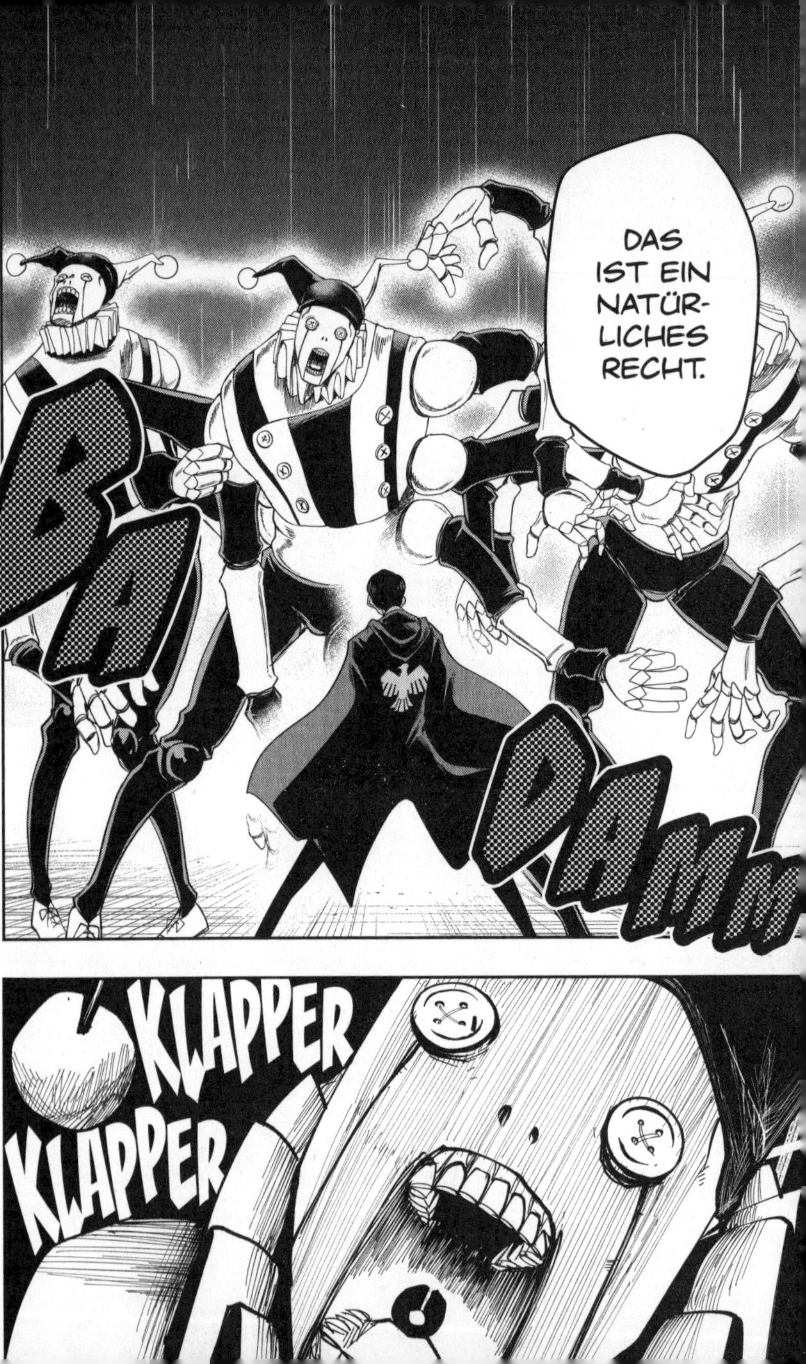
DAS IST EIN NATÜR-LICHES RECHT.
BA
DAMM
KLAPPER
KLAPPER

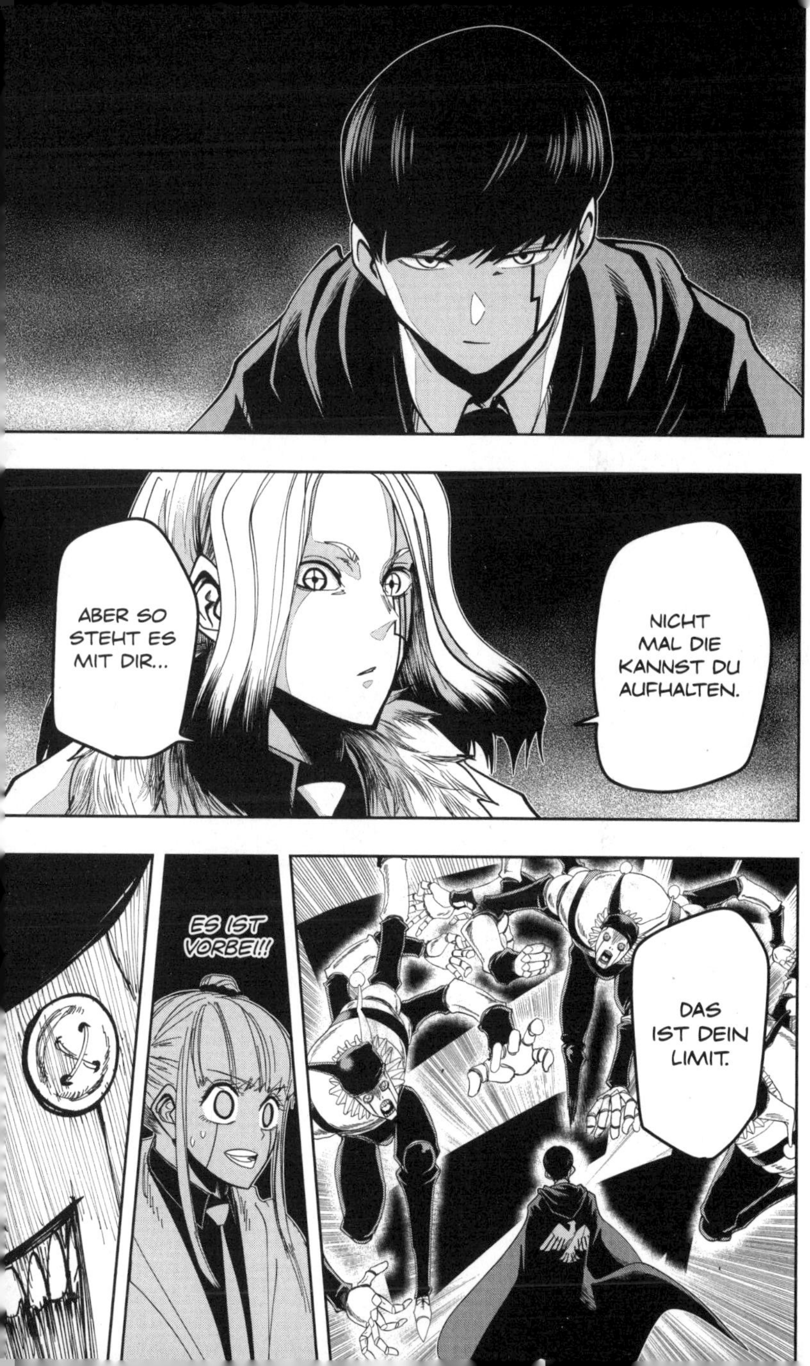
NICHT MAL DIE KANNST DU AUFHALTEN.
ABER SO STEHT ES MIT DIR...
DAS IST DEIN LIMIT.
ES IST VORBEI!!!

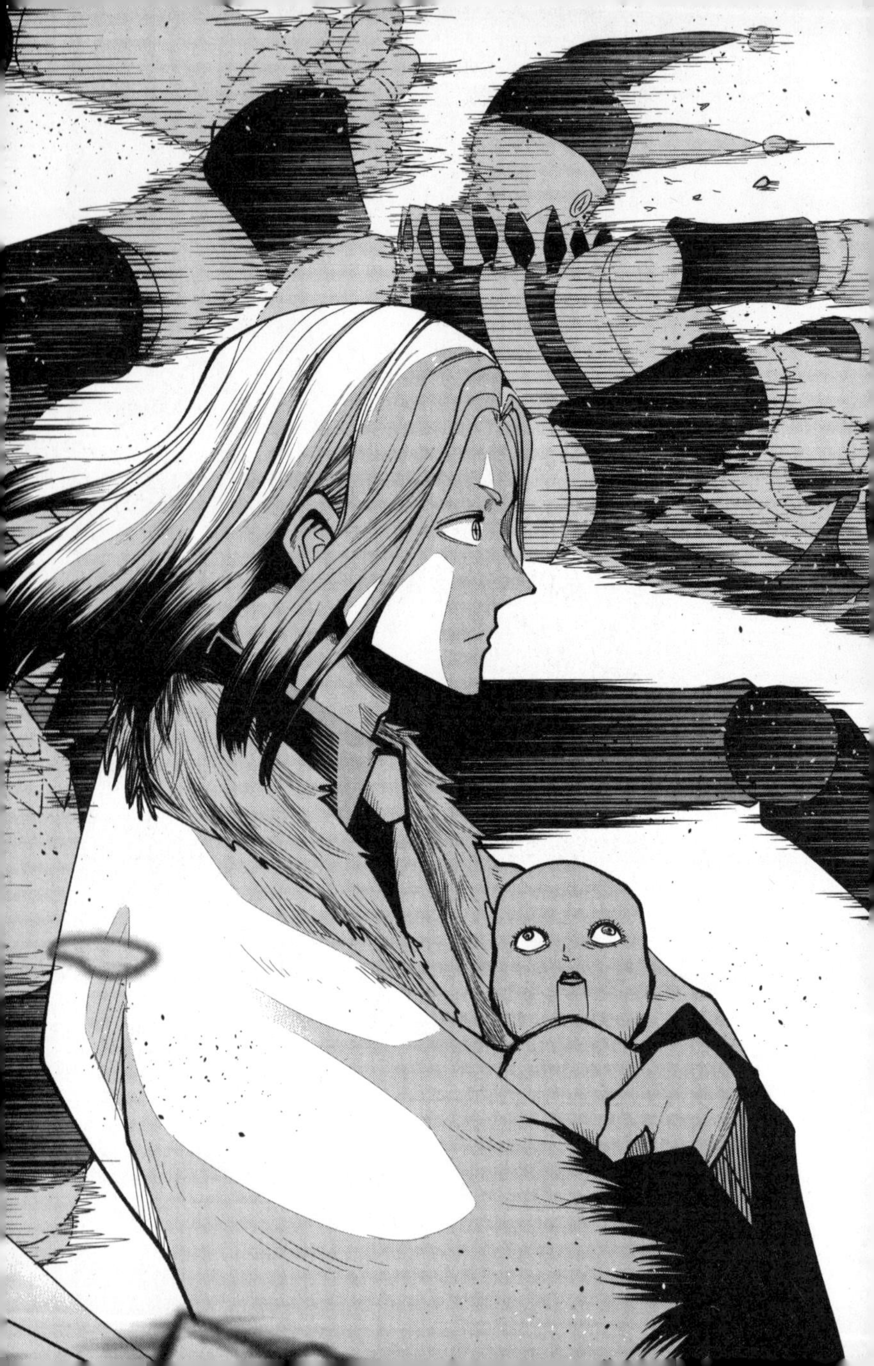

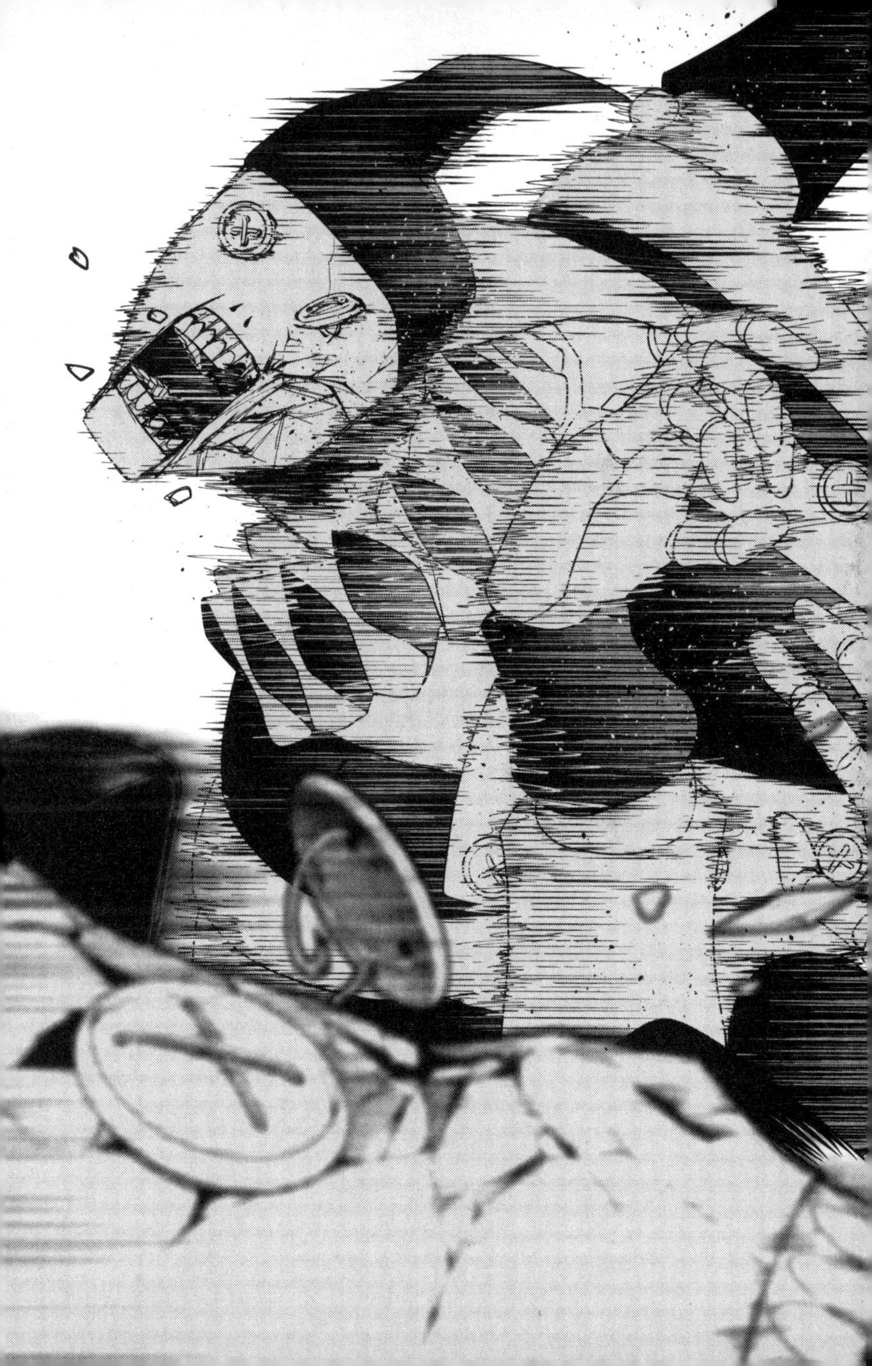

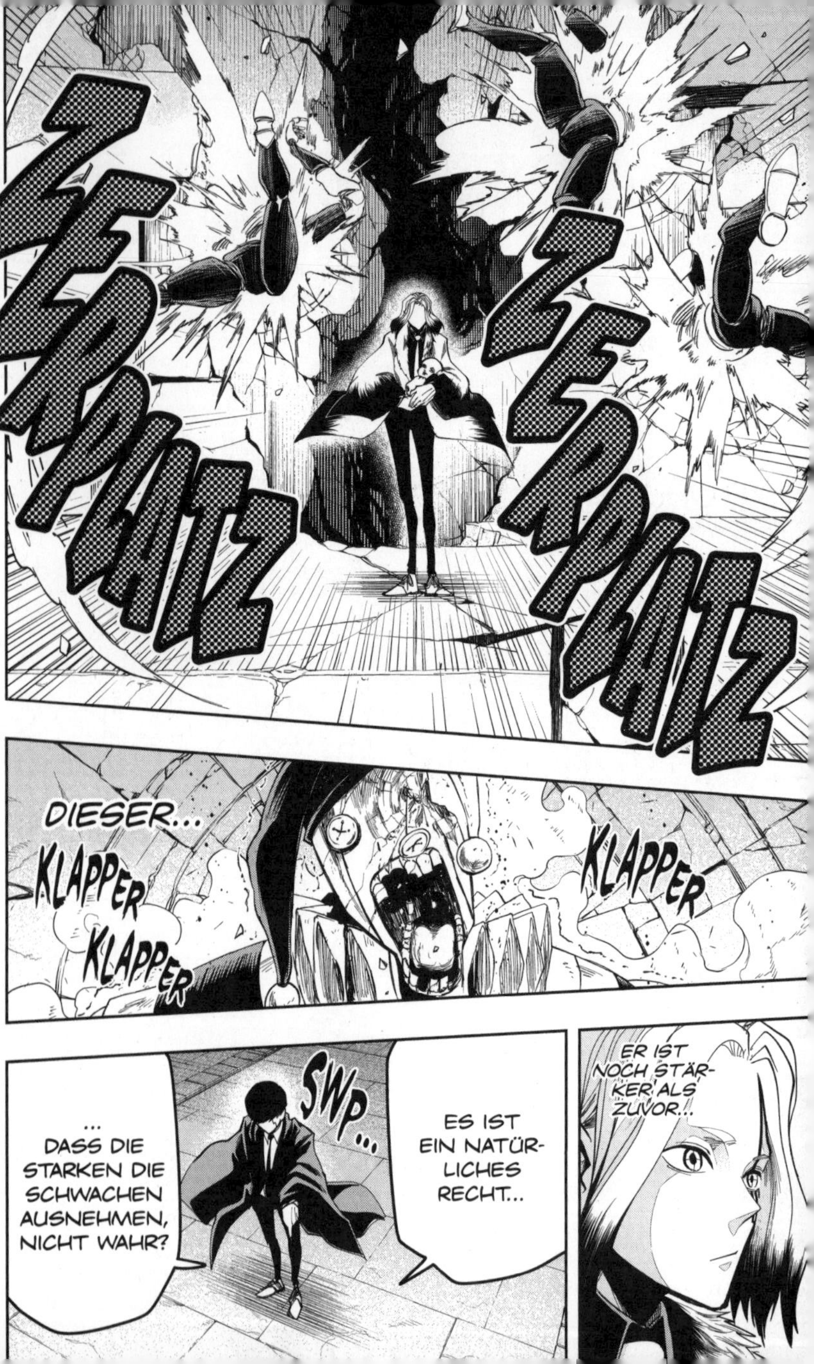
ZERPLATZ
ZERPLATZ
KLAPPER
DIESER...
KLAPPER
KLAPPER
ER IST NOCH STÄR-KER ALS ZUVOR...
SWP...
ES IST EIN NATÜR-LICHES RECHT...
... DASS DIE STARKEN DIE SCHWACHEN AUSNEHMEN, NICHT WAHR?

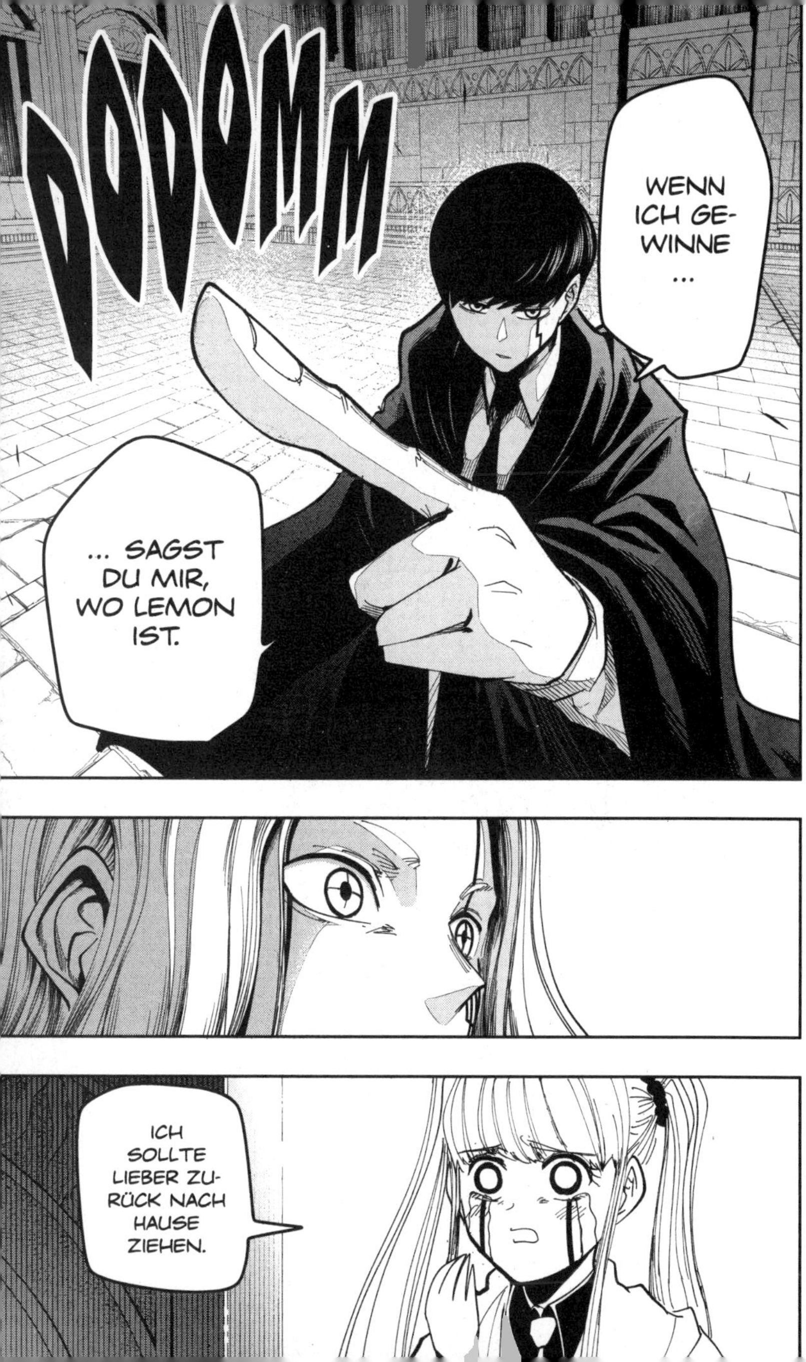
DODOMM
WENN ICH GE- WINNE ...
... SAGST DU MIR, WO LEMON IST.
ICH SOLLTE LIEBER ZU- RÜCK NACH HAUSE ZIEHEN.

Extra 4

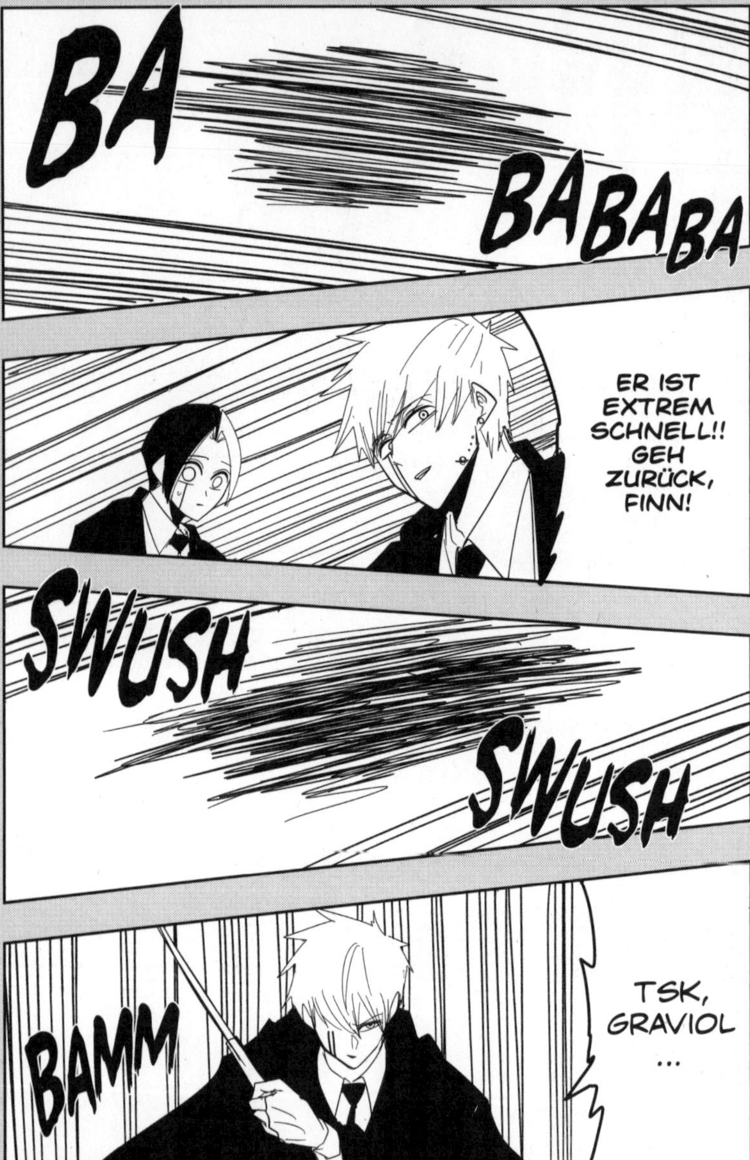

Fortsetzung auf Seite 152

33. Kapitel
Mash Burnedead und der Kniestoß

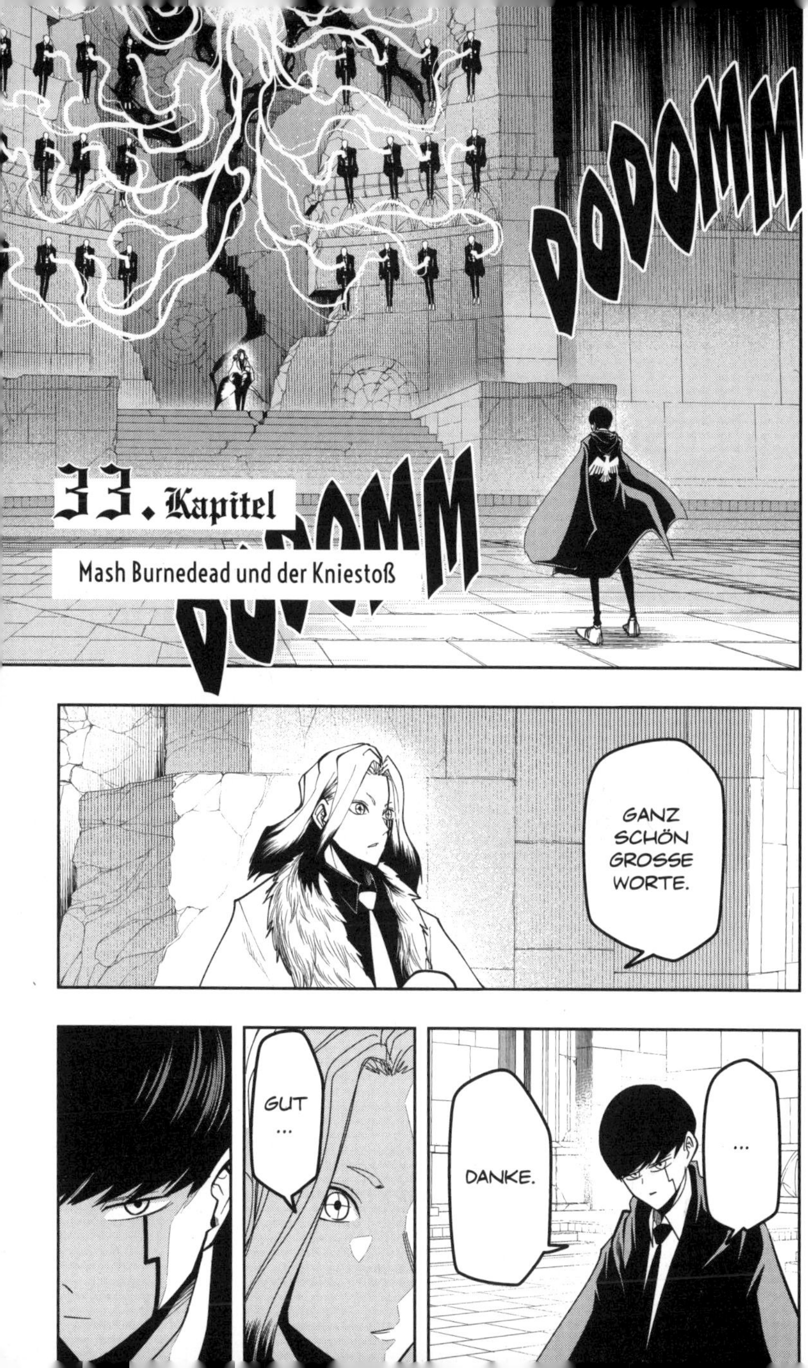

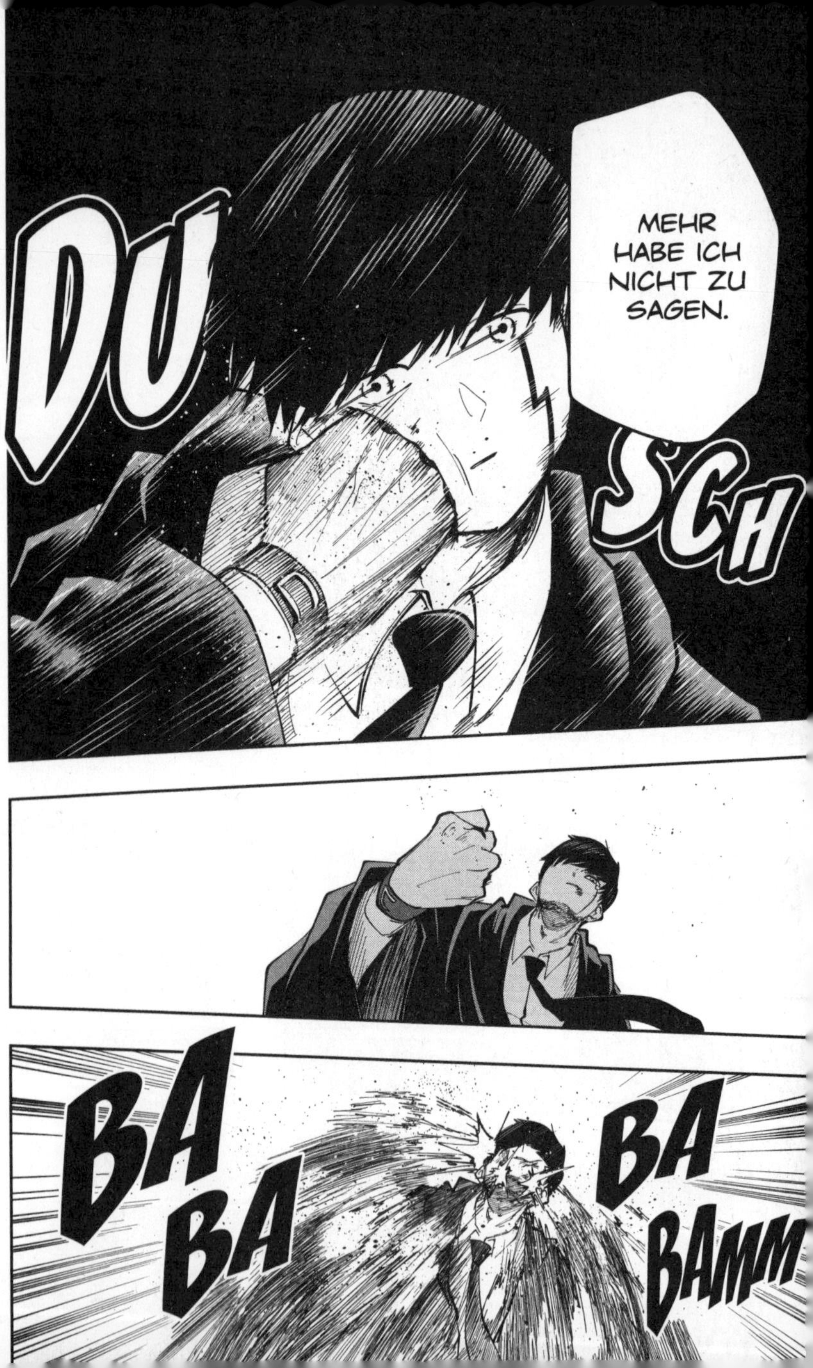

MEHR HABE ICH NICHT ZU SAGEN.
DU
SCH
BA
BA
BA
BA
BAMM

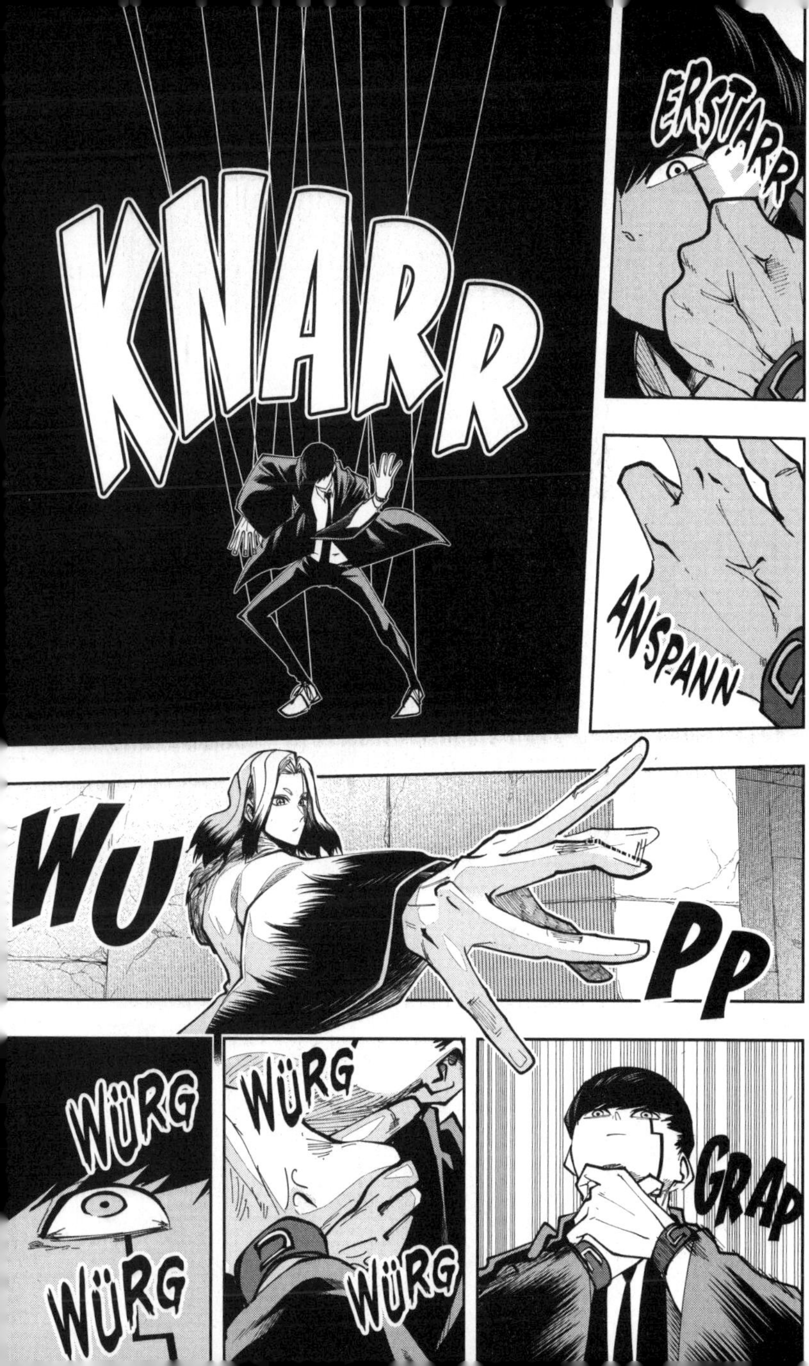
ERSTARR
KNARR
ANSPANN
WUPP
GRAP
WÜRG
WÜRG
WÜRG
WÜRG

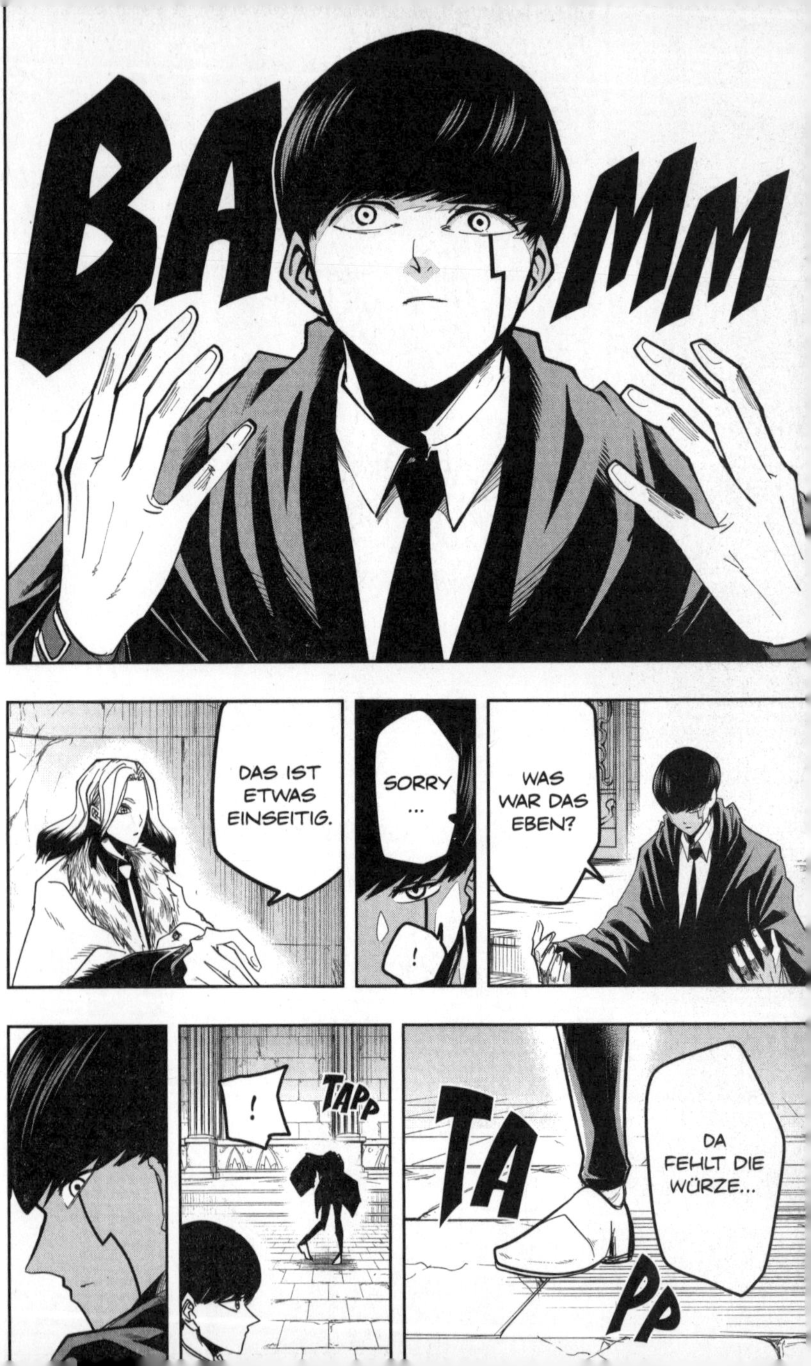
BAMM
WAS WAR DAS EBEN?
SORRY ...
!
DAS IST ETWAS EINSEITIG.
DA FEHLT DIE WÜRZE...
TAPP
TAPP
!

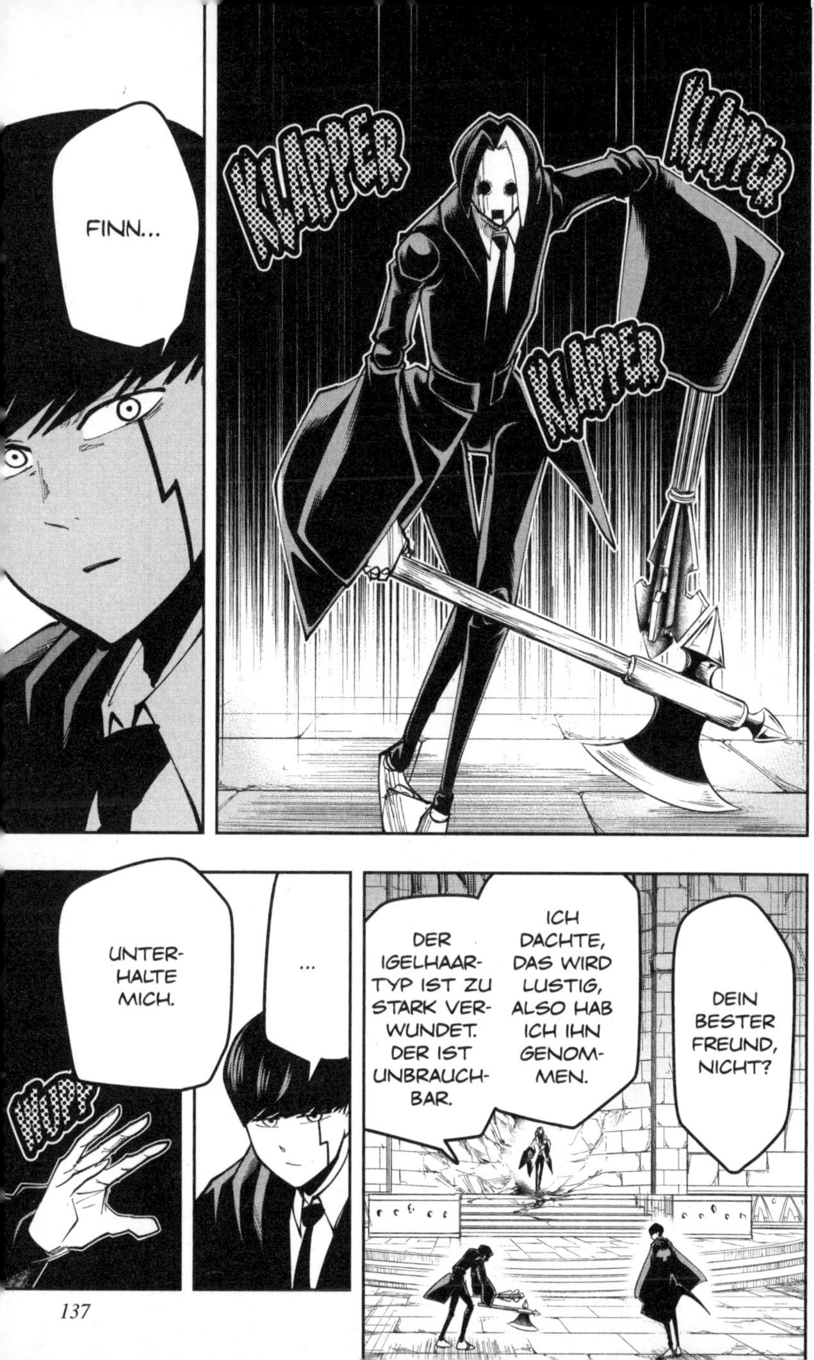
KLAPPER
KLAPPER
KLAPPER
FINN...
DEIN BESTER FREUND, NICHT?
ICH DACHTE, DAS WIRD LUSTIG, ALSO HAB ICH IHN GENOMMEN.
DER IGELHAARTYP IST ZU STARK VERWUNDET. DER IST UNBRAUCHBAR.
...
UNTERHALTE MICH.

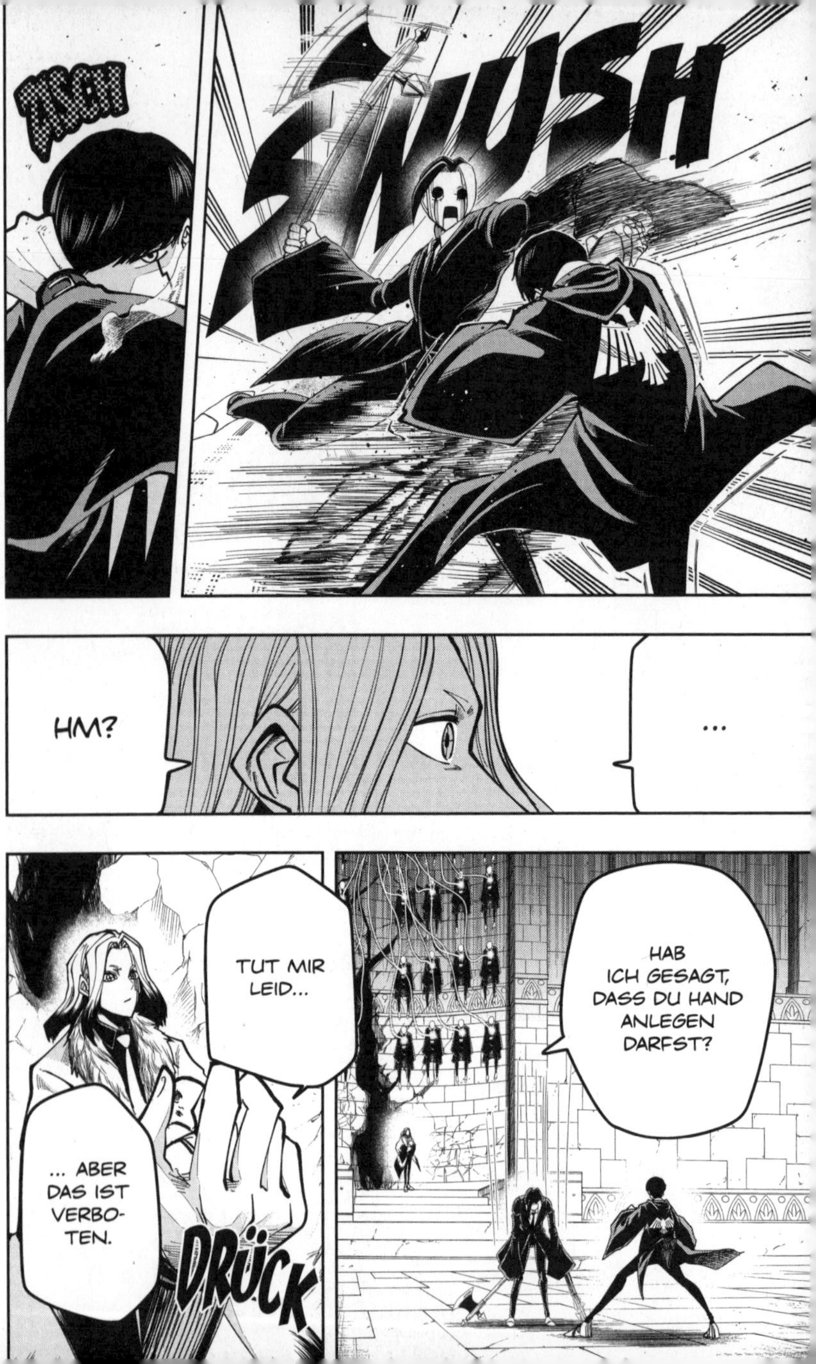
SWUSH
...
HM?
HAB ICH GESAGT, DASS DU HAND ANLEGEN DARFST?
TUT MIR LEID...
... ABER DAS IST VERBO-TEN.
DRÜCK

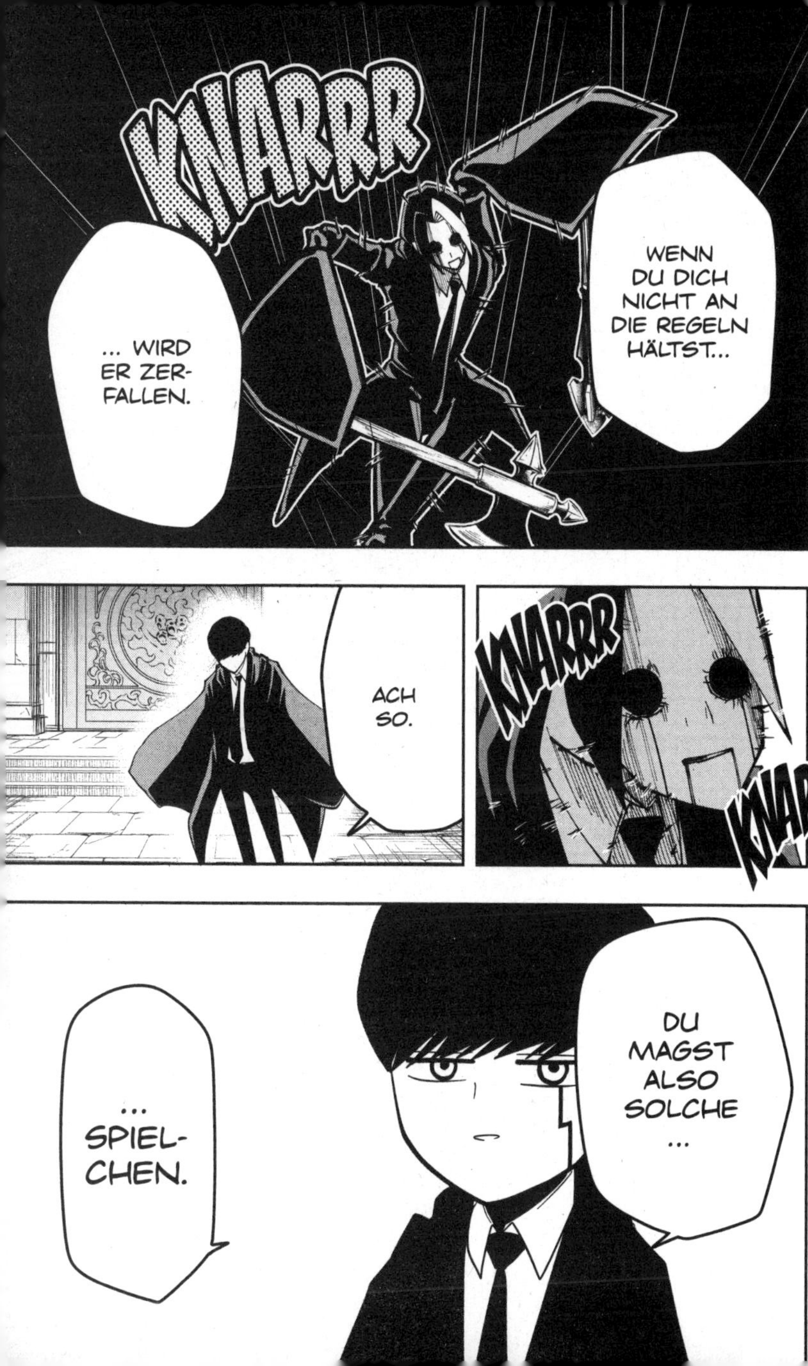
KNARRR
WENN DU DICH NICHT AN DIE REGELN HÄLTST...
... WIRD ER ZER-FALLEN.
KNARRR
KNARRR
ACH SO.
DU MAGST ALSO SOLCHE ...
... SPIEL-CHEN.

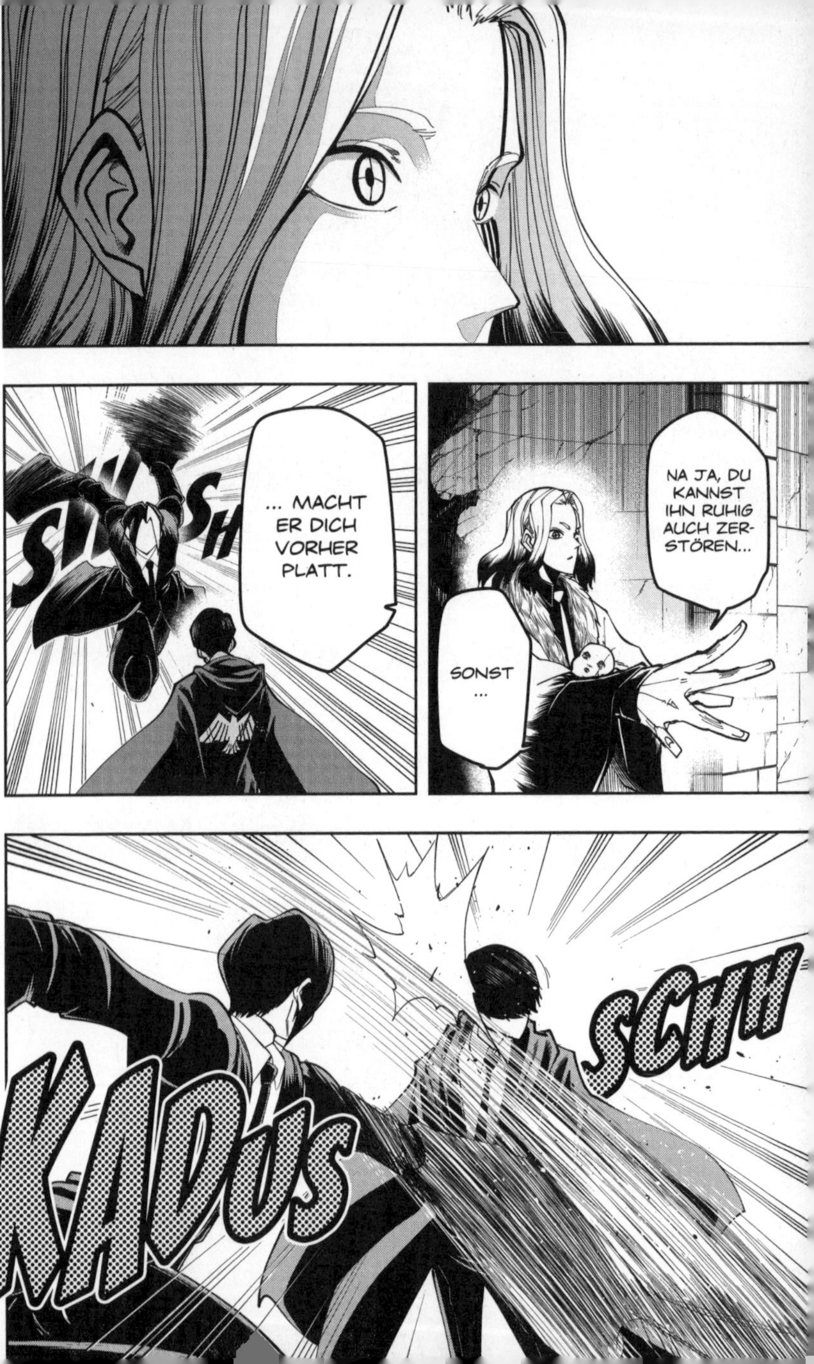
NA JA, DU KANNST IHN RUHIG AUCH ZERSTÖREN...
SONST ...
... MACHT ER DICH VORHER PLATT.
SCHH
KADUS

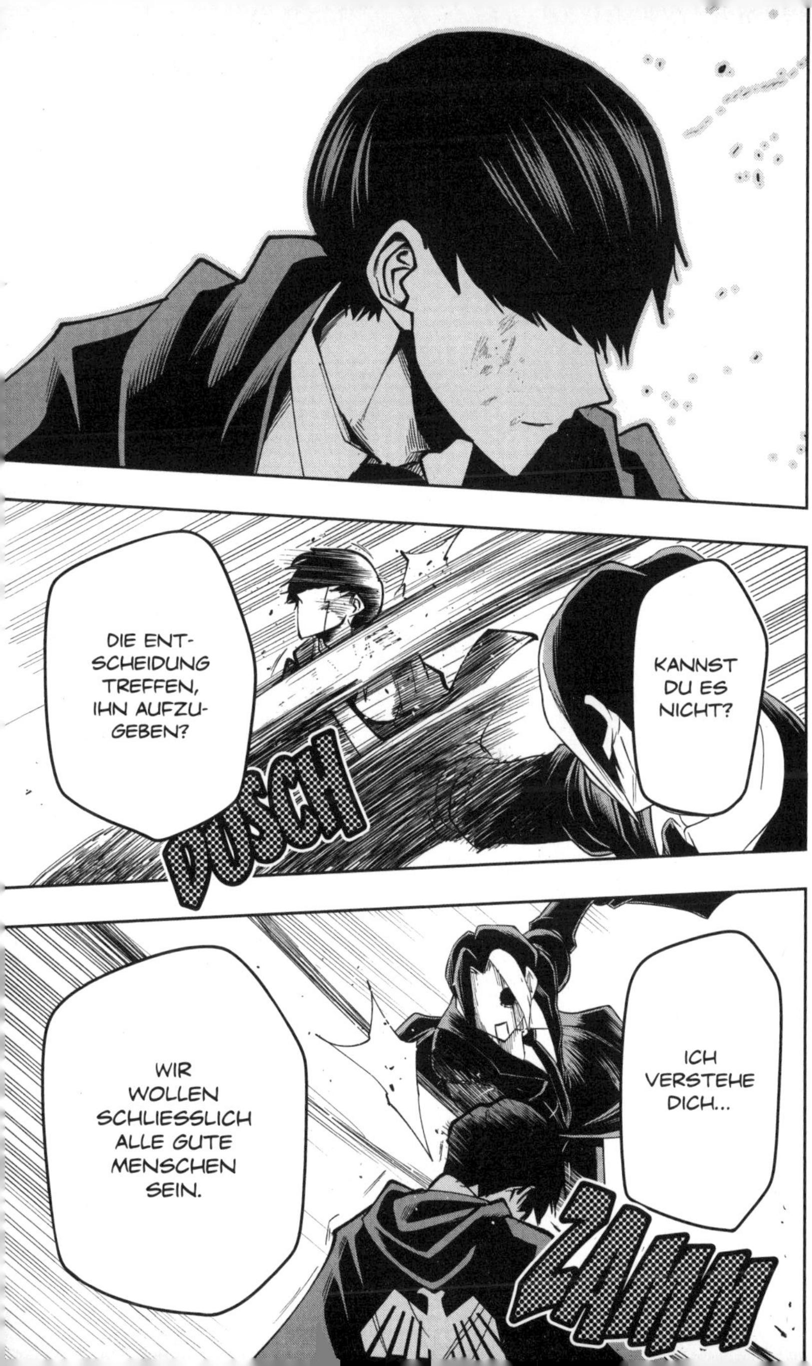
KANNST DU ES NICHT?
DIE ENT-SCHEIDUNG TREFFEN, IHN AUFZU-GEBEN?
DUSCH
ICH VERSTEHE DICH...
WIR WOLLEN SCHLIESSLICH ALLE GUTE MENSCHEN SEIN.

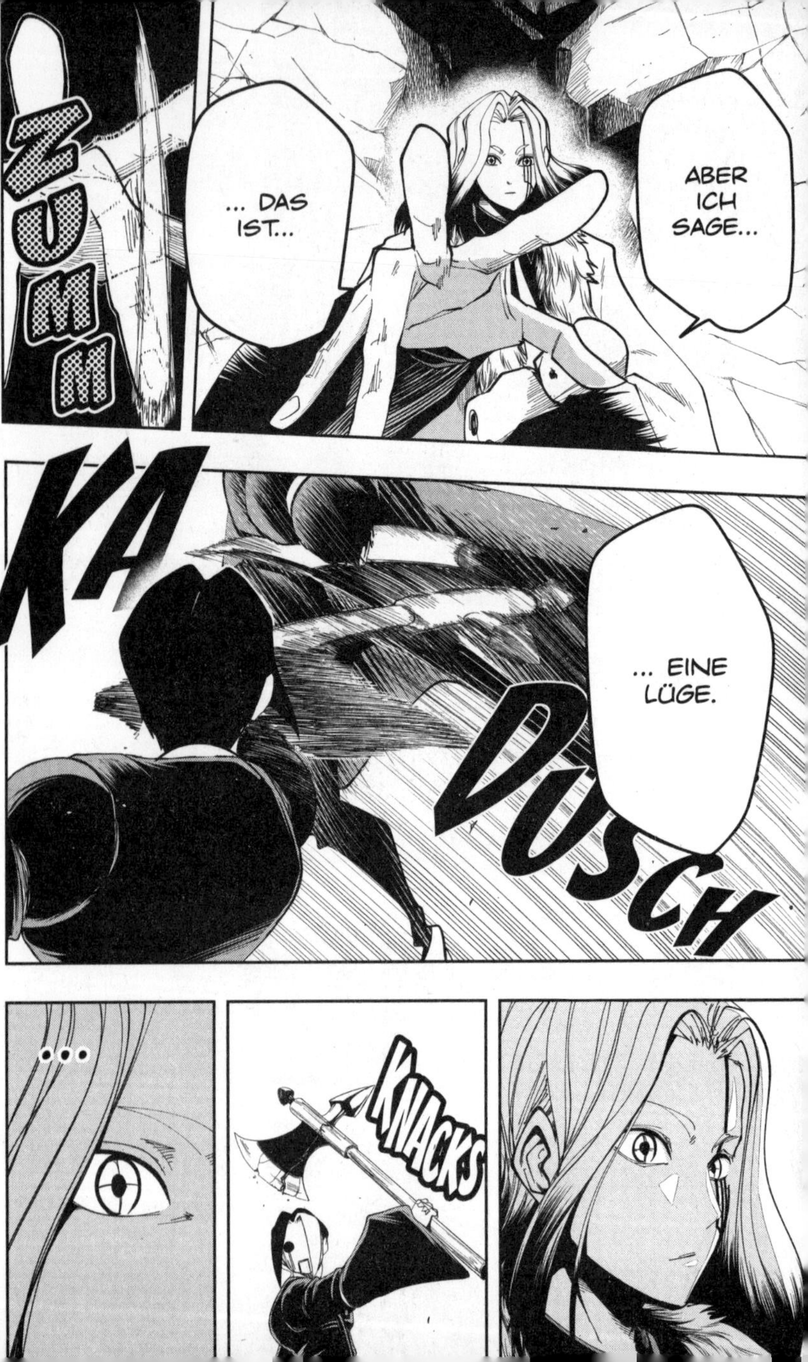

ABER ICH SAGE...
... DAS IST...
ZUMM
KA
... EINE LÜGE.
DUSCH
KNACKS
...

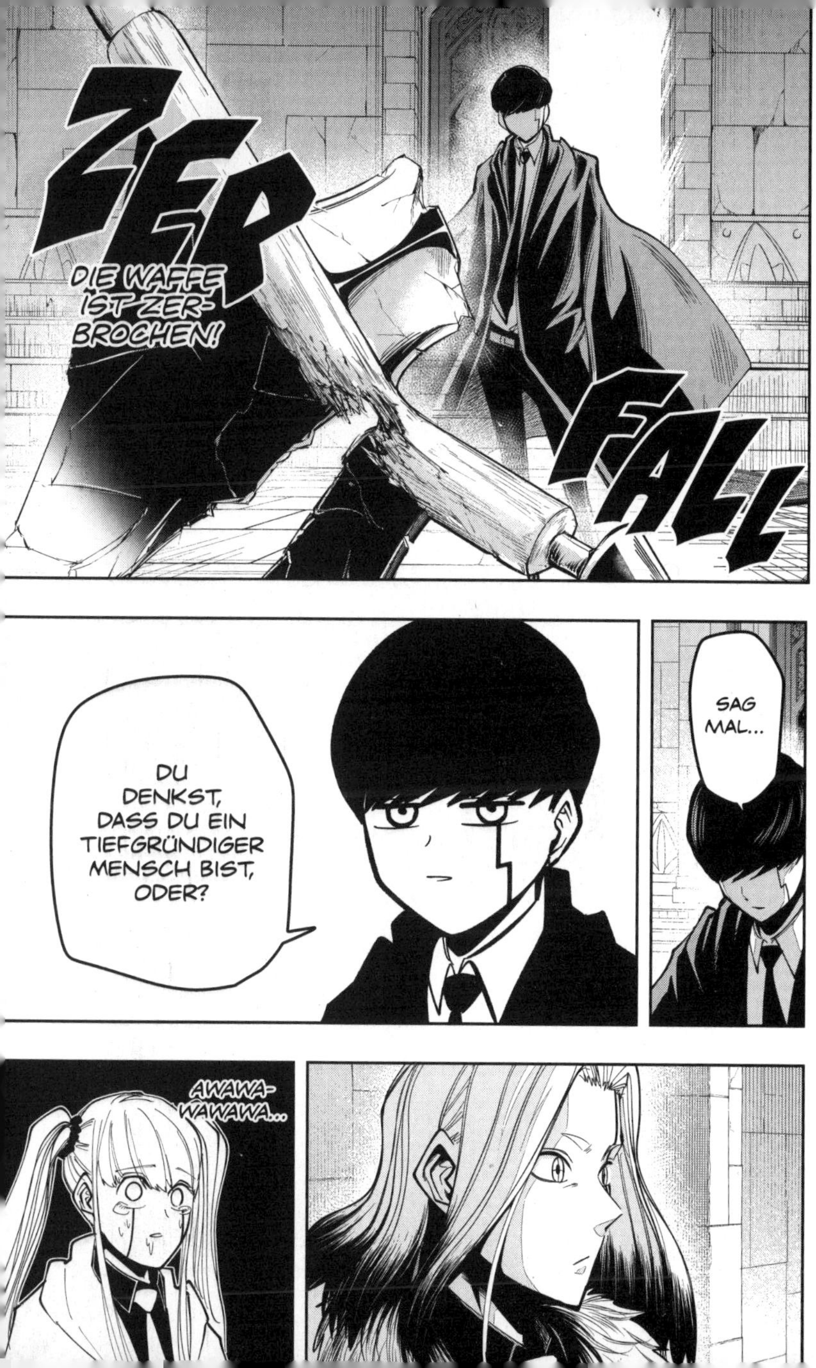
ZER
DIE WAFFE IST ZER-BROCHEN!
FALL
SAG MAL...
DU DENKST, DASS DU EIN TIEFGRÜNDIGER MENSCH BIST, ODER?
AWAWA-WAWAWA...

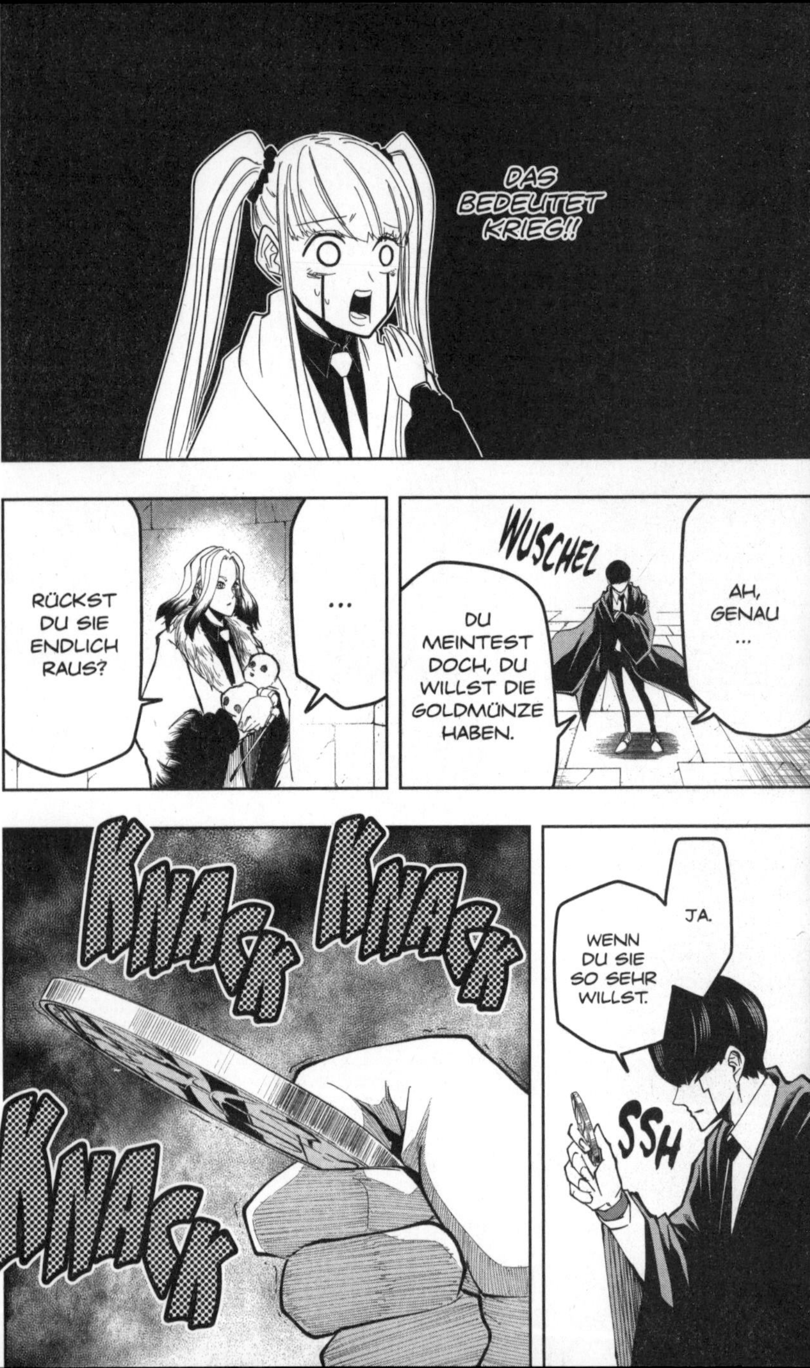
DAS BEDEUTET KRIEG!!
AH, GENAU ...
WUSCHEL
DU MEINTEST DOCH, DU WILLST DIE GOLDMÜNZE HABEN.
...
RÜCKST DU SIE ENDLICH RAUS?
JA.
WENN DU SIE SO SEHR WILLST.
SSH
KNACK
KNACK
KNACK

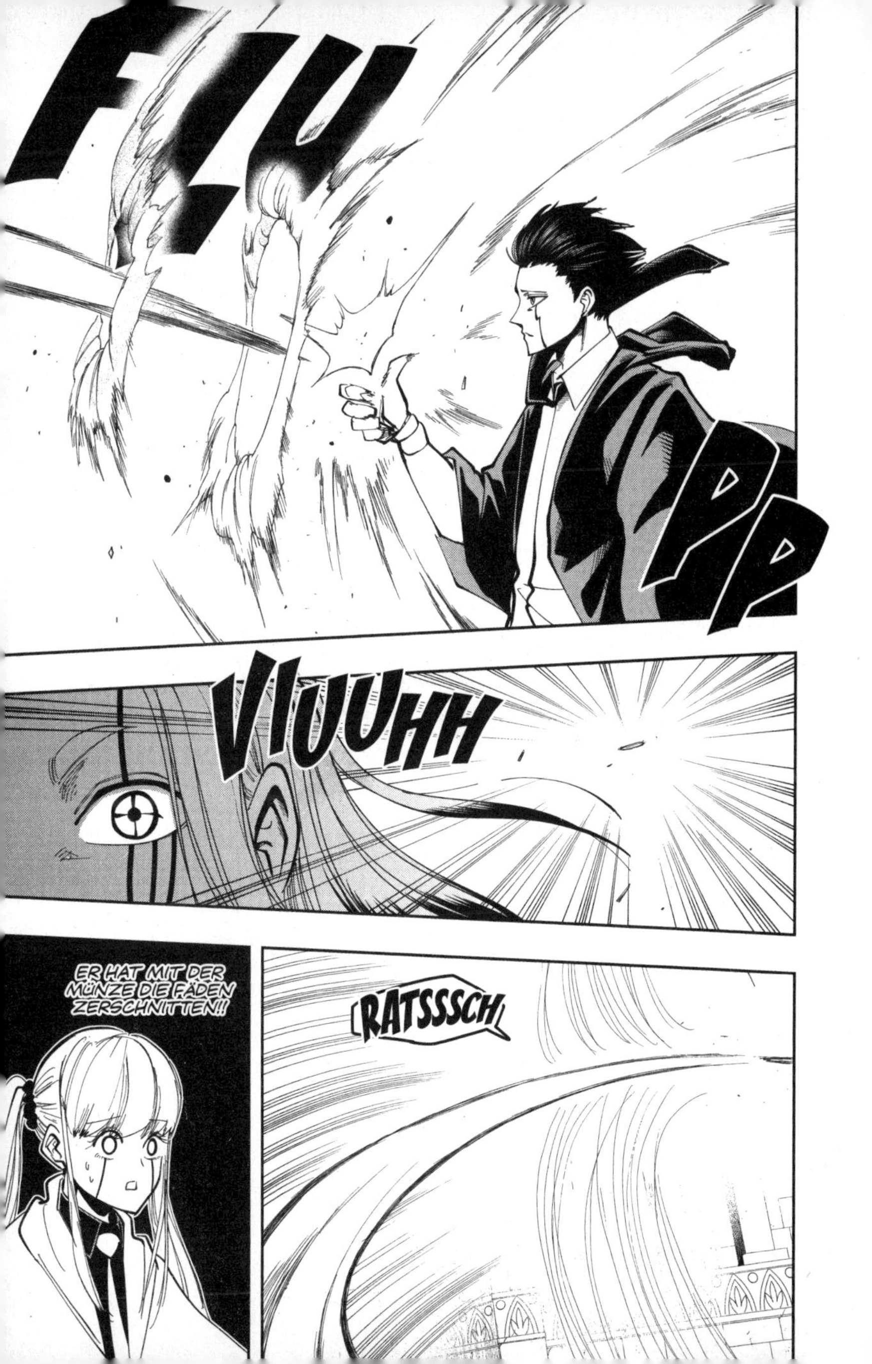
FLU
IPP
VIUUHH
ER HAT MIT DER MÜNZE DIE FÄDEN ZERSCHNITTEN!!
RATSSSCH

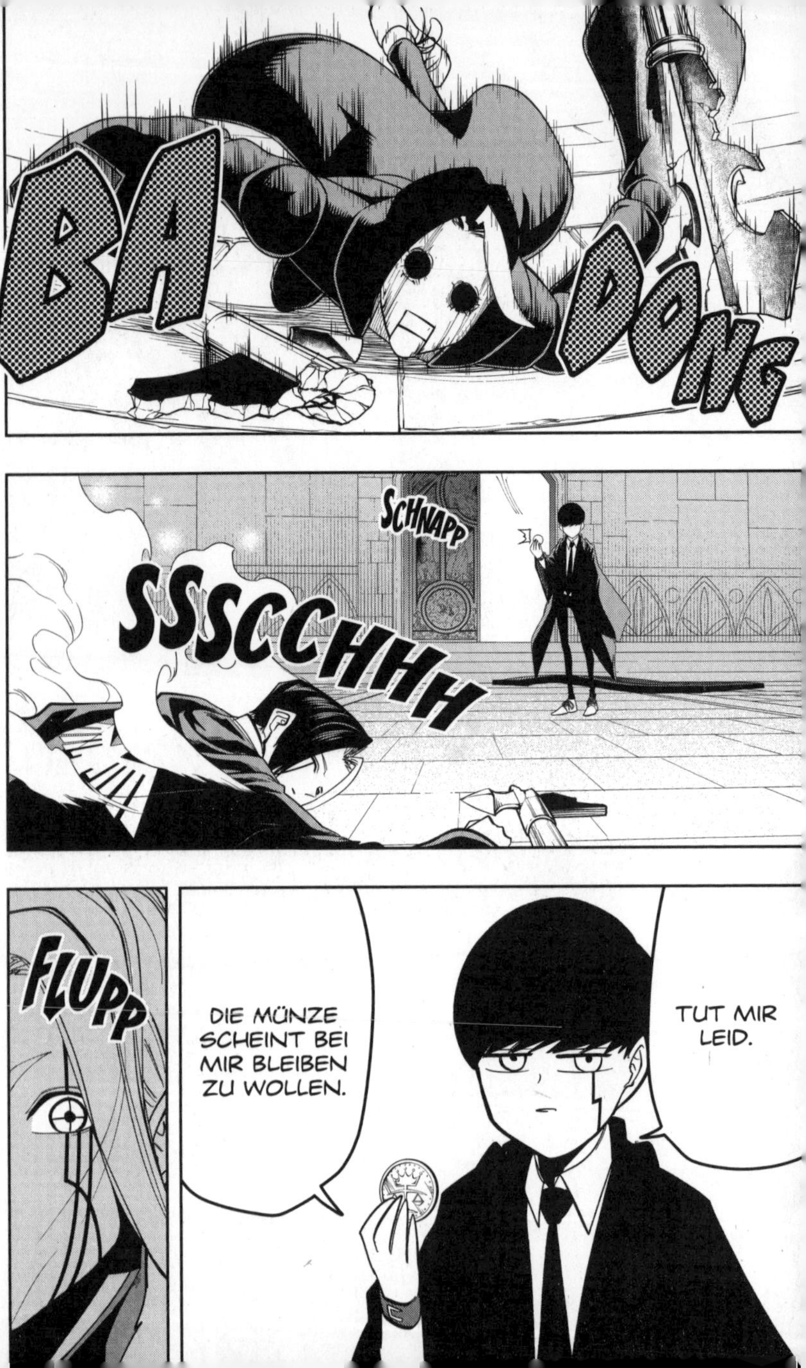
BA
DONG
SCHNAPP
SSSCCHHH
TUT MIR LEID.
DIE MÜNZE SCHEINT BEI MIR BLEIBEN ZU WOLLEN.
FLUPP

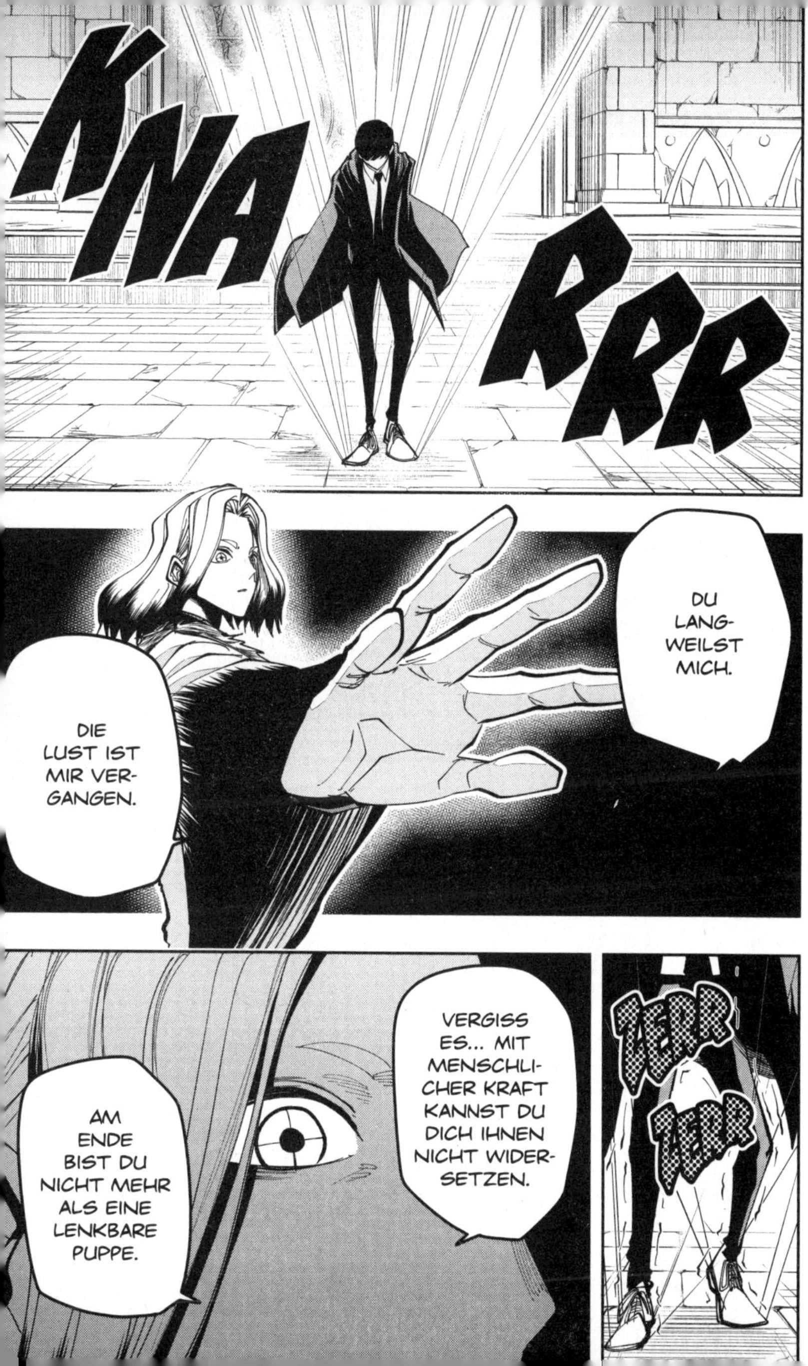
KNARRRR
DU LANG-WEILST MICH.
DIE LUST IST MIR VER-GANGEN.
ZERR ZERR
VERGISS ES... MIT MENSCHLI-CHER KRAFT KANNST DU DICH IHNEN NICHT WIDER-SETZEN.
AM ENDE BIST DU NICHT MEHR ALS EINE LENKBARE PUPPE.

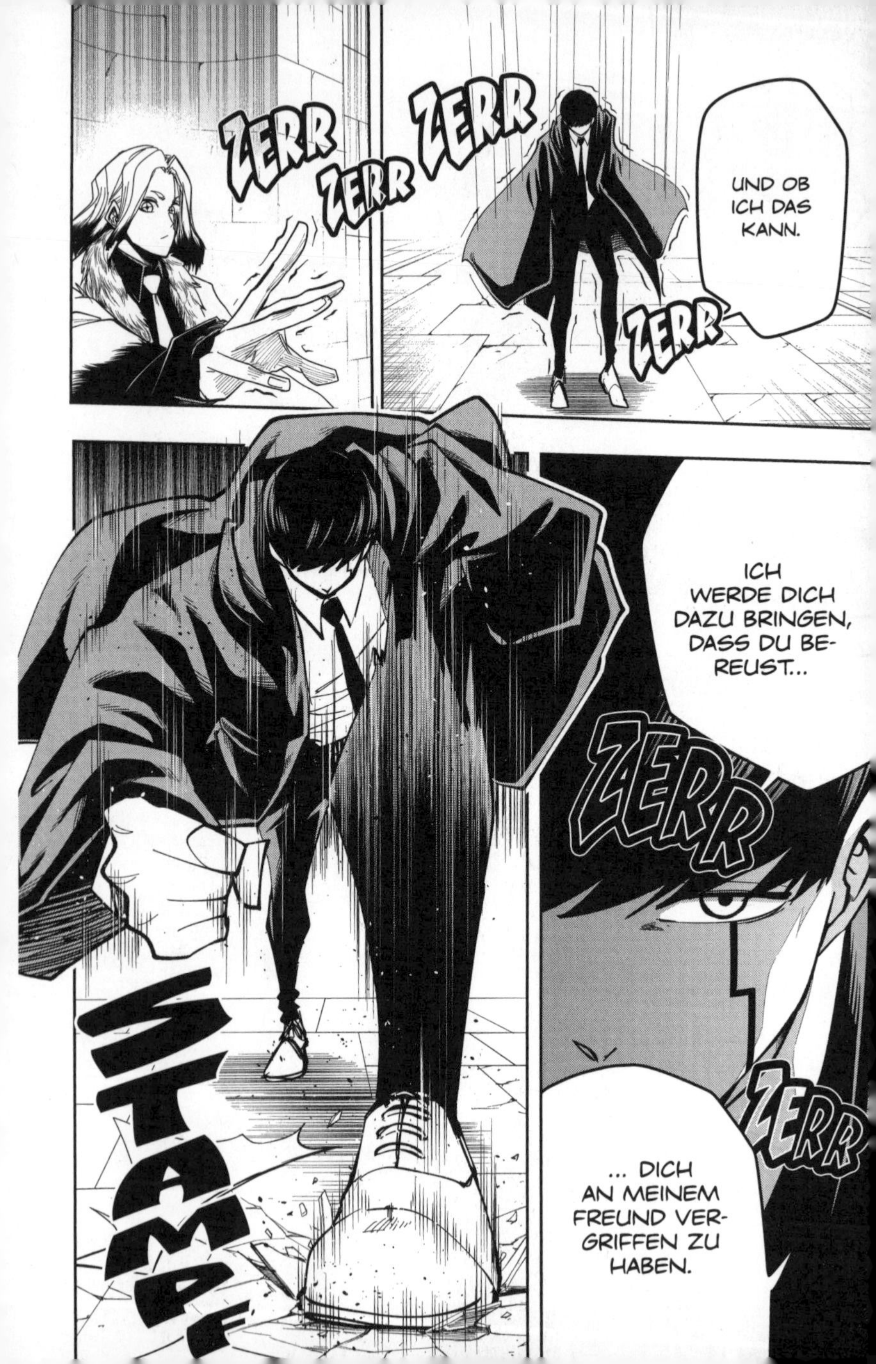
UND OB ICH DAS KANN.
ZERR
ZERR ZERR ZERR
ZERR
ICH WERDE DICH DAZU BRINGEN, DASS DU BE-REUST...
ZERR
ZERR
... DICH AN MEINEM FREUND VER-GRIFFEN ZU HABEN.
STAMPF

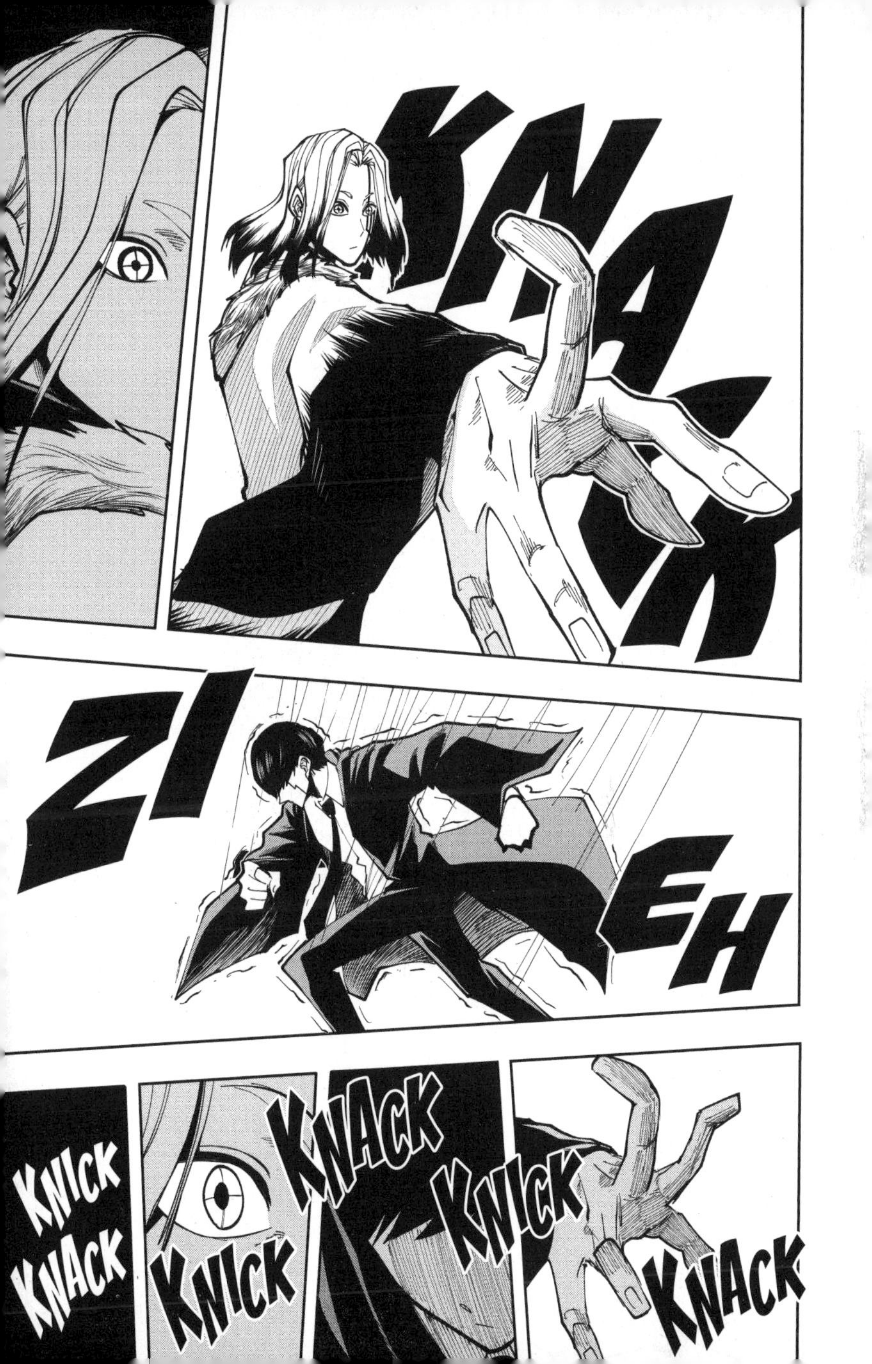
KNACK
ZIEH
KNICK
KNACK
KNACK
KNICK
KNICK
KNACK

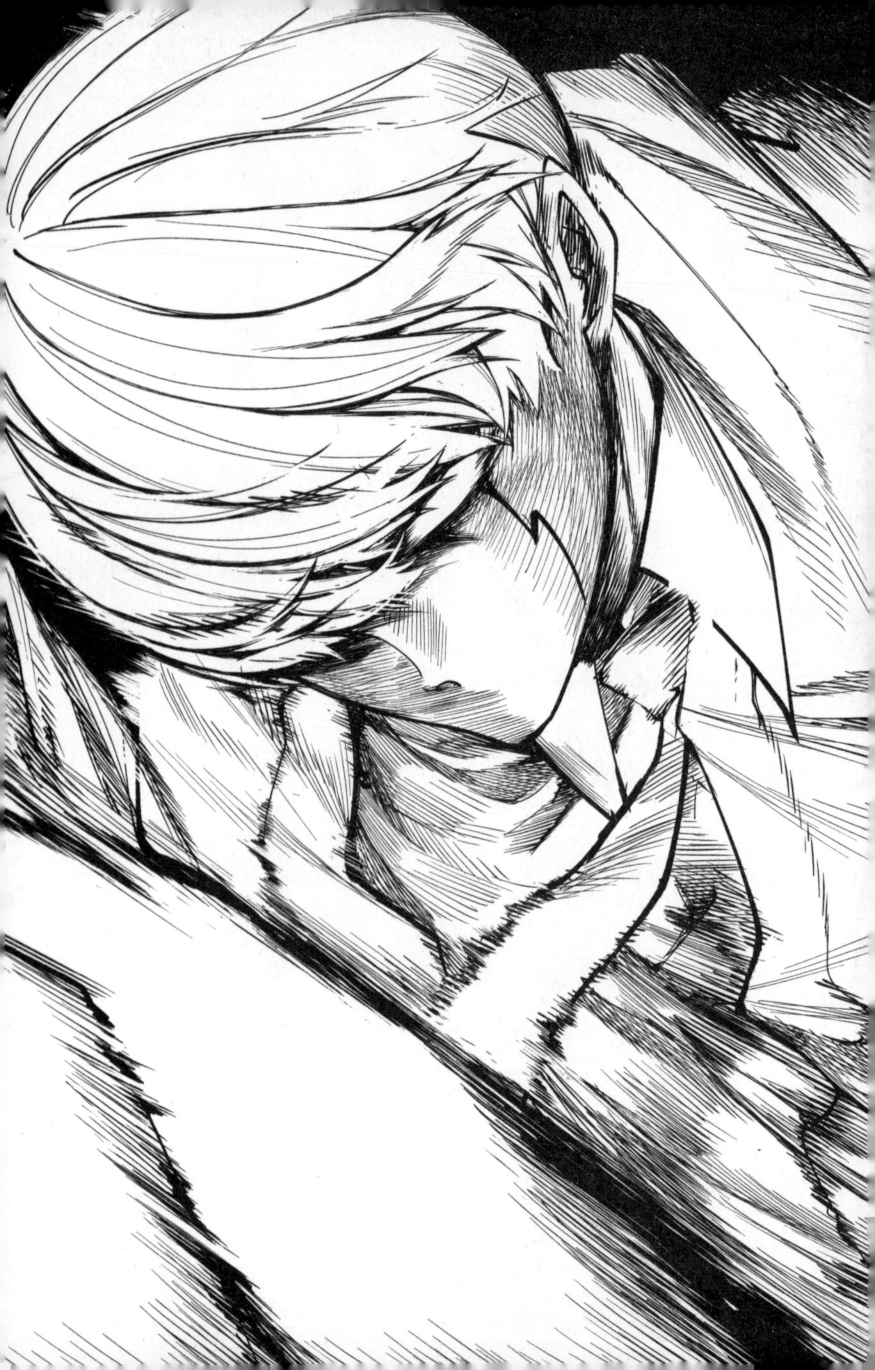

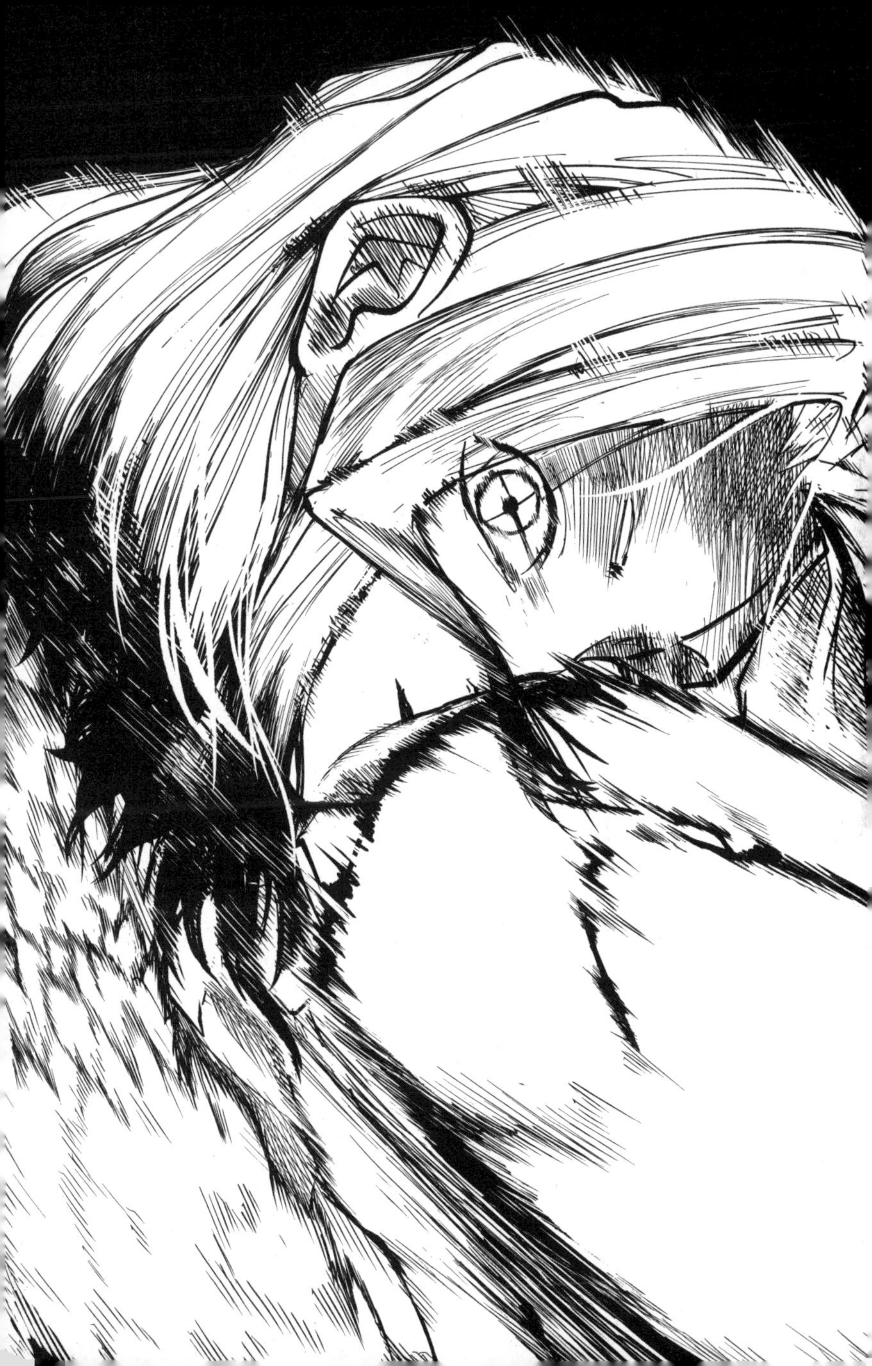

Extra 5

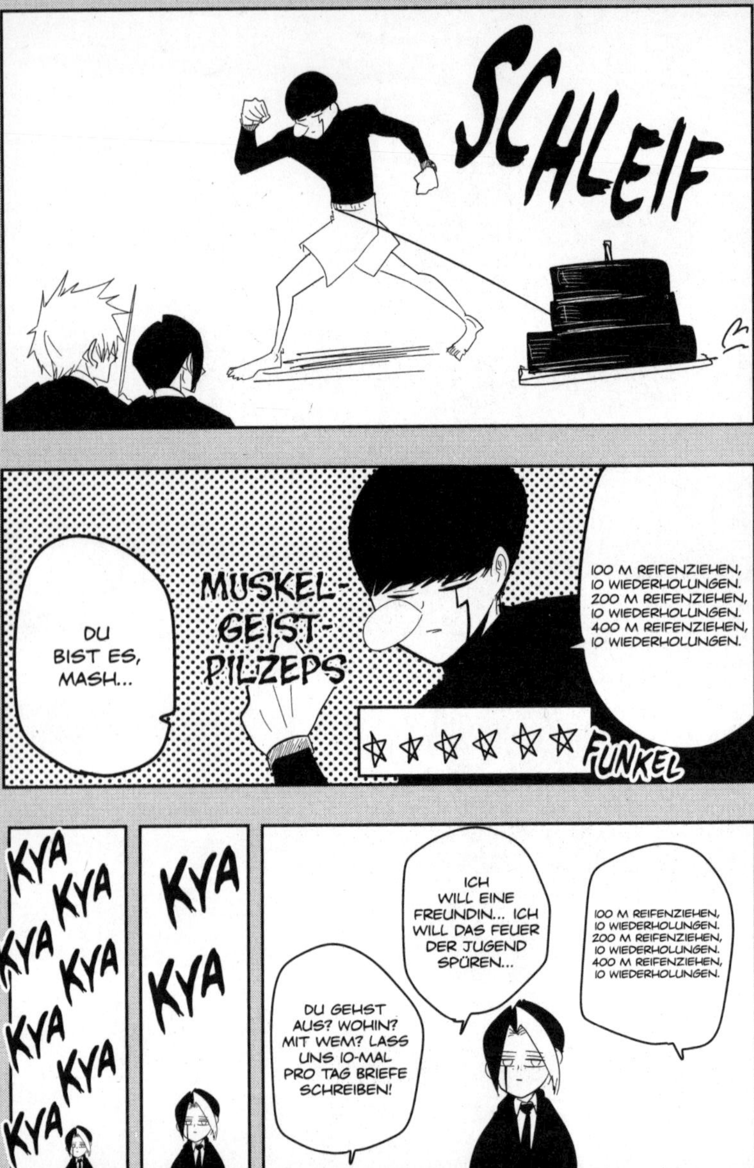

Fortsetzung auf Seite 156

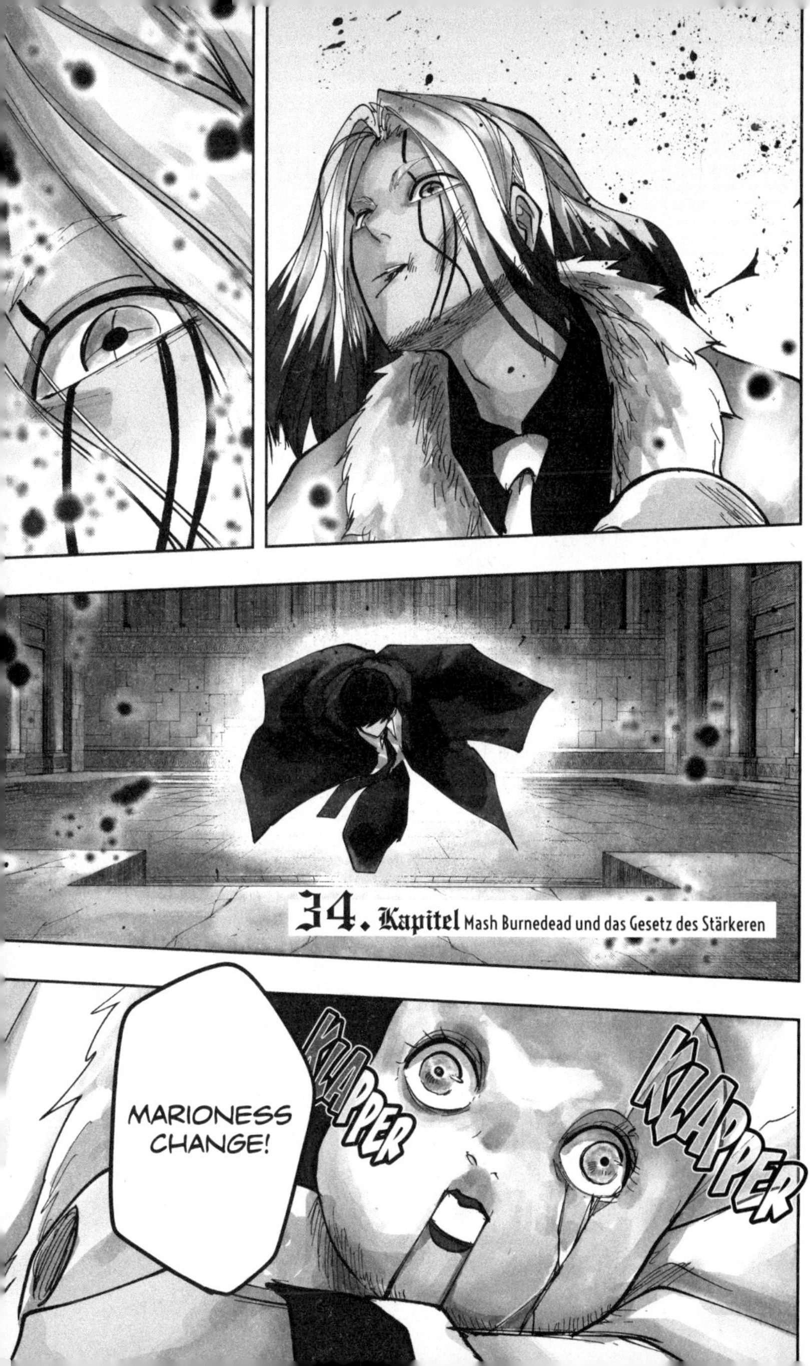
34. Kapitel Mash Burnedead und das Gesetz des Stärkeren
MARIONESS CHANGE!
KLAPPER
KLAPPER

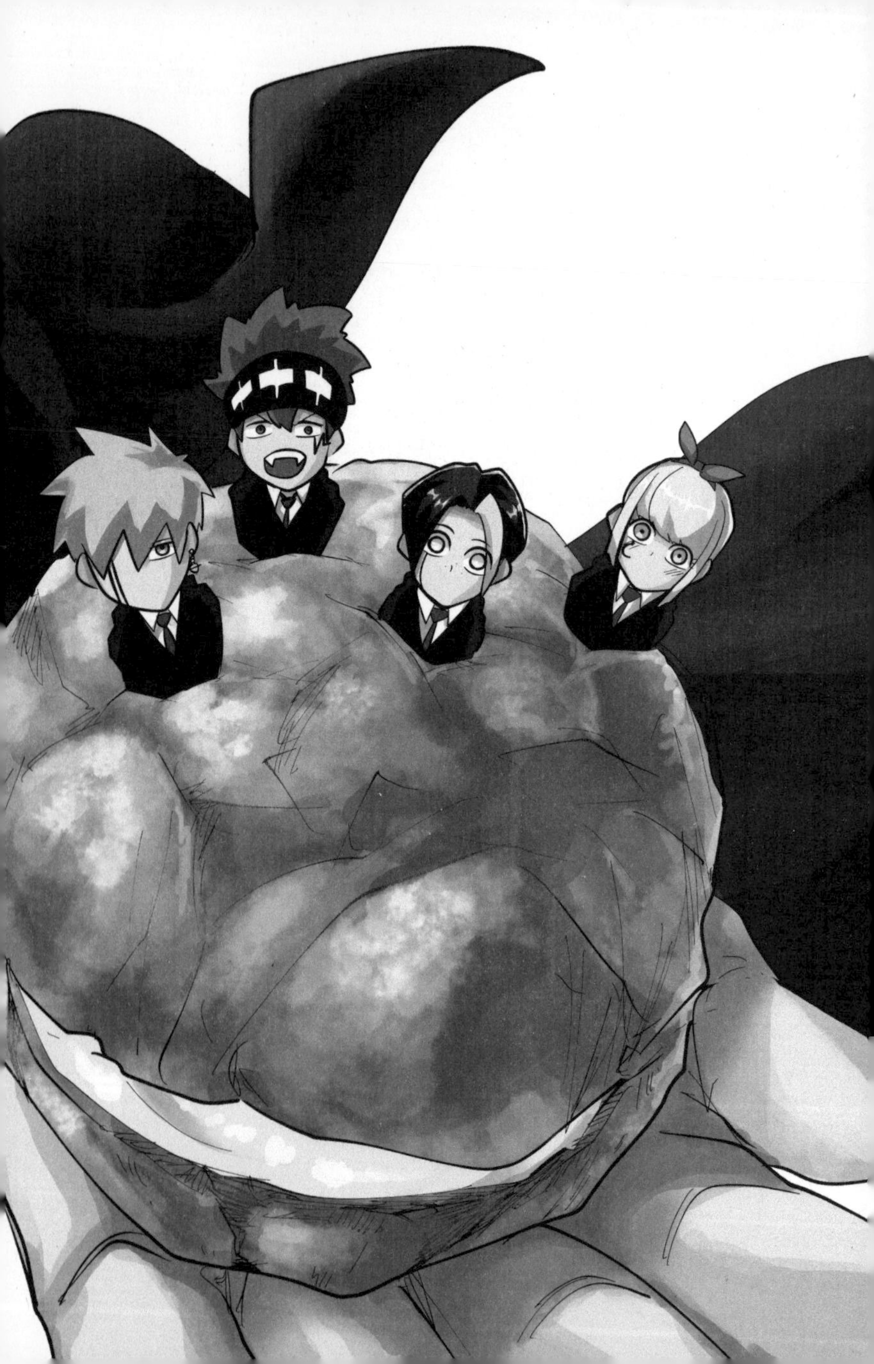

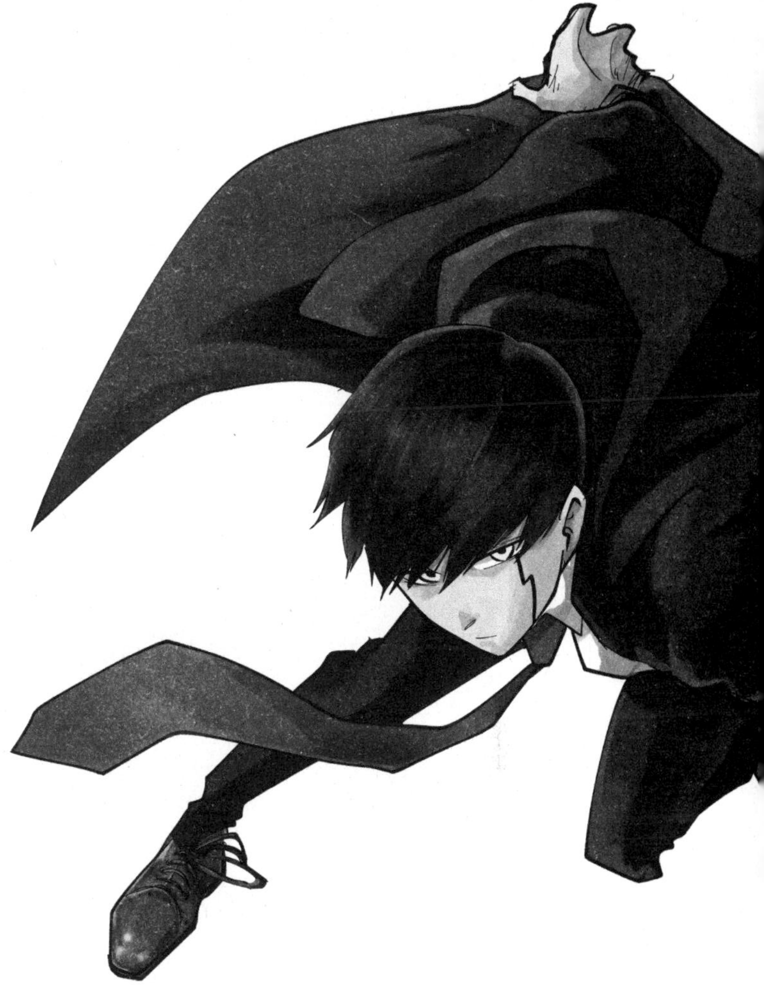

34. Kapitel Mash Burnedead und das Gesetz des Stärkeren

Extra 6

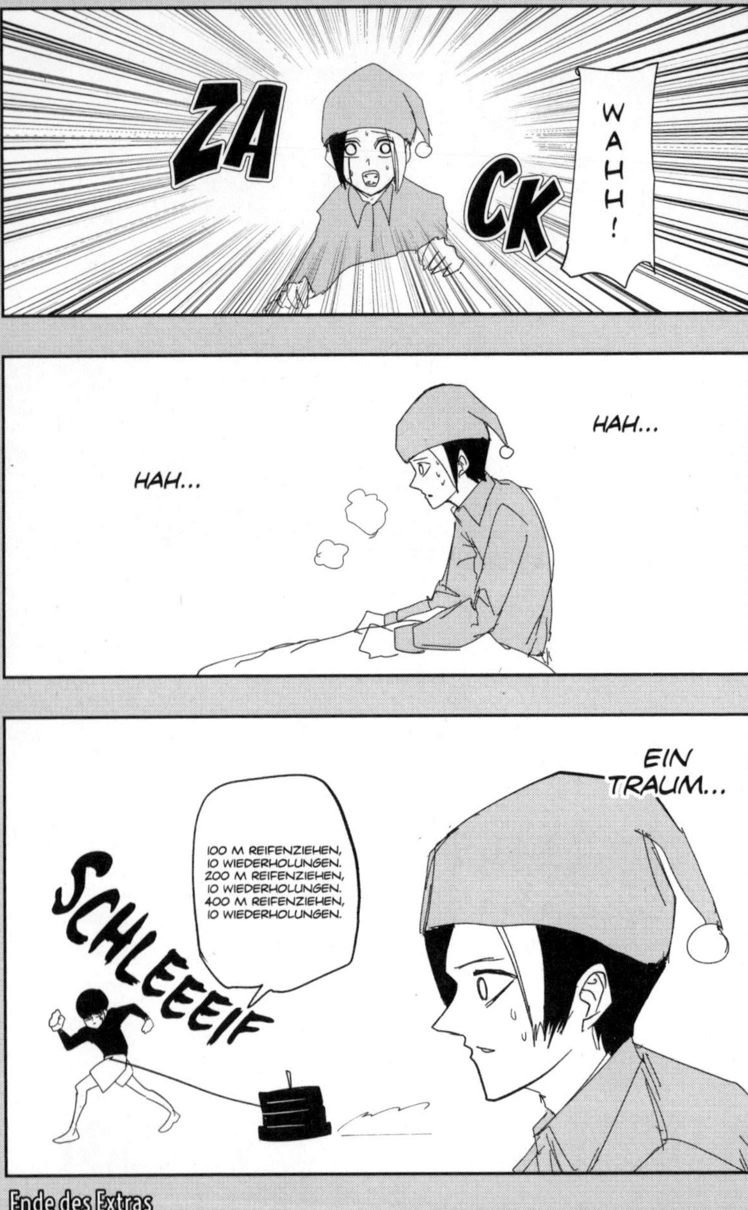

Ende des Extras

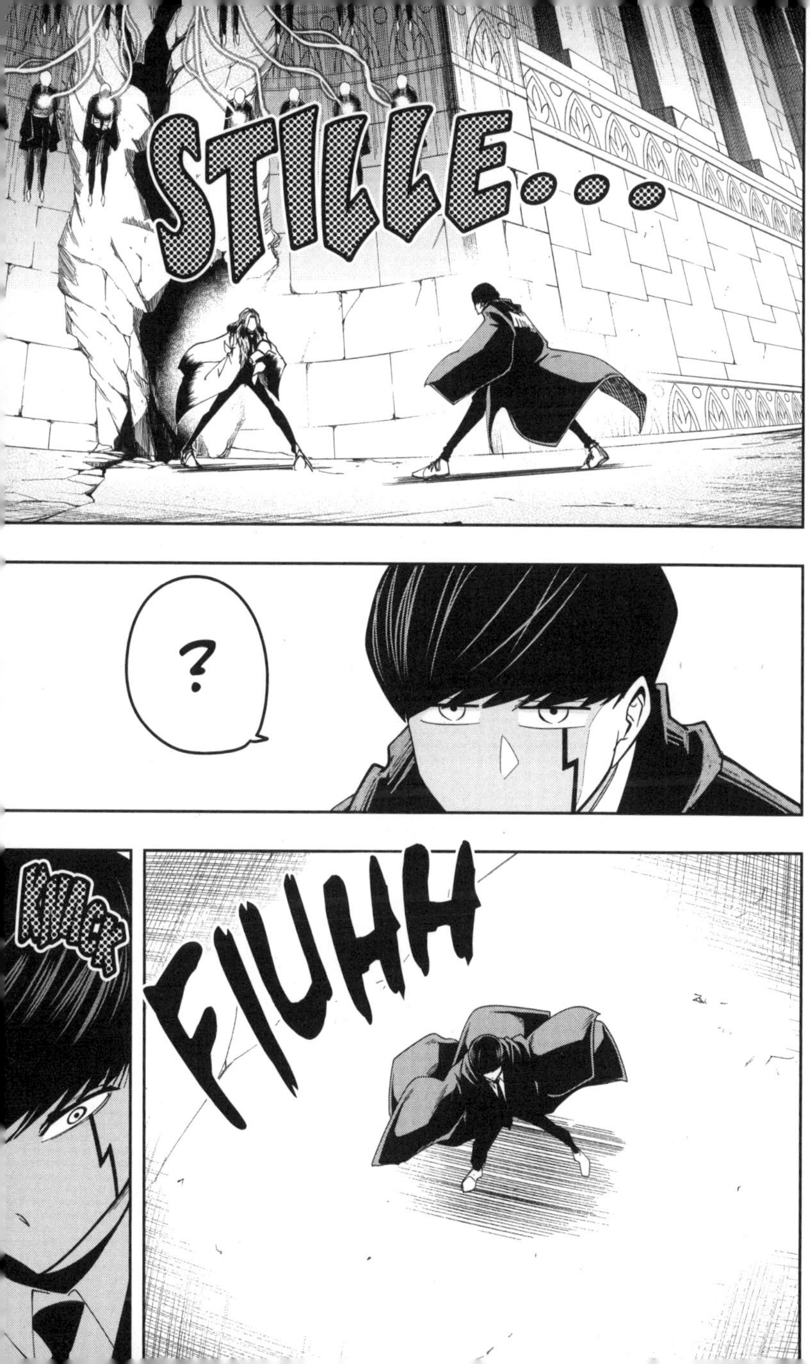
STILLE...
?
FIUHH

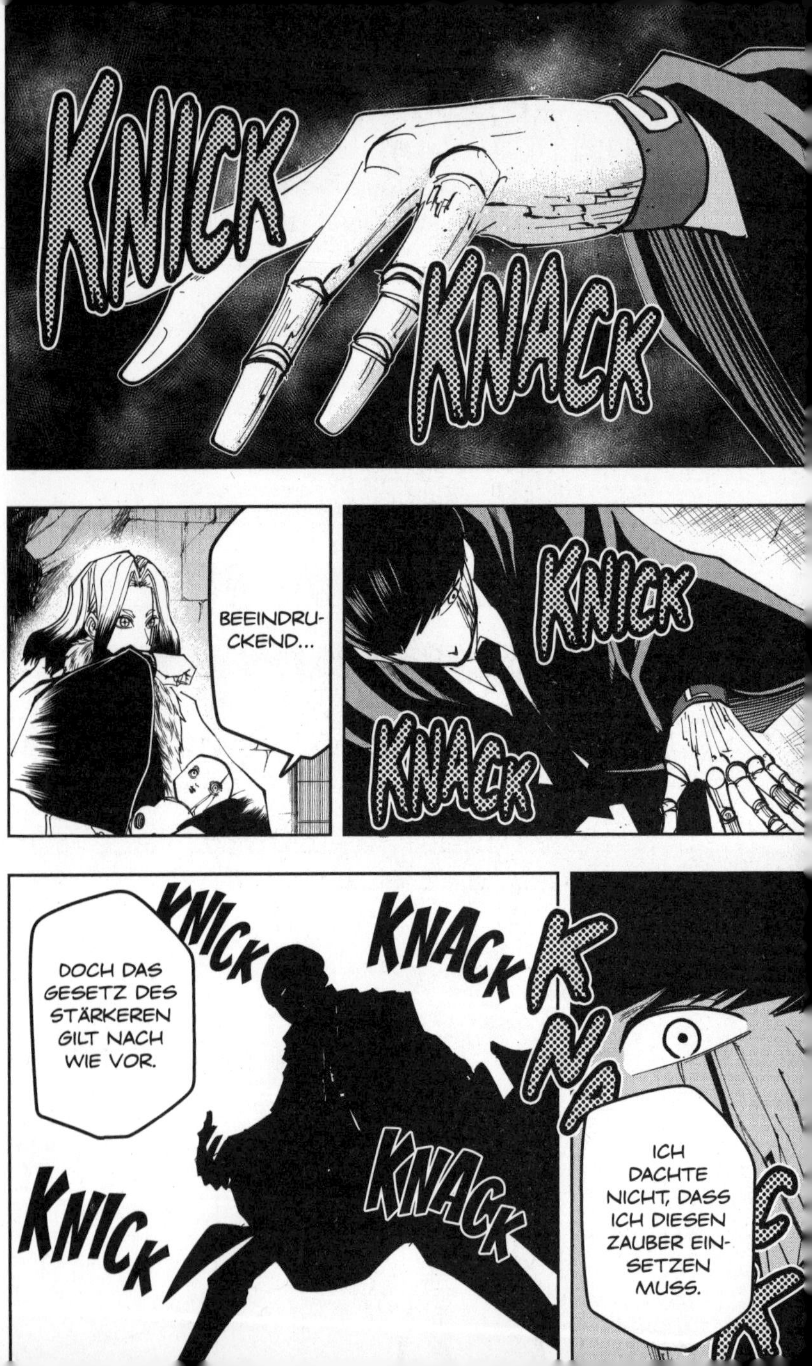
KNICK
KNACK
KNICK
KNACK
BEEINDRUCKEND...
KNACK
ICH DACHTE NICHT, DASS ICH DIESEN ZAUBER EINSETZEN MUSS.
KNACK
KNICK
DOCH DAS GESETZ DES STÄRKEREN GILT NACH WIE VOR.
KNACK
KNICK

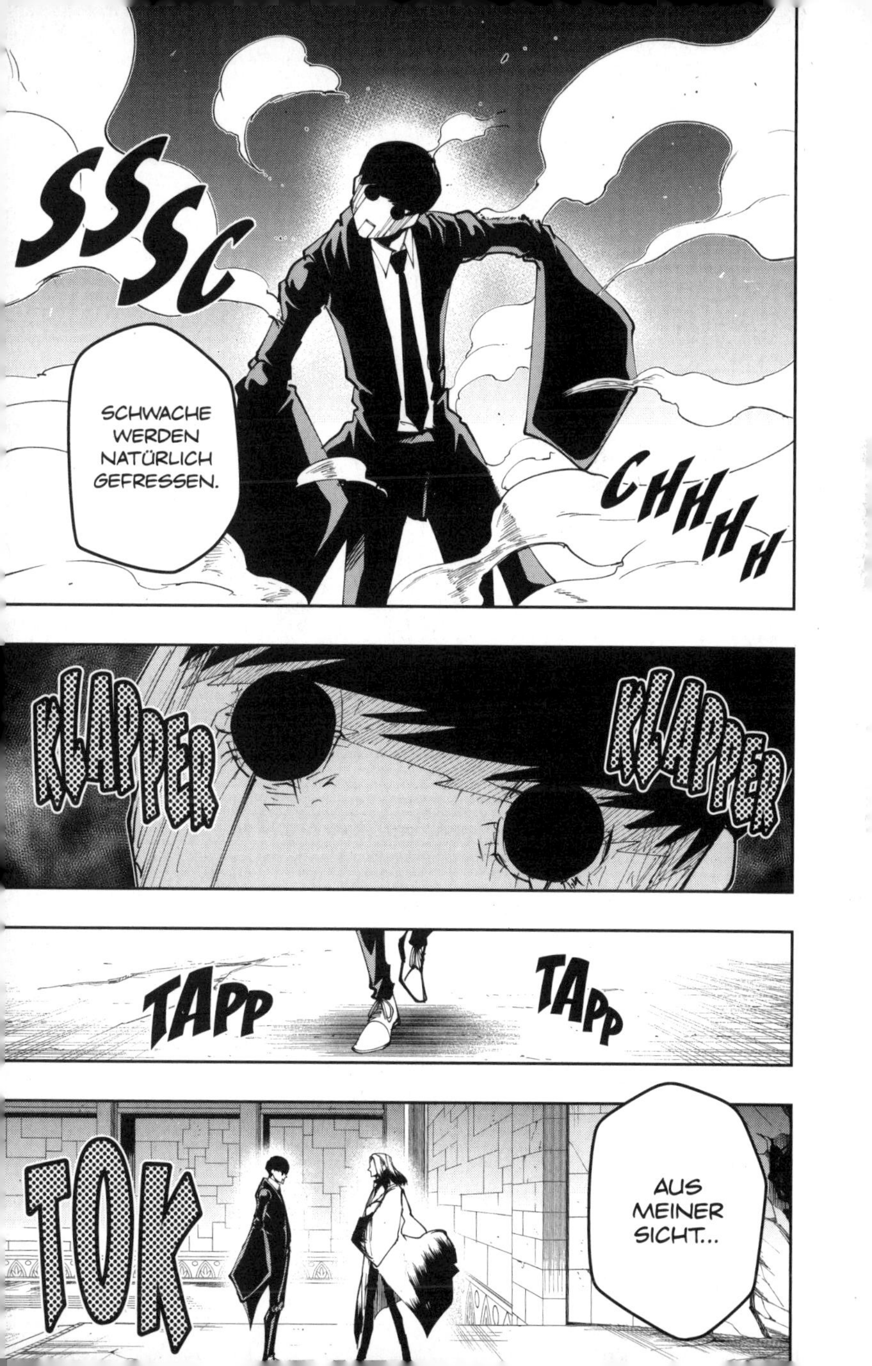
SSSC
SCHWACHE WERDEN NATÜRLICH GEFRESSEN.
CHHHHH
KLAPPER
KLAPPER
TAPP
TAPP
TOK
AUS MEINER SICHT...

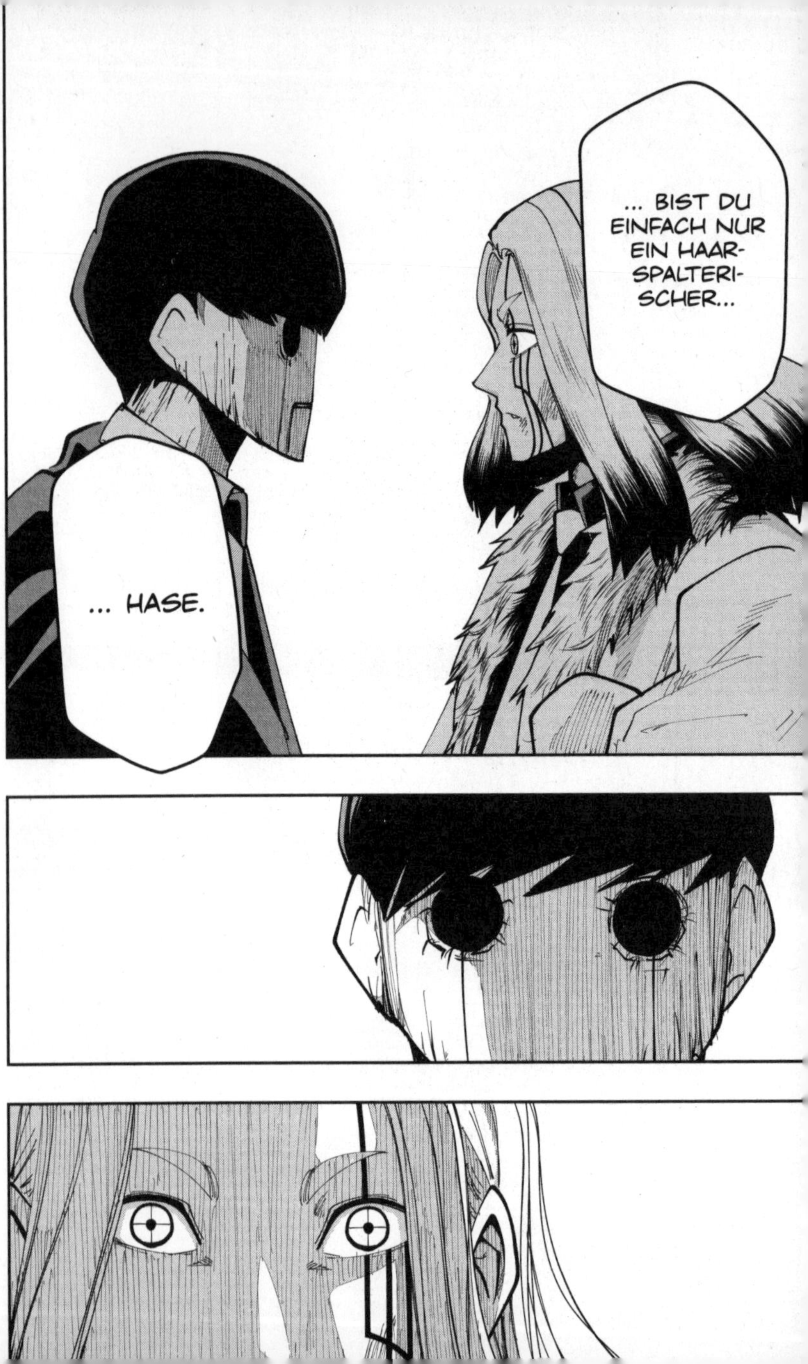
... BIST DU EINFACH NUR EIN HAAR-SPALTERI-SCHER...
... HASE.

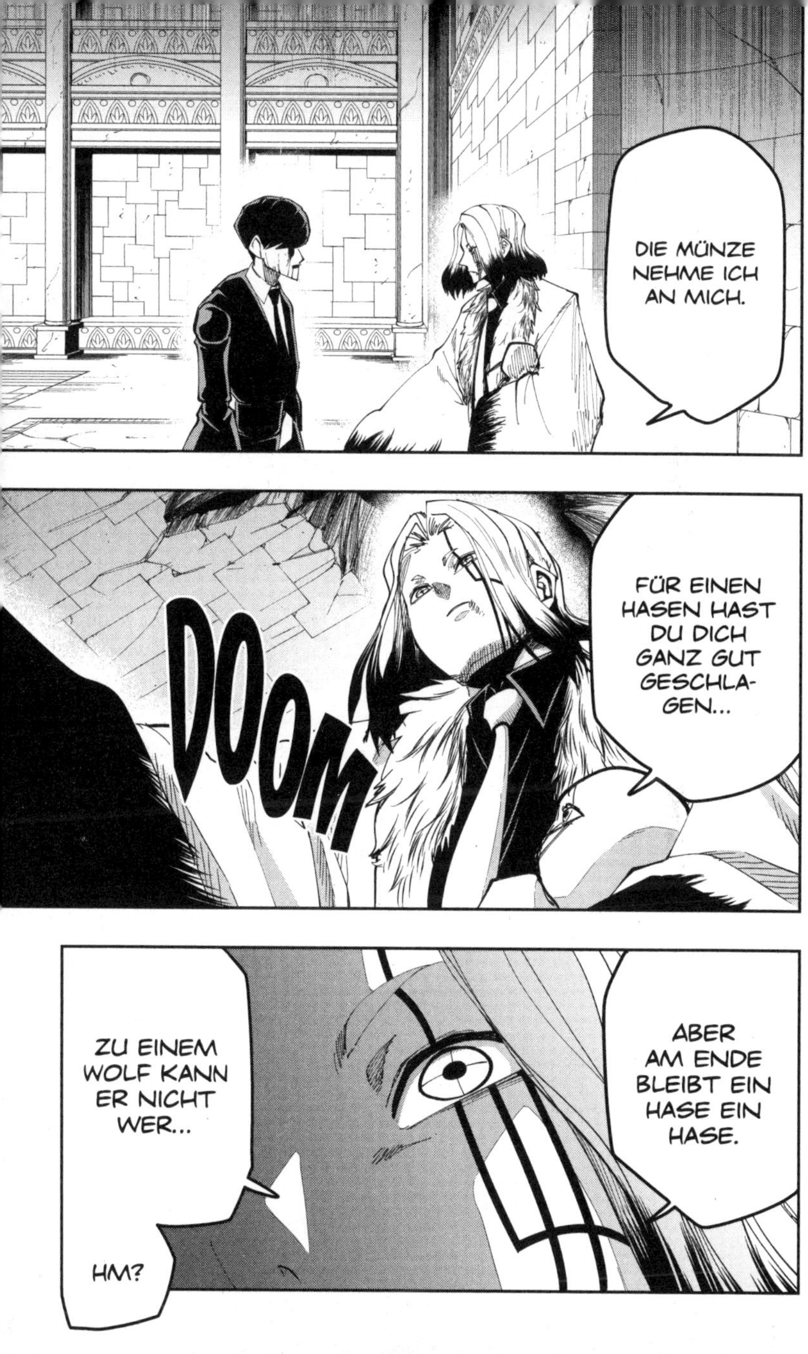
DIE MÜNZE NEHME ICH AN MICH.
FÜR EINEN HASEN HAST DU DICH GANZ GUT GESCHLAGEN...
DOOM
ABER AM ENDE BLEIBT EIN HASE EIN HASE.
ZU EINEM WOLF KANN ER NICHT WER...
HM?

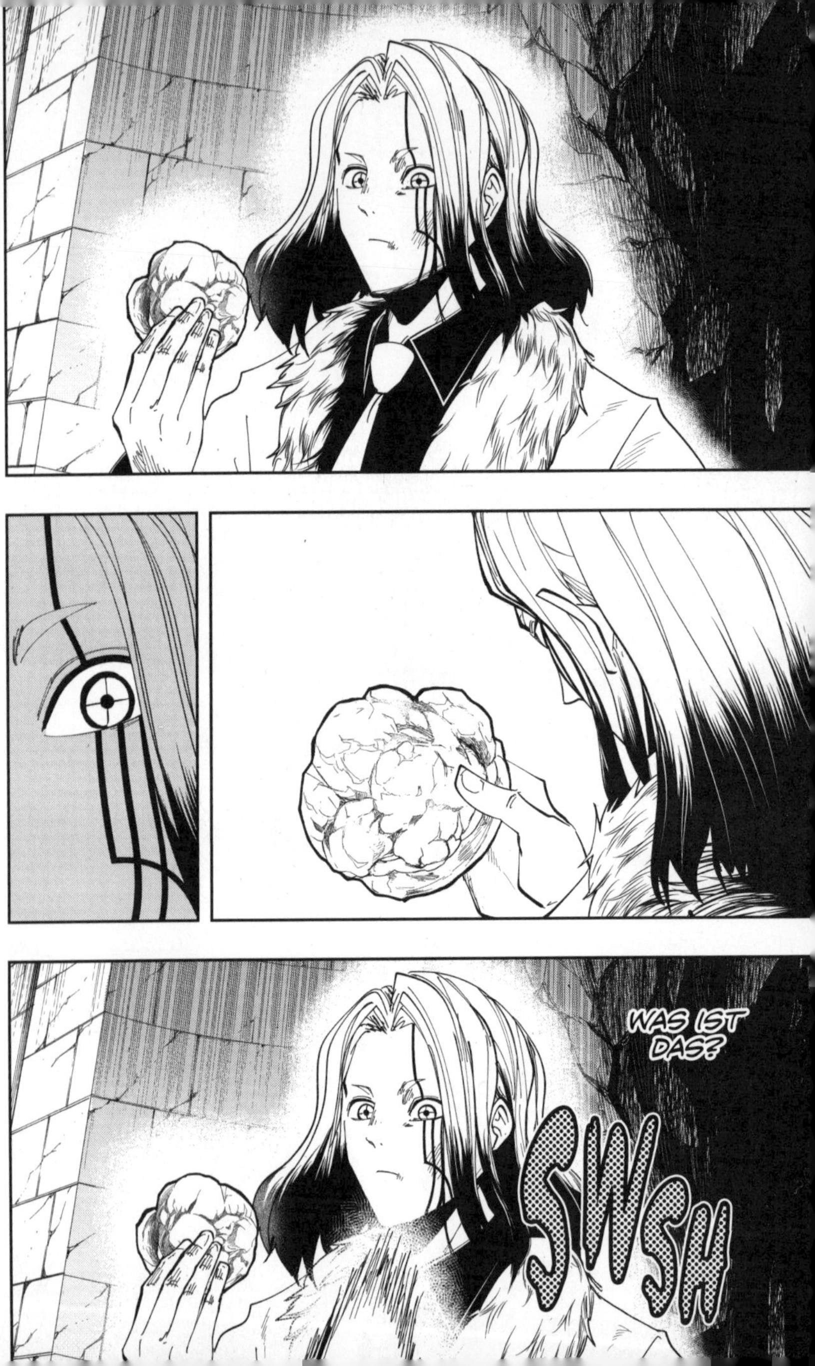
WAS IST DAS?
SWSH

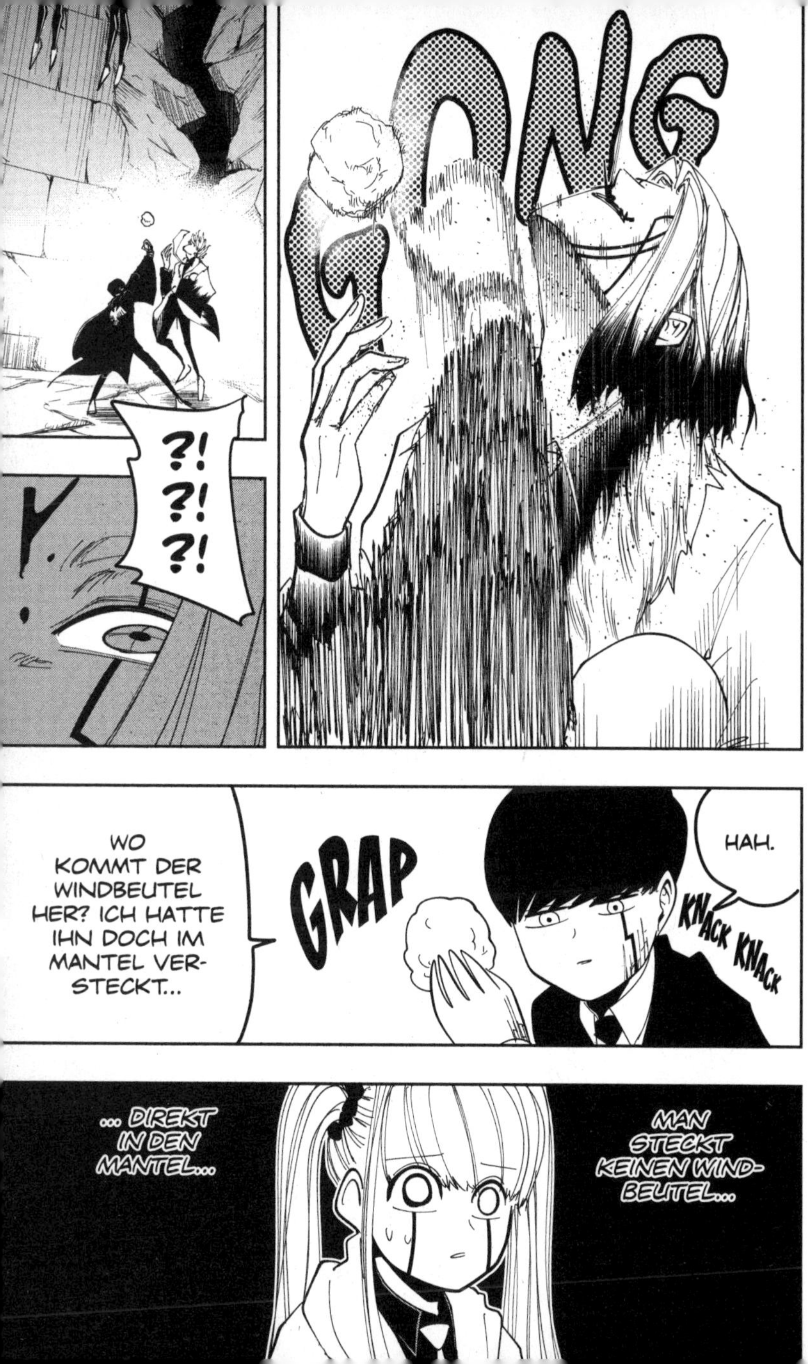
ONG
?! ?! ?!
HAH.
KNACK KNACK
GRAP
WO KOMMT DER WINDBEUTEL HER? ICH HATTE IHN DOCH IM MANTEL VER-STECKT...
MAN STECKT KEINEN WIND-BEUTEL...
... DIREKT IN DEN MANTEL...

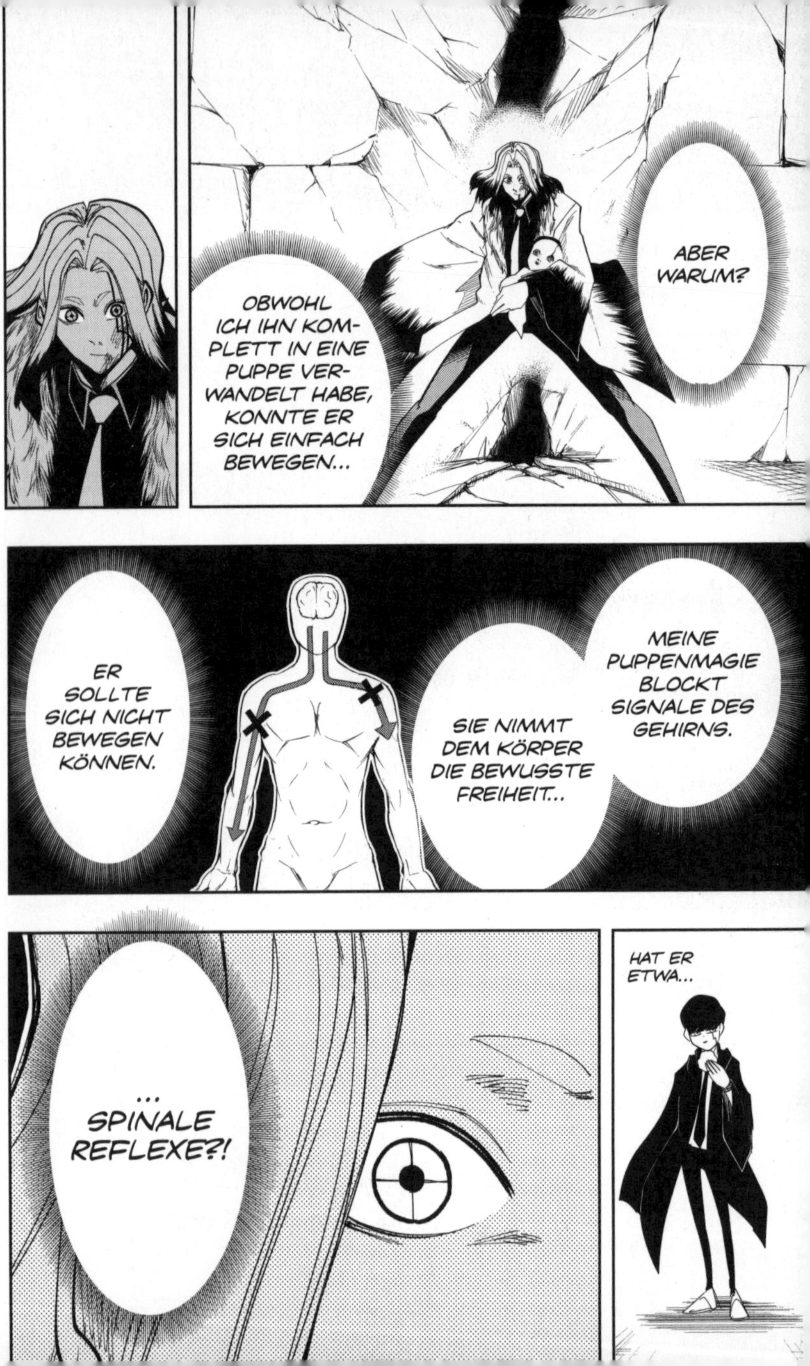
ABER WARUM?
OBWOHL ICH IHN KOMPLETT IN EINE PUPPE VERWANDELT HABE, KONNTE ER SICH EINFACH BEWEGEN...
MEINE PUPPENMAGIE BLOCKT SIGNALE DES GEHIRNS.
SIE NIMMT DEM KÖRPER DIE BEWUSSTE FREIHEIT...
ER SOLLTE SICH NICHT BEWEGEN KÖNNEN.
HAT ER ETWA...
... SPINALE REFLEXE?!

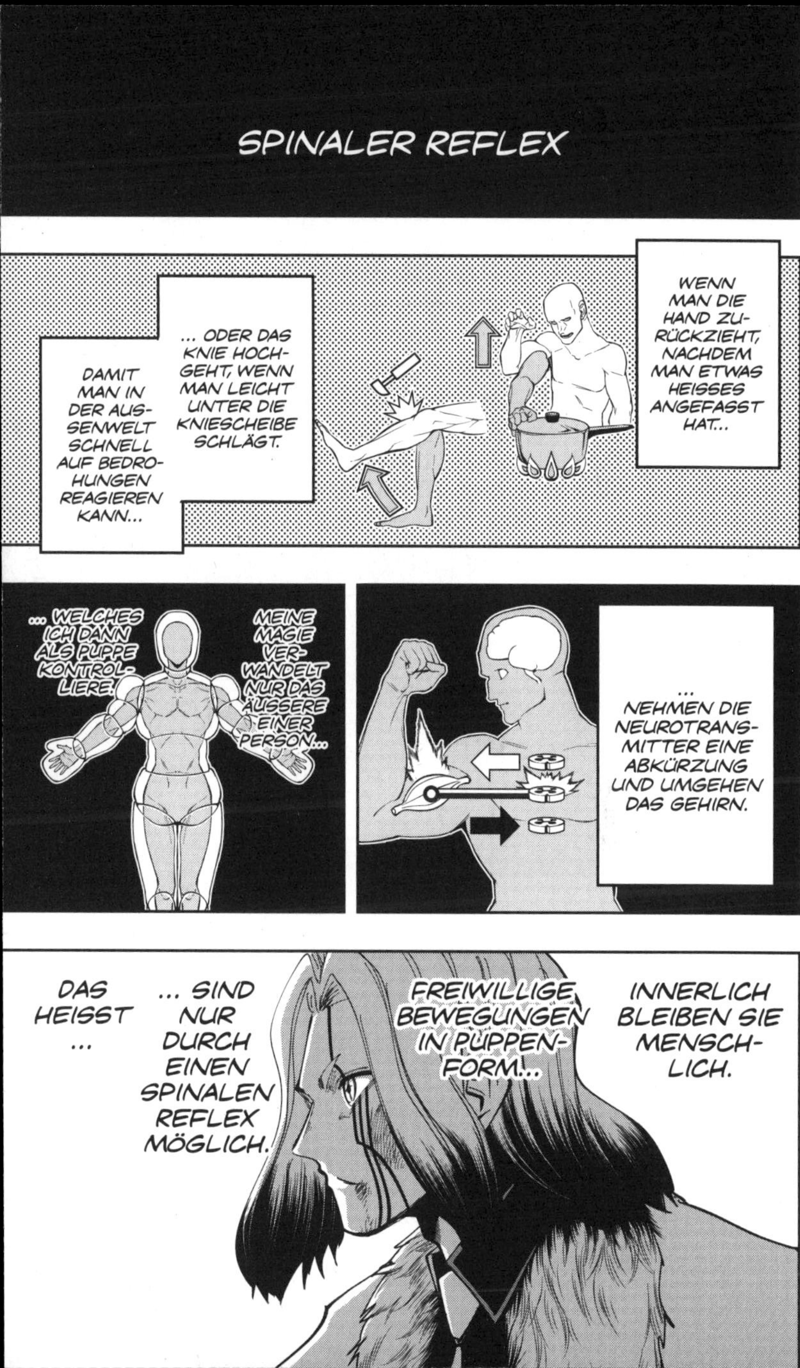
SPINALER REFLEX
WENN MAN DIE HAND ZURÜCKZIEHT, NACHDEM MAN ETWAS HEISSES ANGEFASST HAT...
... ODER DAS KNIE HOCHGEHT, WENN MAN LEICHT UNTER DIE KNIESCHEIBE SCHLÄGT.
DAMIT MAN IN DER AUSSENWELT SCHNELL AUF BEDROHUNGEN REAGIEREN KANN...
... NEHMEN DIE NEUROTRANSMITTER EINE ABKÜRZUNG UND UMGEHEN DAS GEHIRN.
MEINE MAGIE VERWANDELT NUR DAS ÄUSSERE EINER PERSON...
... WELCHES ICH DANN ALS PUPPE KONTROLLIERE.
INNERLICH BLEIBEN SIE MENSCHLICH.
FREIWILLIGE BEWEGUNGEN IN PUPPENFORM...
... SIND NUR DURCH EINEN SPINALEN REFLEX MÖGLICH.
DAS HEISST ...

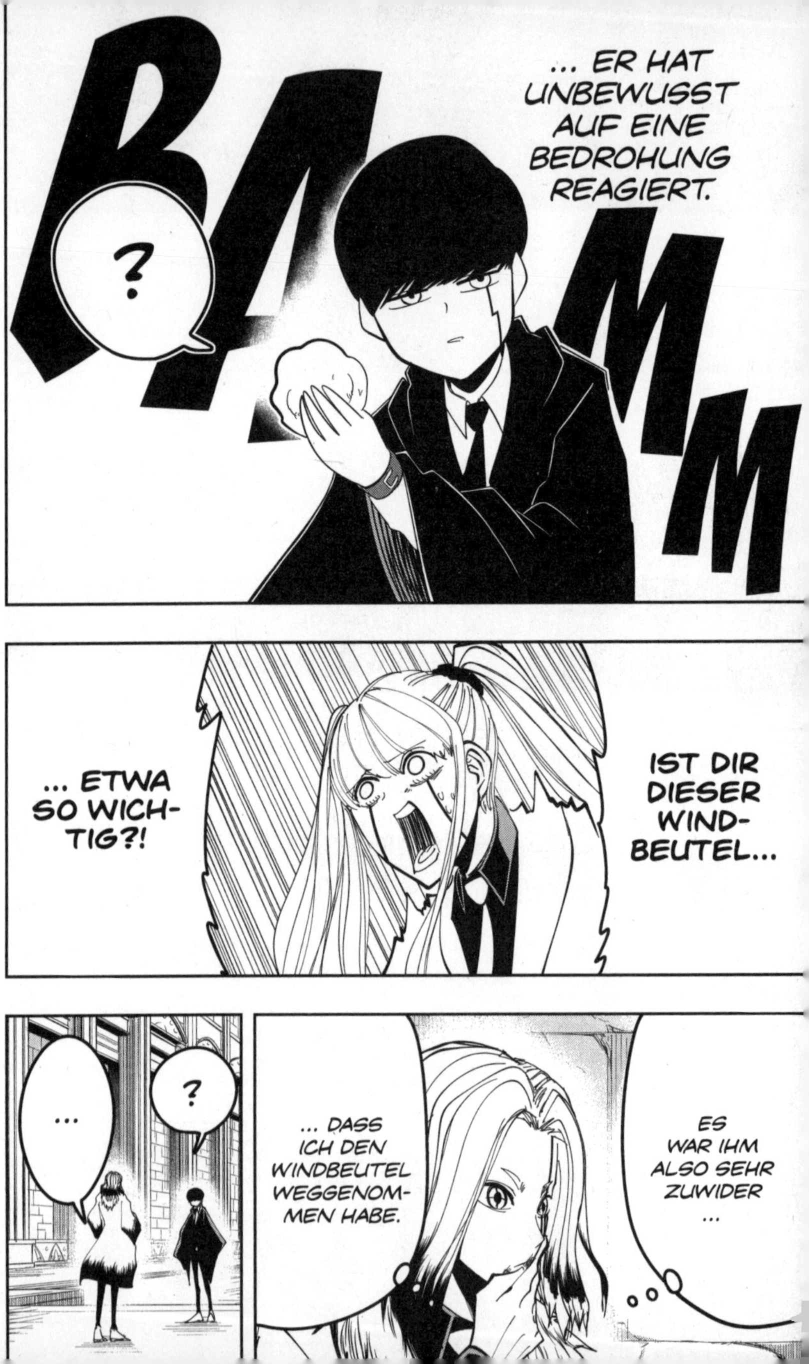
... ER HAT UNBEWUSST AUF EINE BEDROHUNG REAGIERT.
BAMMM
?
IST DIR DIESER WIND-BEUTEL...
... ETWA SO WICH-TIG?!
ES WAR IHM ALSO SEHR ZUWIDER ...
... DASS ICH DEN WINDBEUTEL WEGGENOM-MEN HABE.
?
...

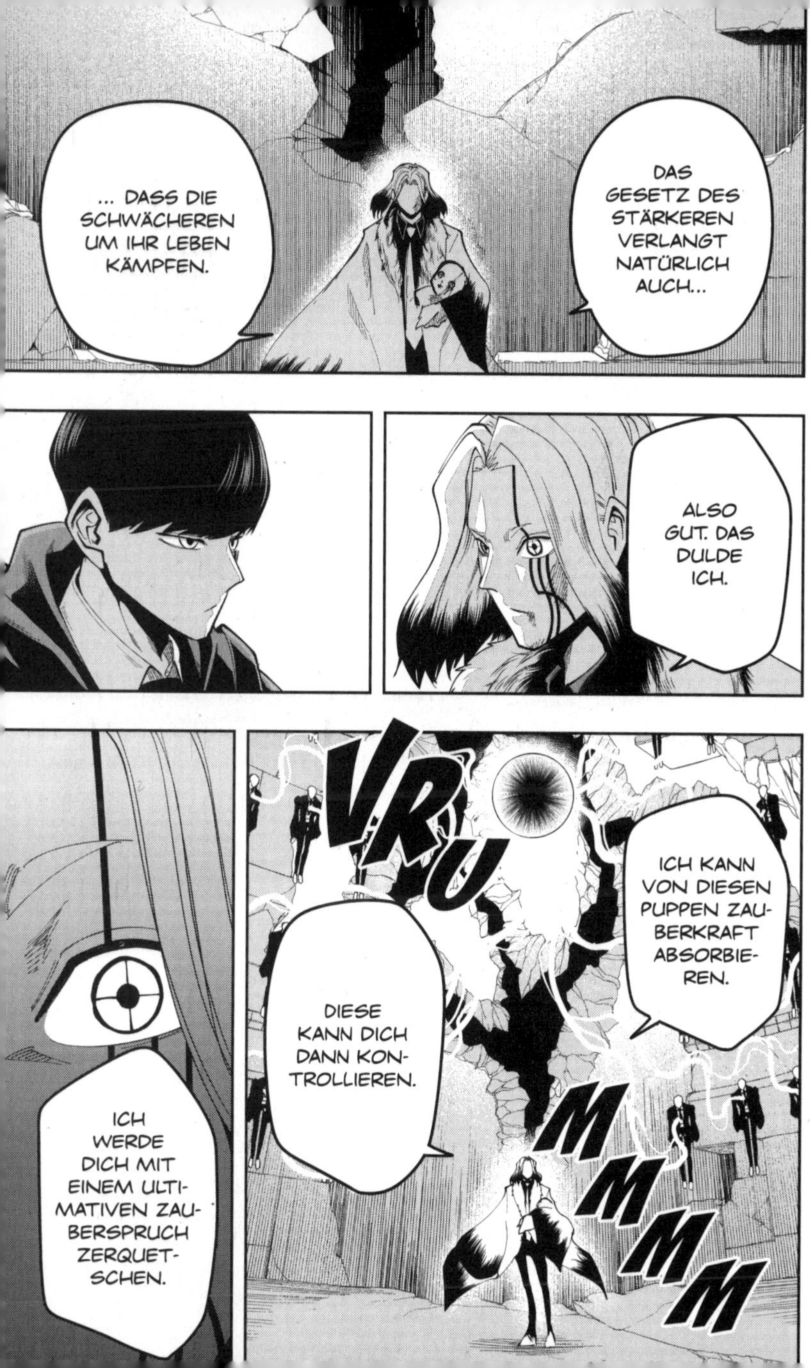
DAS GESETZ DES STÄRKEREN VERLANGT NATÜRLICH AUCH...
... DASS DIE SCHWÄCHEREN UM IHR LEBEN KÄMPFEN.
ALSO GUT. DAS DULDE ICH.
VRUMMMMMMM
ICH KANN VON DIESEN PUPPEN ZAUBERKRAFT ABSORBIEREN.
DIESE KANN DICH DANN KONTROLLIEREN.
ICH WERDE DICH MIT EINEM ULTIMATIVEN ZAUBERSPRUCH ZERQUETSCHEN.

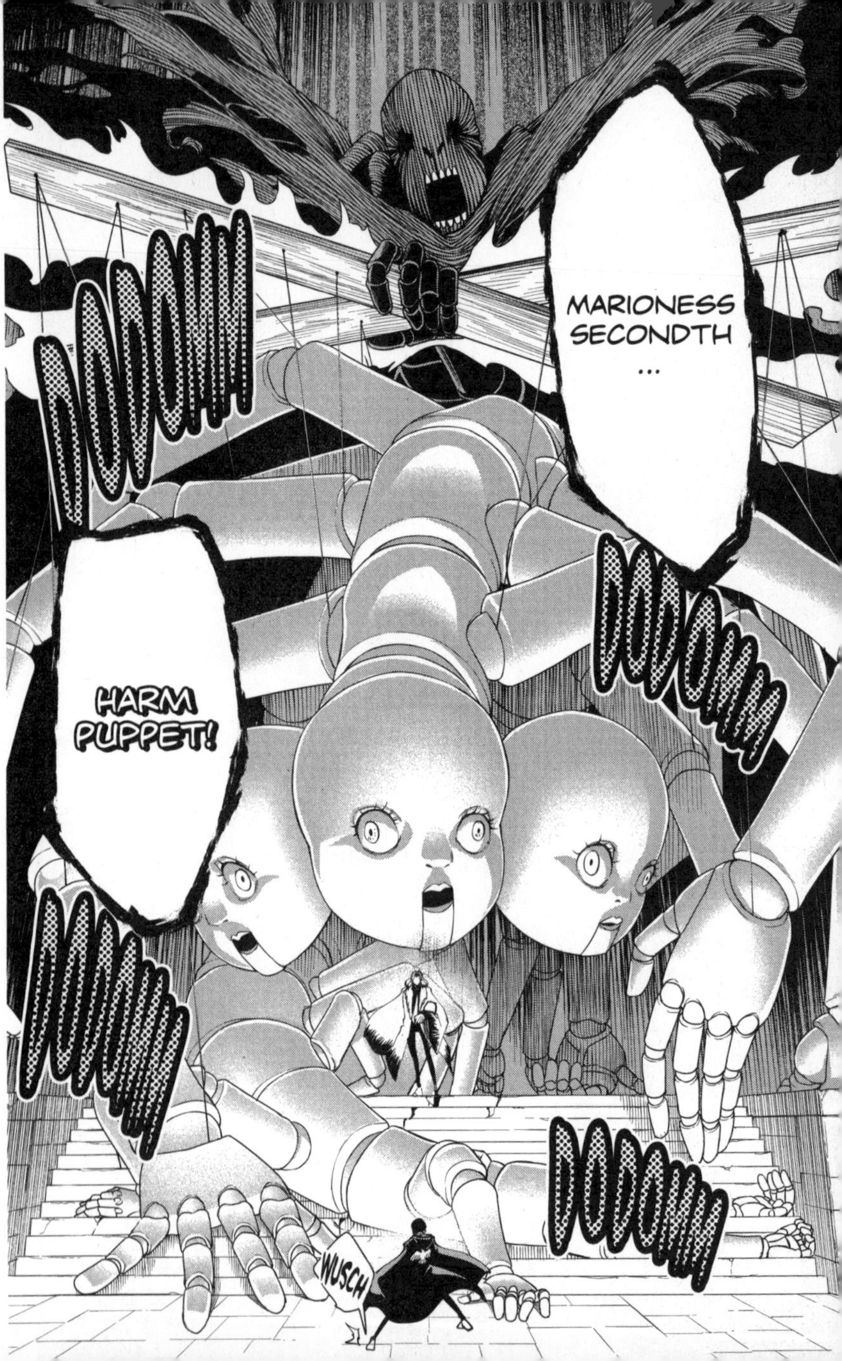
MARIONESS SECONDTH ...
HARM PUPPET!
WUSCH

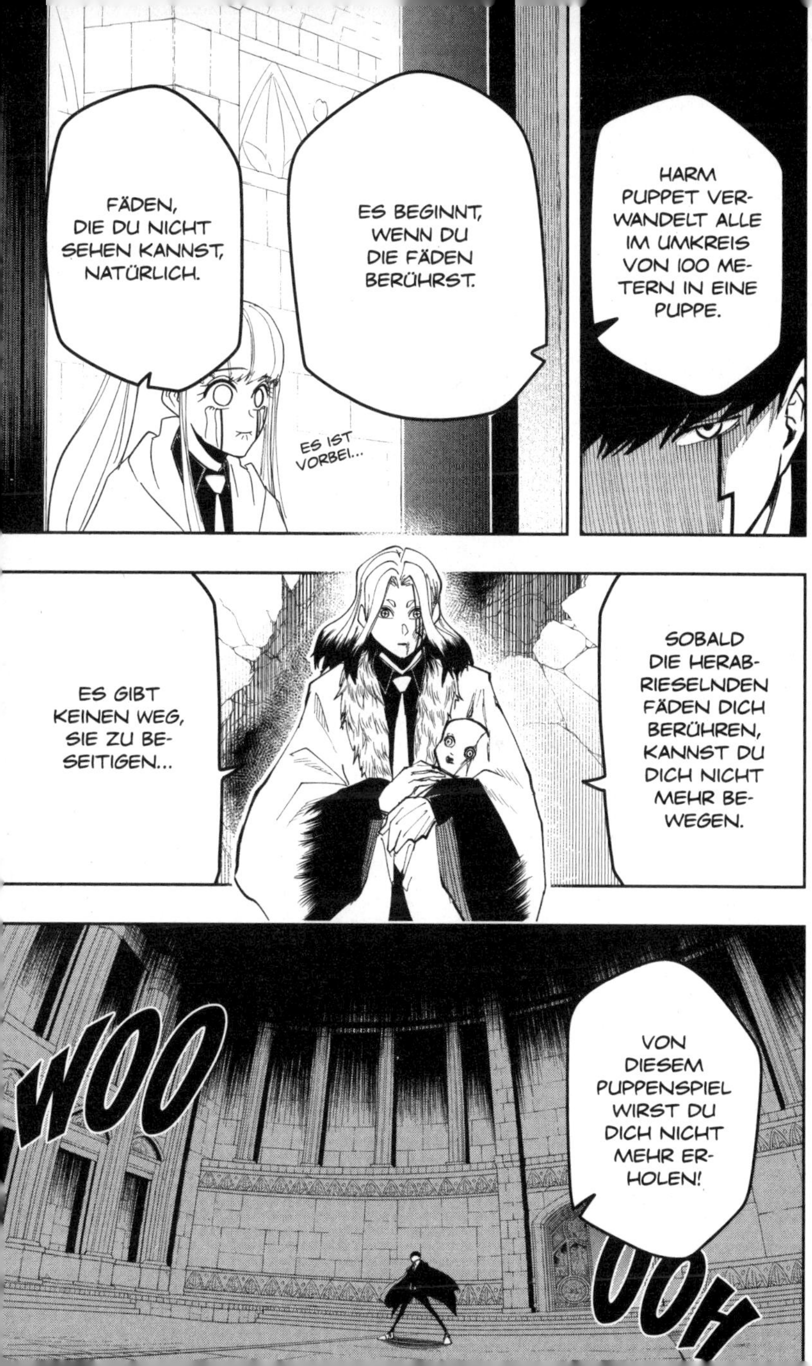
HARM PUPPET VERWANDELT ALLE IM UMKREIS VON 100 METERN IN EINE PUPPE.
ES BEGINNT, WENN DU DIE FÄDEN BERÜHRST.
FÄDEN, DIE DU NICHT SEHEN KANNST, NATÜRLICH.
ES IST VORBEI...
SOBALD DIE HERABRIESELNDEN FÄDEN DICH BERÜHREN, KANNST DU DICH NICHT MEHR BEWEGEN.
ES GIBT KEINEN WEG, SIE ZU BESEITIGEN...
VON DIESEM PUPPENSPIEL WIRST DU DICH NICHT MEHR ERHOLEN!
WOO
OOH

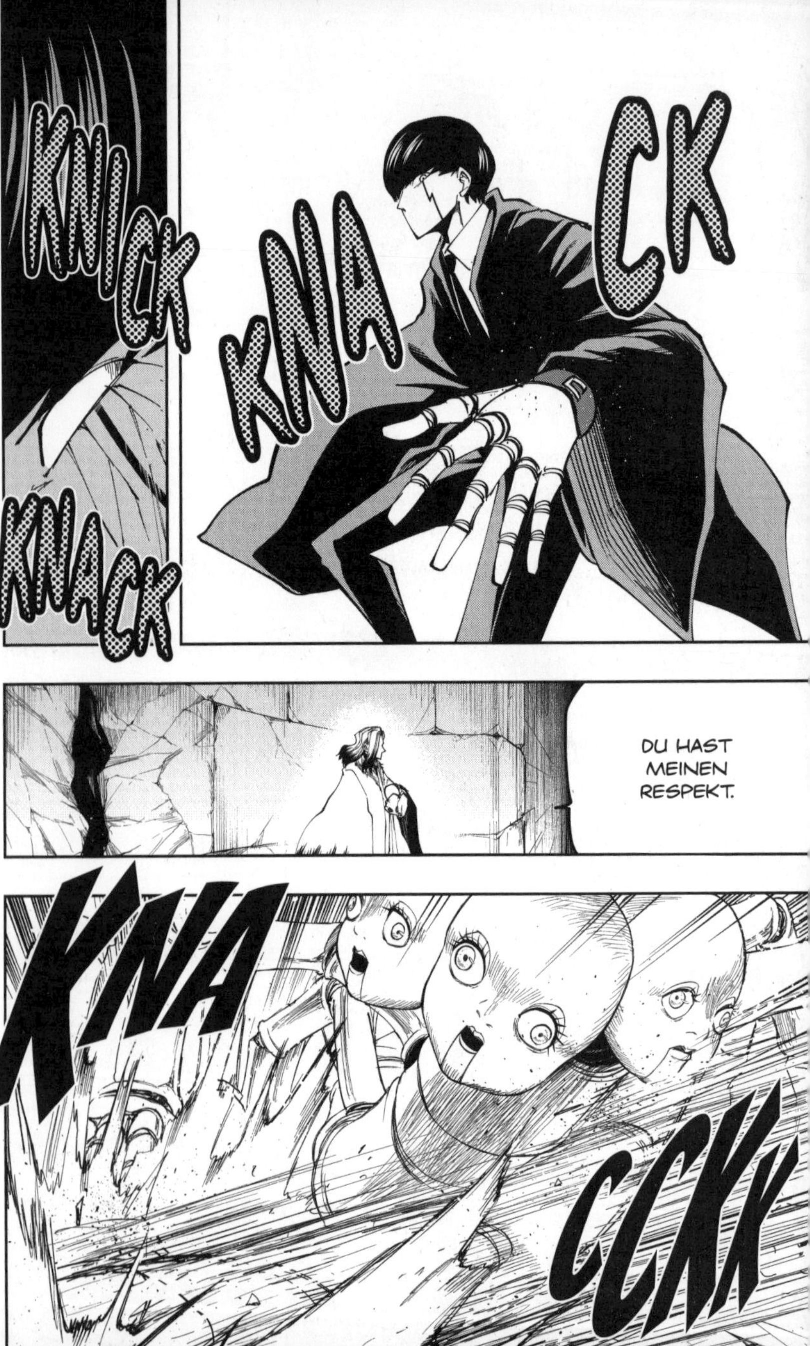
KNA CK
KNICK
KNACK
DU HAST MEINEN RESPEKT.
KNA
CCK

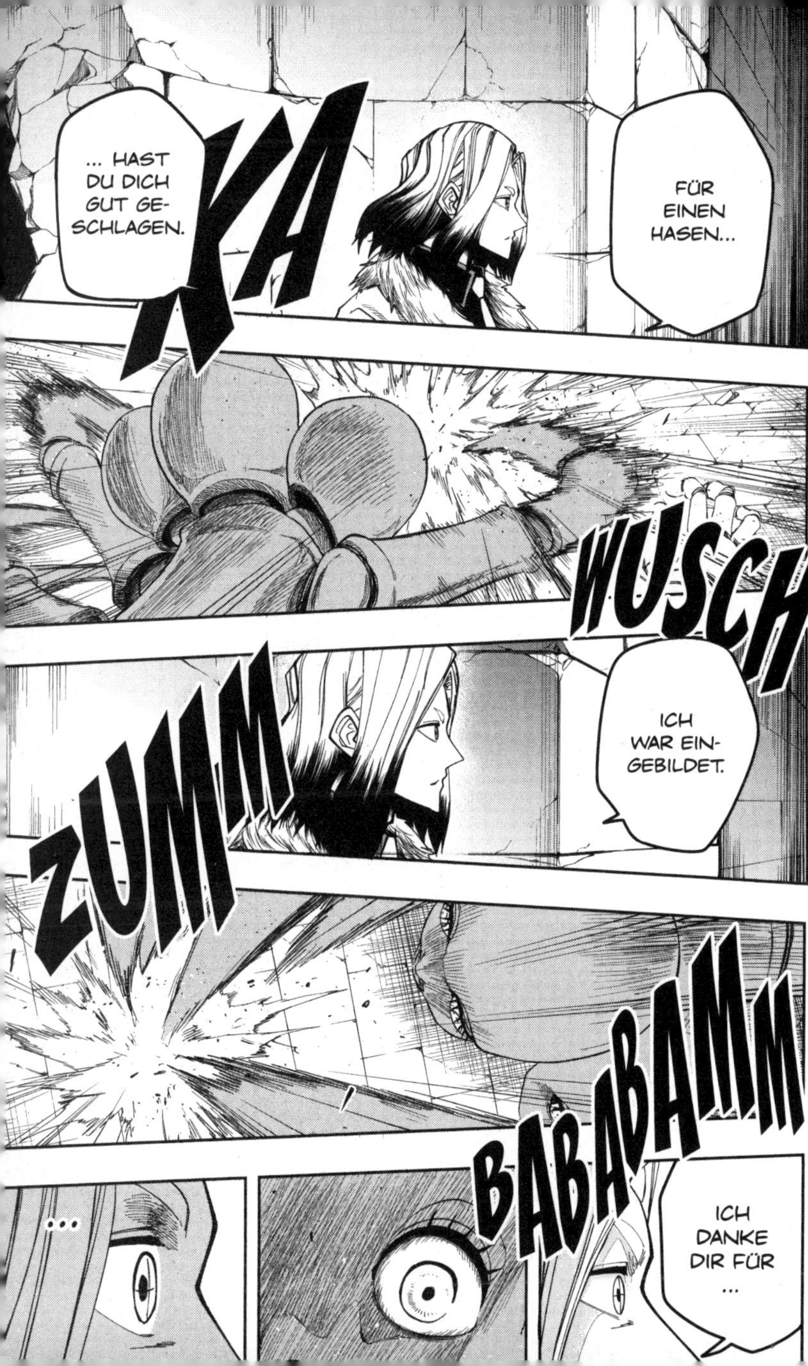
FÜR EINEN HASEN...
... HAST DU DICH GUT GESCHLAGEN.
KA
WUSCH
ICH WAR EINGEBILDET.
ZUMM
BABABAMM
ICH DANKE DIR FÜR ...
...

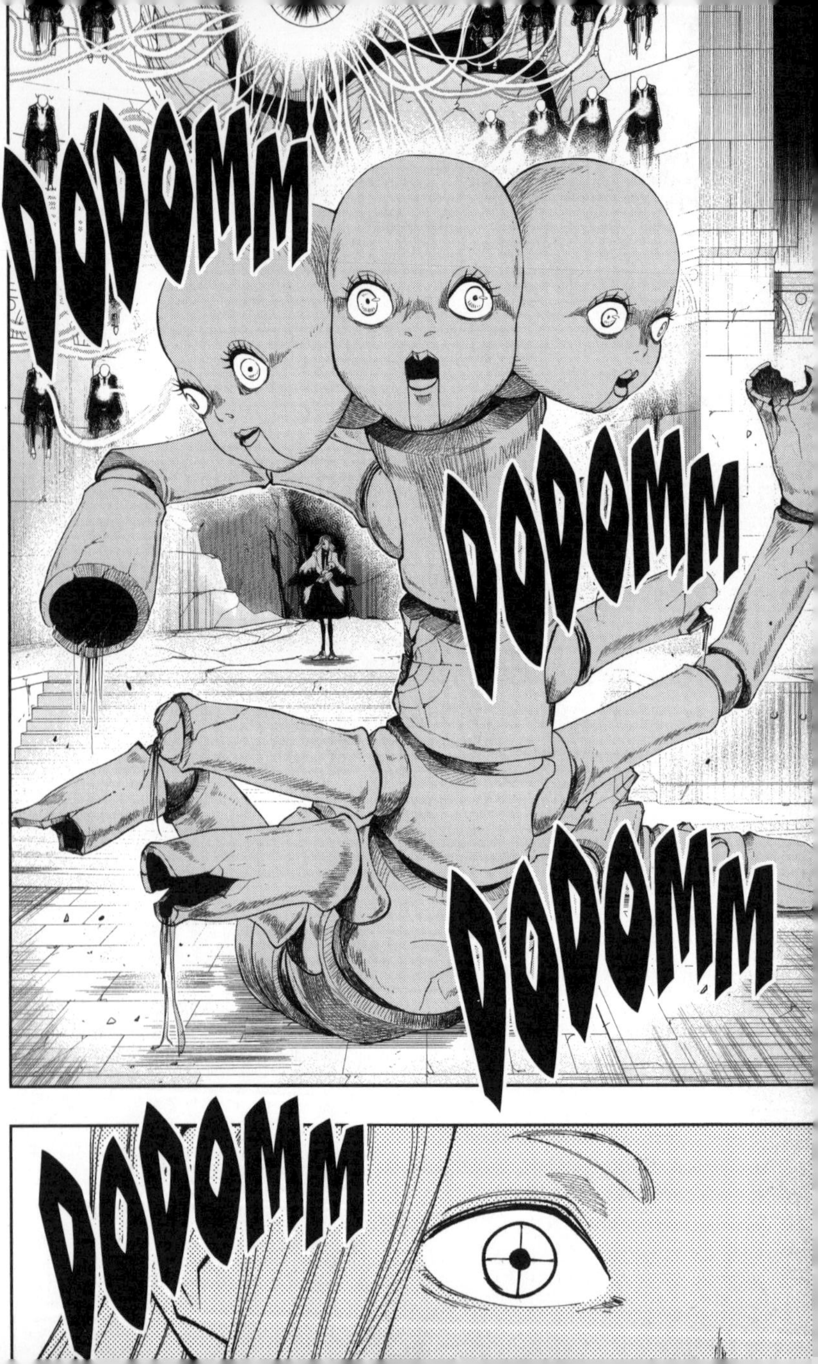
DODOMM
DODOMM
DODOMM
DODOMM

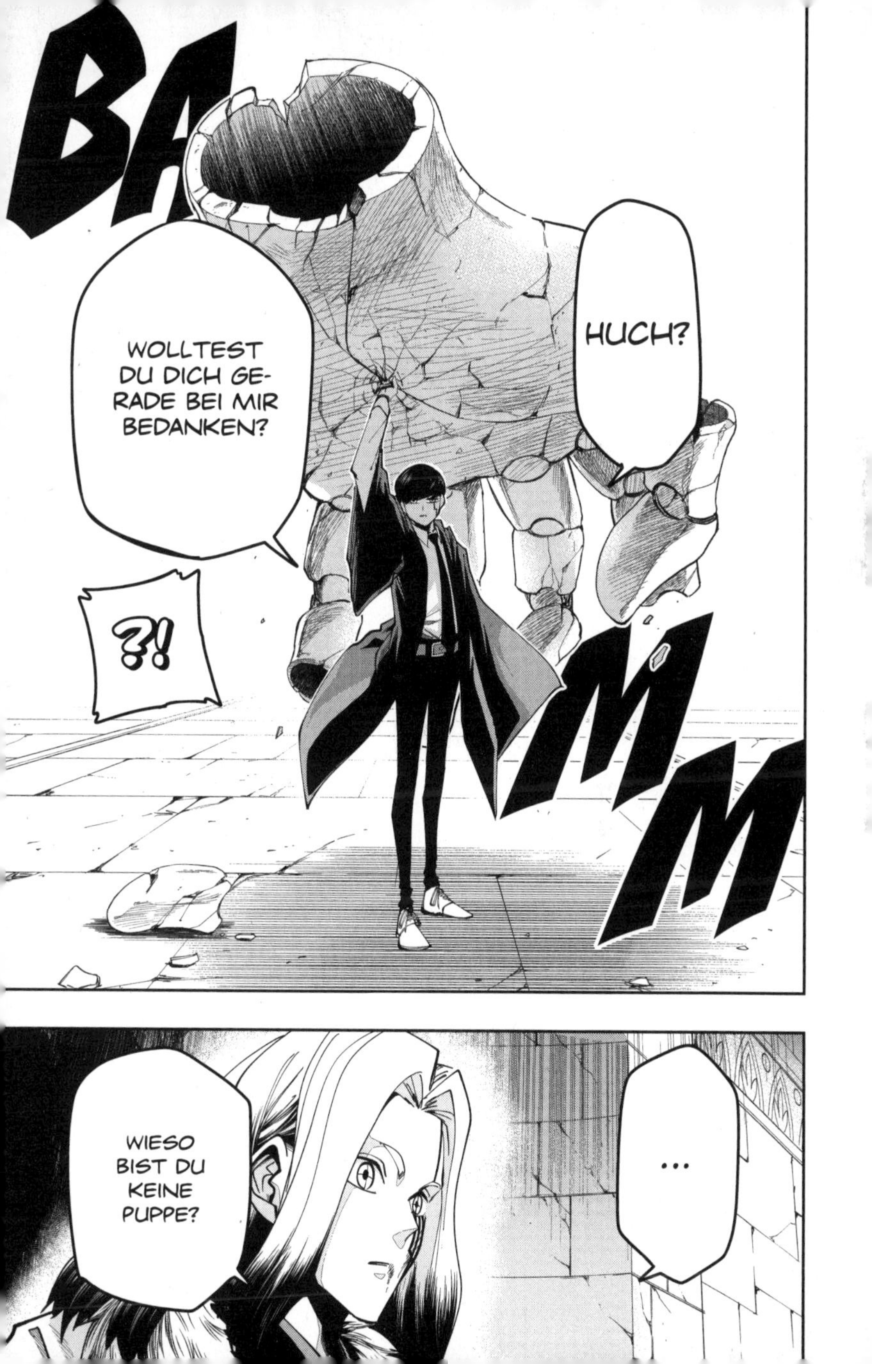
BAMM
HUCH?
WOLLTEST DU DICH GE-RADE BEI MIR BEDANKEN?
?!
...
WIESO BIST DU KEINE PUPPE?

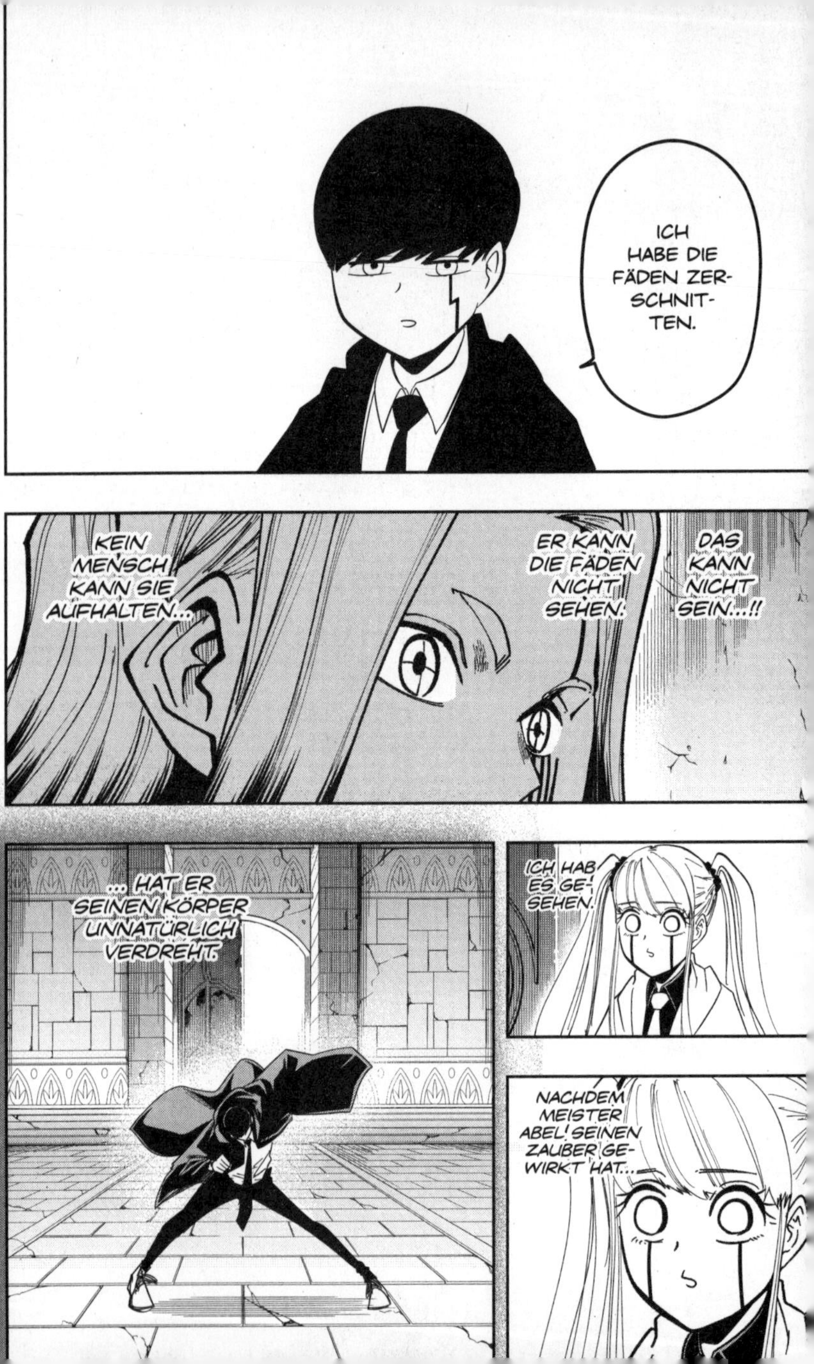
ICH HABE DIE FÄDEN ZER-SCHNIT-TEN.
DAS KANN NICHT SEIN...!!
ER KANN DIE FÄDEN NICHT SEHEN.
KEIN MENSCH KANN SIE AUFHALTEN...
ICH HAB ES GE-SEHEN.
NACHDEM MEISTER ABEL! SEINEN ZAUBER GE-WIRKT HAT...
... HAT ER SEINEN KÖRPER UNNATÜRLICH VERDREHT.

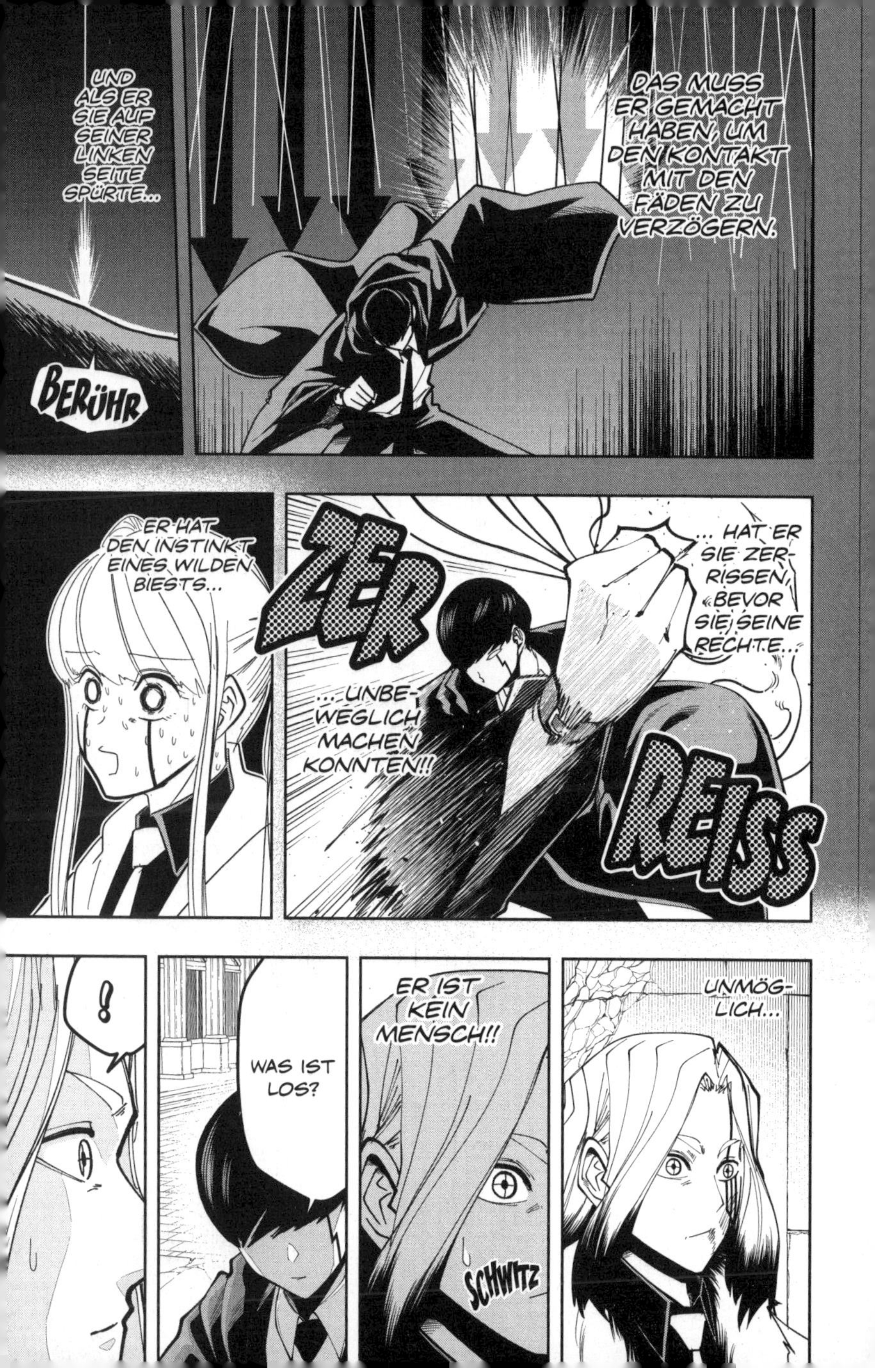
DAS MUSS ER GEMACHT HABEN, UM DEN KONTAKT MIT DEN FÄDEN ZU VERZÖGERN.
UND ALS ER SIE AUF SEINER LINKEN SEITE SPÜRTE...
BERÜHR
... HAT ER SIE ZER-RISSEN, BEVOR SIE SEINE RECHTE...
ZER
REISS
... UNBE-WEGLICH MACHEN KONNTEN!!
ER HAT DEN INSTINKT EINES WILDEN BIESTS...
UNMÖG-LICH...
ER IST KEIN MENSCH!!
SCHWITZ
WAS IST LOS?
!

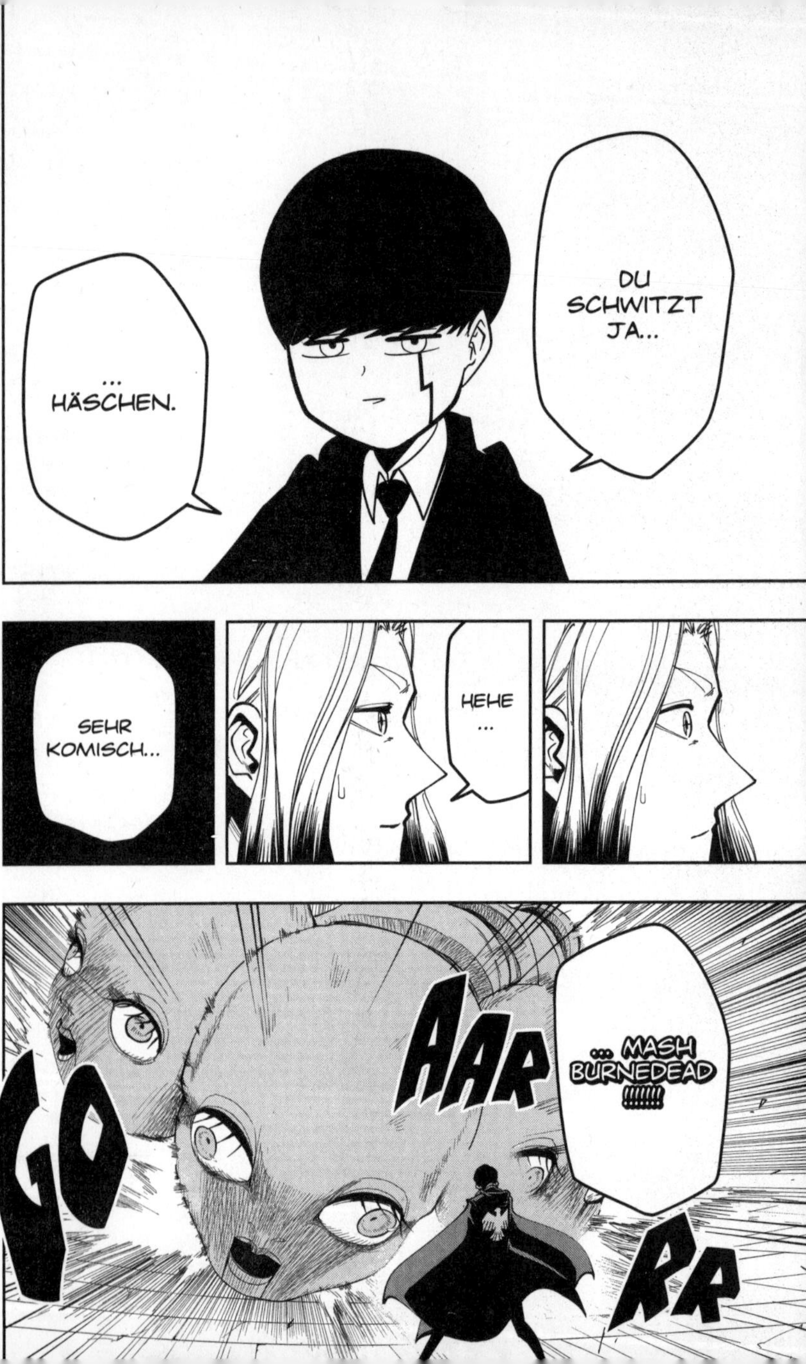
DU SCHWITZT JA...
... HÄSCHEN.
HEHE ...
SEHR KOMISCH...
... MASH BURNEDEAD !!!!!!!
AAR
RR
GO

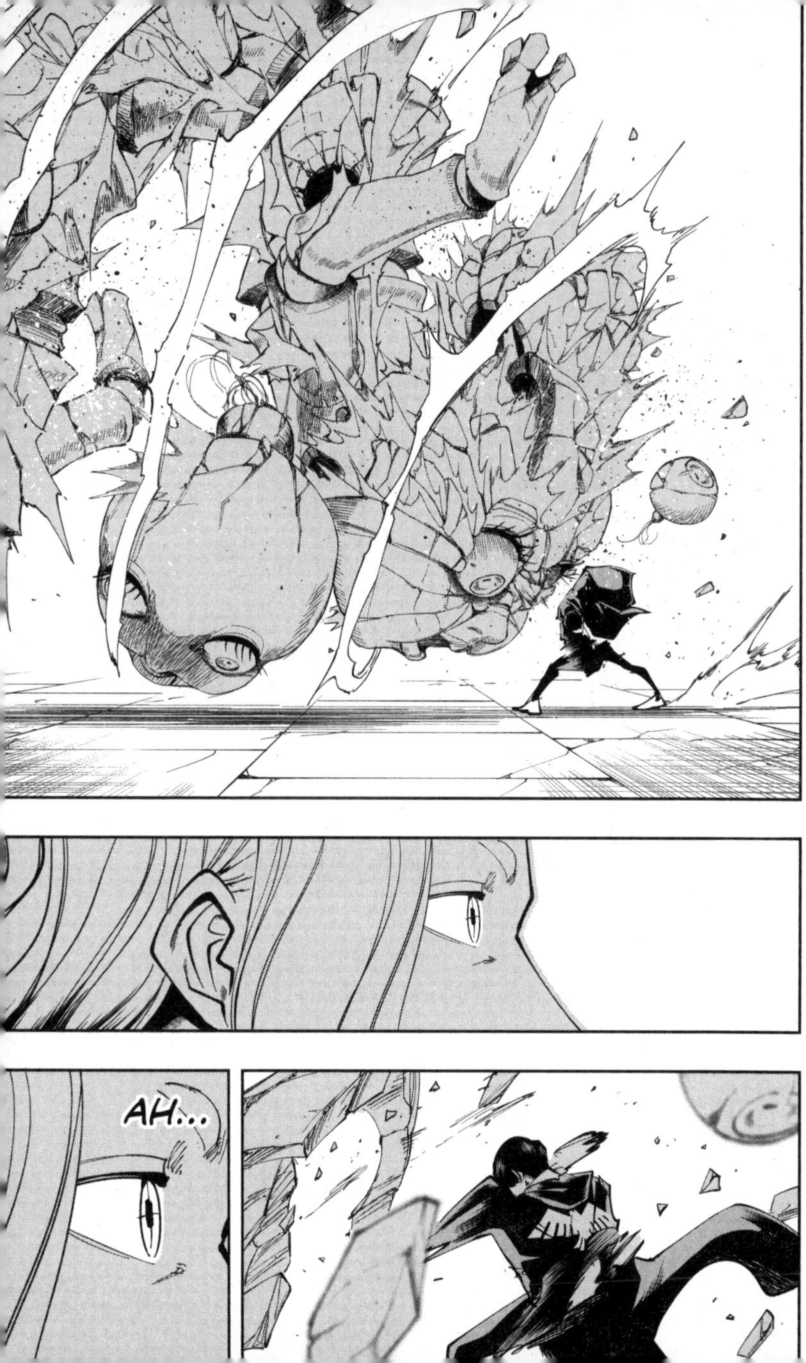
AH...

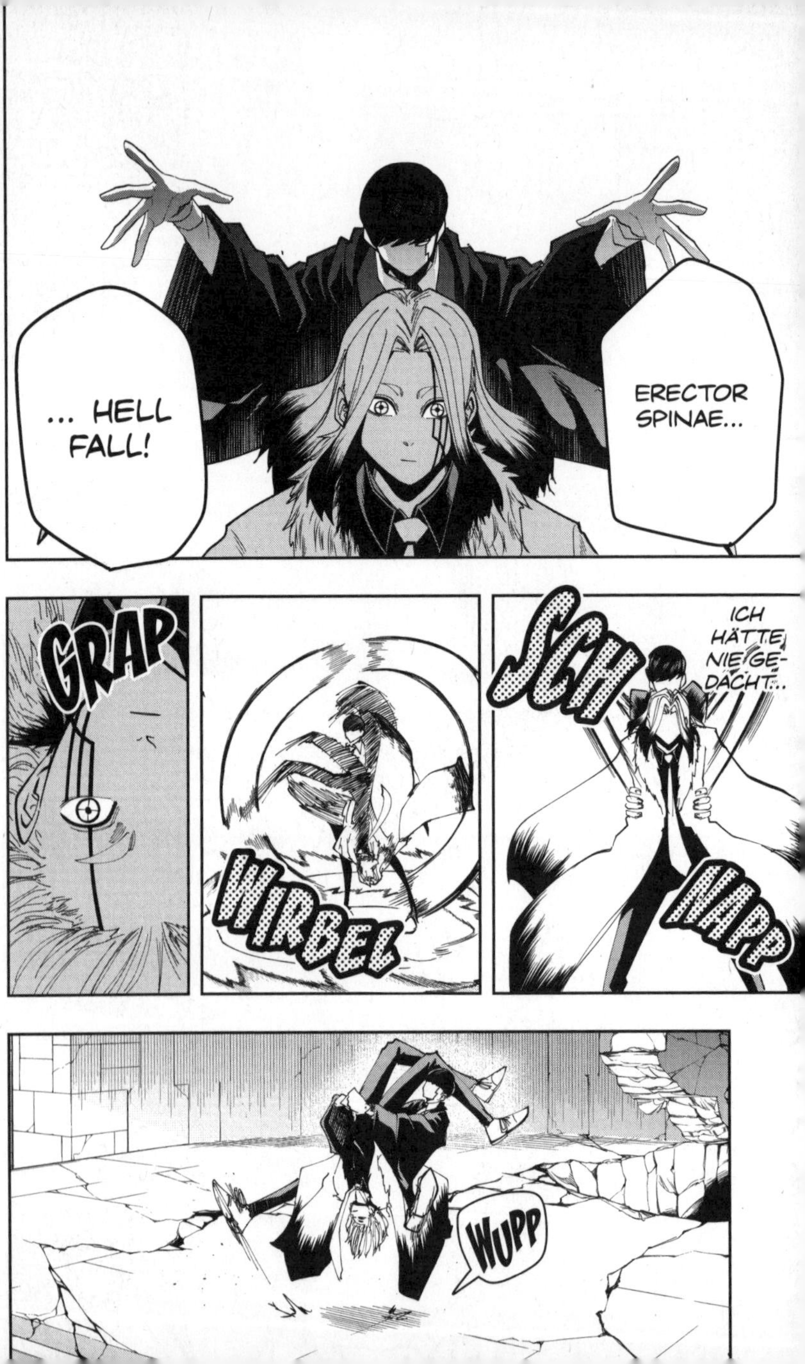
ERECTOR SPINAE...
... HELL FALL!
SCH
ICH HÄTTE NIE GEDACHT...
WAPP
WIRBEL
GRAP
WUPP

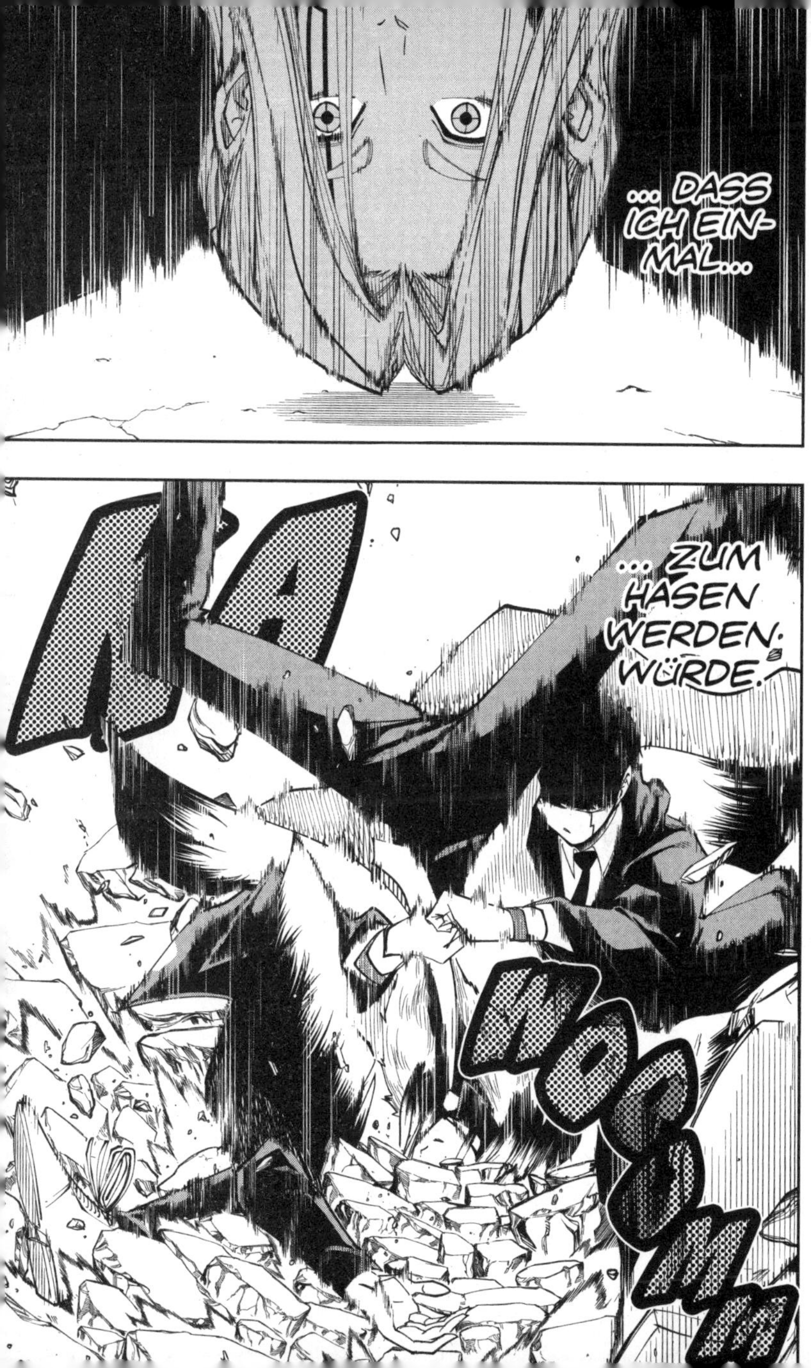
... DASS ICH EIN-
MAL...
... ZUM HASEN WERDEN WÜRDE.

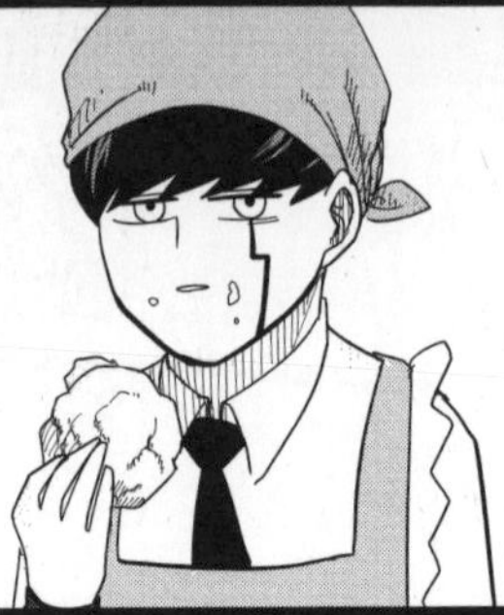

Frage-Antwort-Ecke 1

Q&A

F.1 WIE LAUTEN DIE VOLLEN NAMEN VON NUMMER SECHS UND NUMMER SIEBEN?

A.1 Andrew Olore

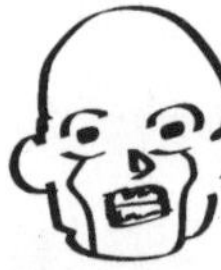

Shinri Anser

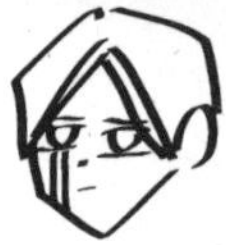

F.2 WIE IST DER NAME DES HÜBSCHEN JUNGEN AUS BAND 3?

A.2 Gehtsk Xuan

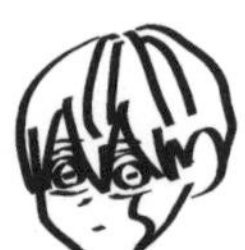

F.3 WO IST DER ZAUBERSTAB DES MASKIERTEN MAGIERS?

A.3 Im Griff seines Schwertes

35. Kapitel Mash Burnedead und die Siegesfeier

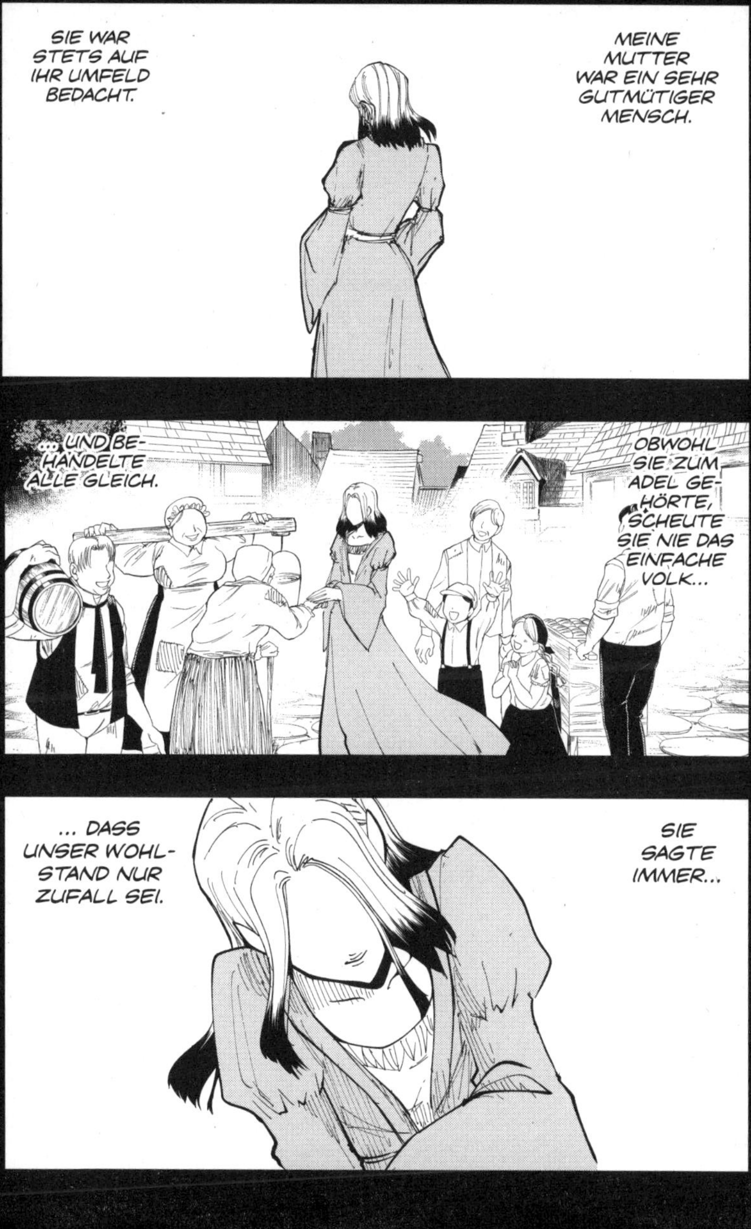

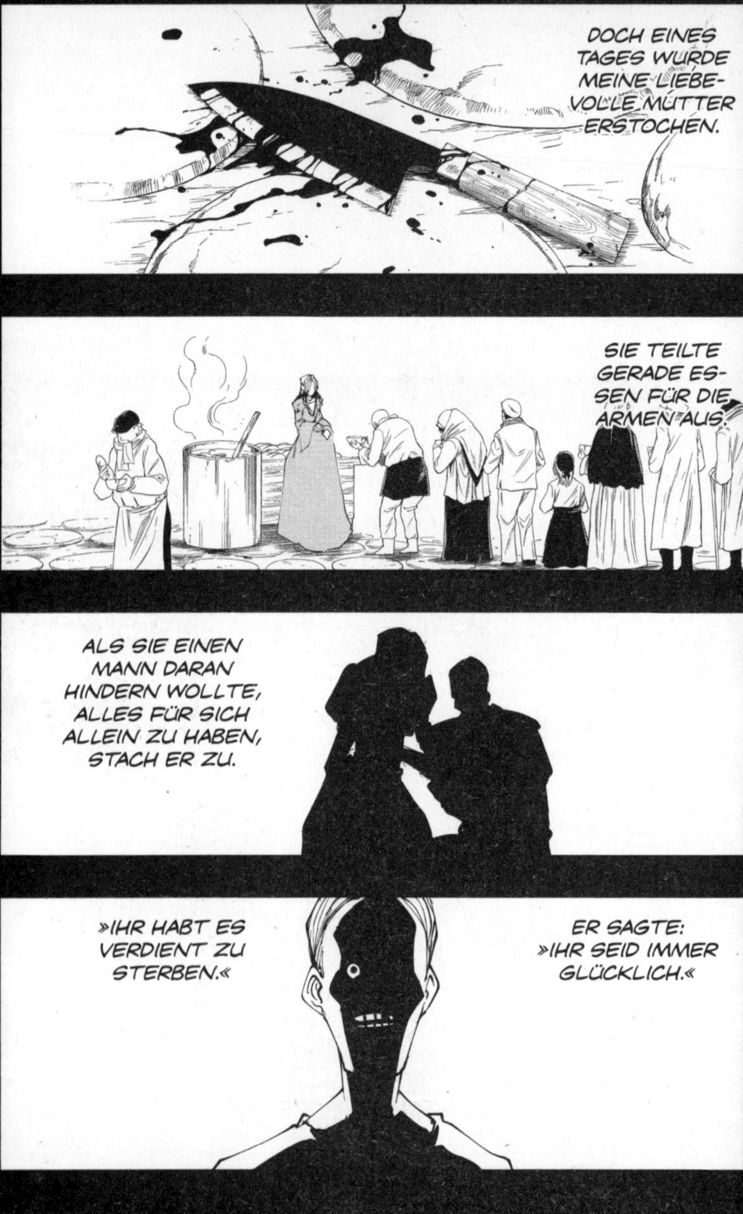
DOCH EINES TAGES WURDE MEINE LIEBE-VOLLE MUTTER ERSTOCHEN.
SIE TEILTE GERADE ES-SEN FÜR DIE ARMEN AUS.
ALS SIE EINEN MANN DARAN HINDERN WOLLTE, ALLES FÜR SICH ALLEIN ZU HABEN, STACH ER ZU.
ER SAGTE: »IHR SEID IMMER GLÜCKLICH.«
»IHR HABT ES VERDIENT ZU STERBEN.«

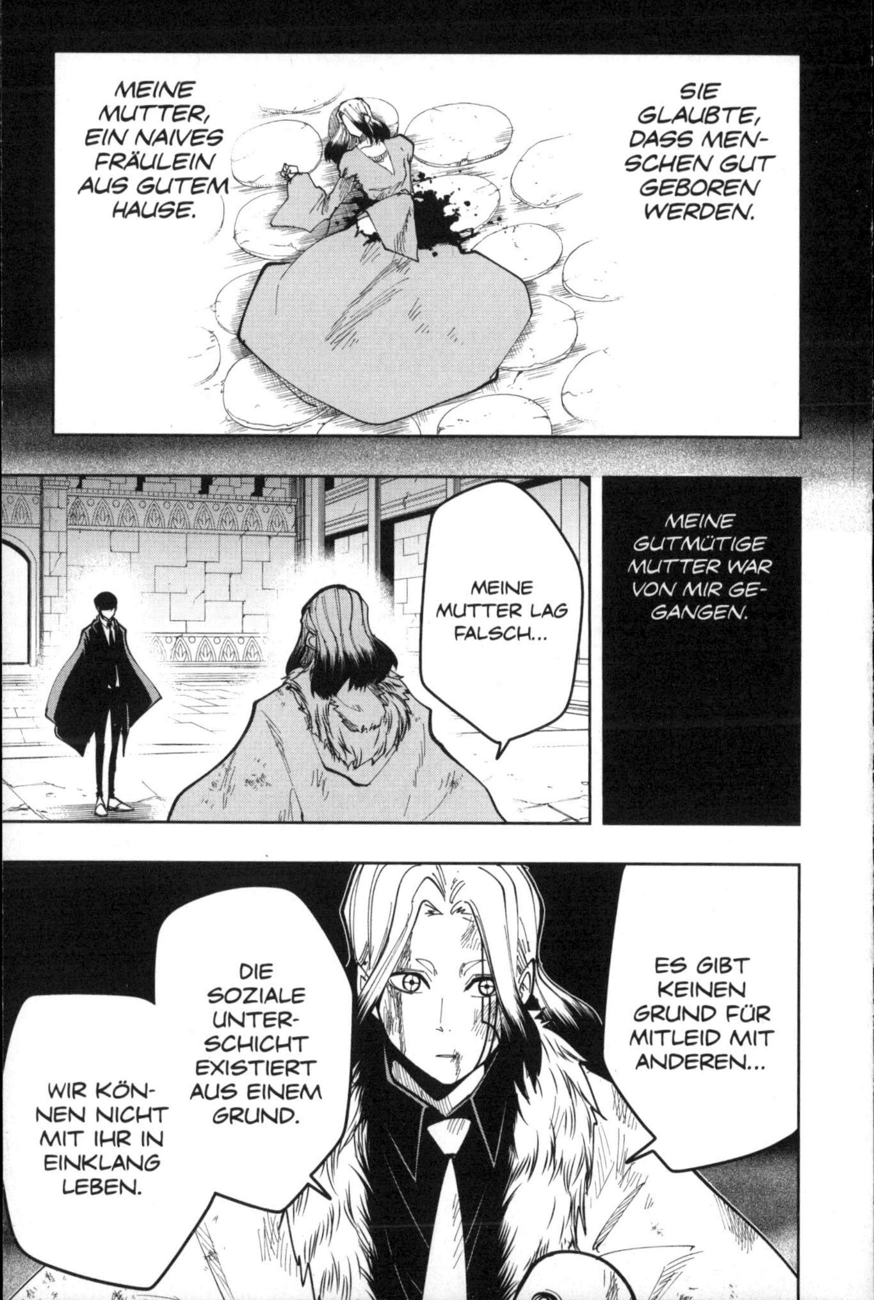
SIE GLAUBTE, DASS MENSCHEN GUT GEBOREN WERDEN.
MEINE MUTTER, EIN NAIVES FRÄULEIN AUS GUTEM HAUSE.
MEINE GUTMÜTIGE MUTTER WAR VON MIR GEGANGEN.
MEINE MUTTER LAG FALSCH...
ES GIBT KEINEN GRUND FÜR MITLEID MIT ANDEREN...
DIE SOZIALE UNTERSCHICHT EXISTIERT AUS EINEM GRUND.
WIR KÖNNEN NICHT MIT IHR IN EINKLANG LEBEN.

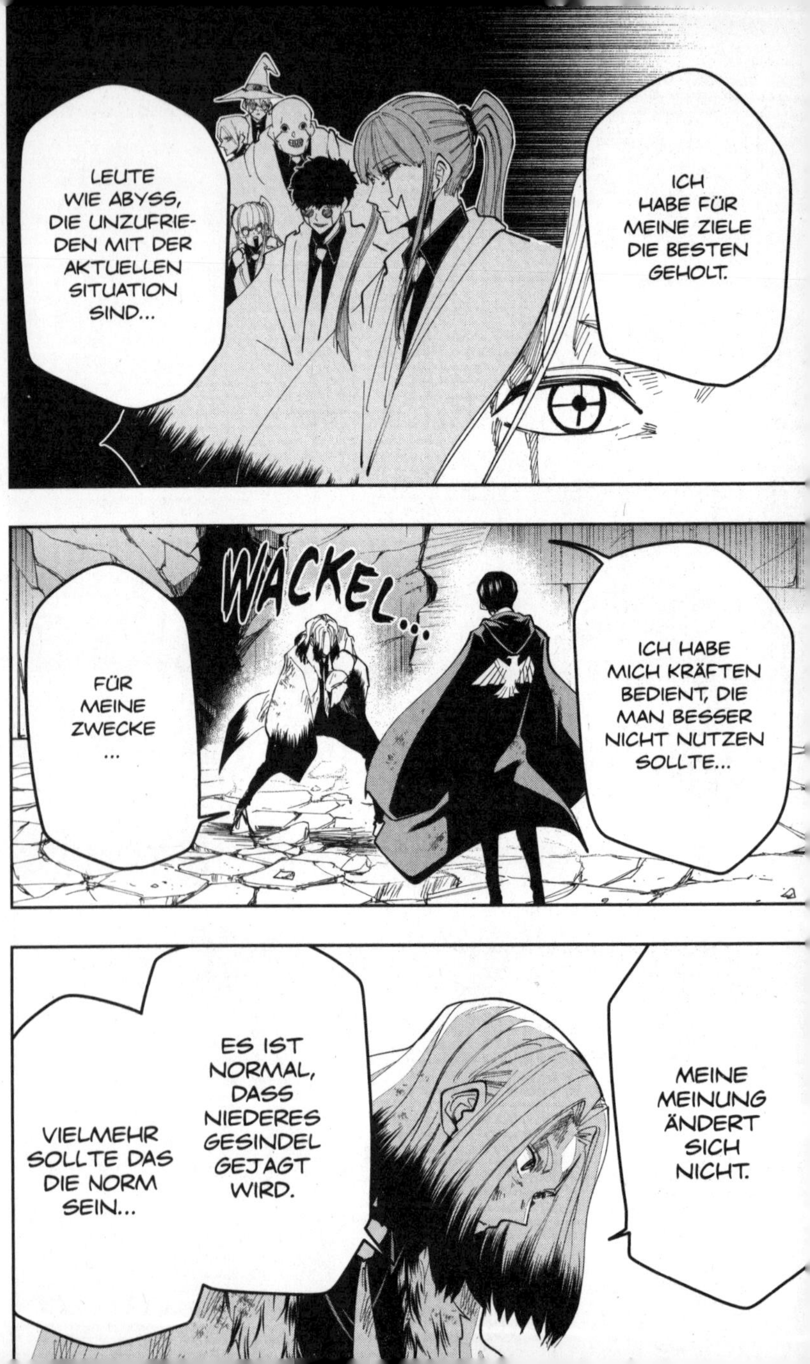
ICH HABE FÜR MEINE ZIELE DIE BESTEN GEHOLT.
LEUTE WIE ABYSS, DIE UNZUFRIEDEN MIT DER AKTUELLEN SITUATION SIND...
WACKEL...
ICH HABE MICH KRÄFTEN BEDIENT, DIE MAN BESSER NICHT NUTZEN SOLLTE...
FÜR MEINE ZWECKE ...
MEINE MEINUNG ÄNDERT SICH NICHT.
ES IST NORMAL, DASS NIEDERES GESINDEL GEJAGT WIRD.
VIELMEHR SOLLTE DAS DIE NORM SEIN...

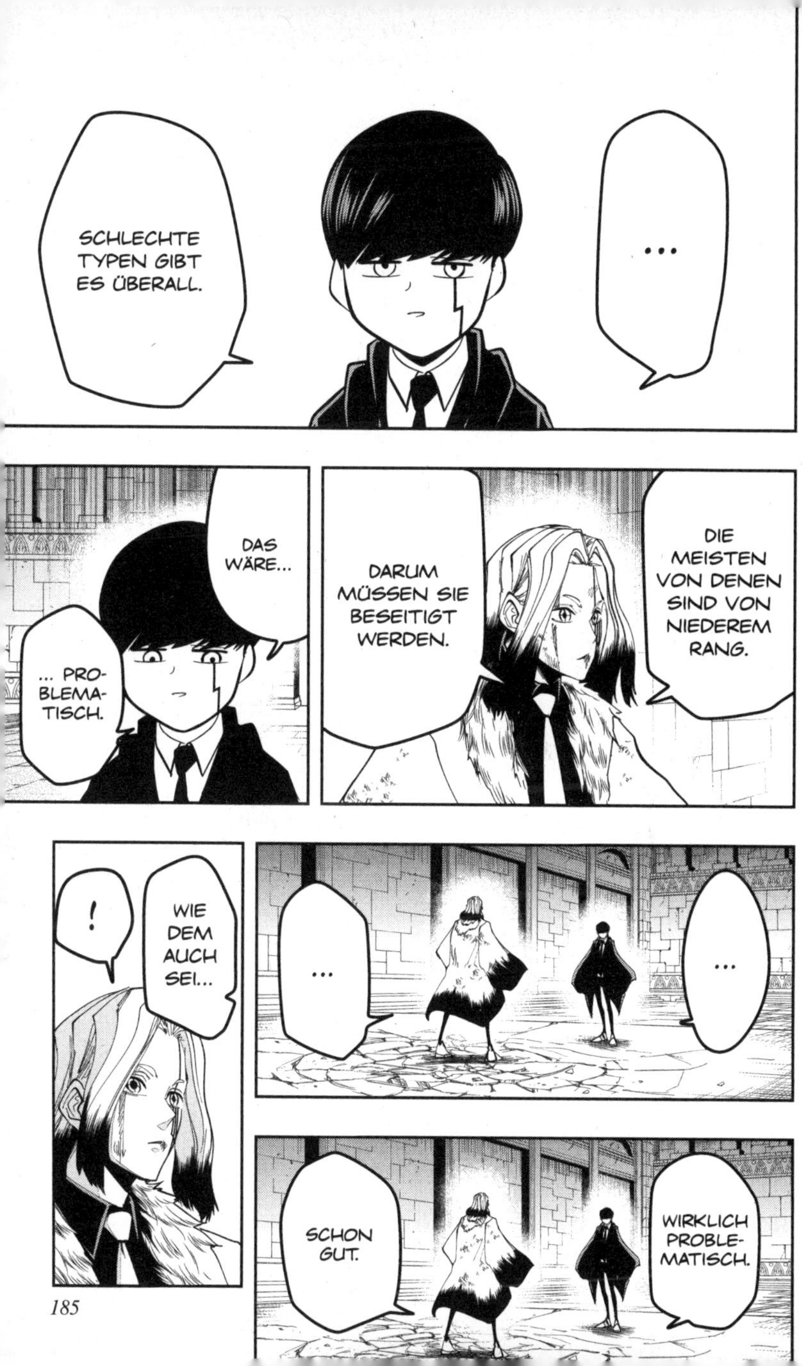
...
SCHLECHTE TYPEN GIBT ES ÜBERALL.
DIE MEISTEN VON DENEN SIND VON NIEDEREM RANG.
DARUM MÜSSEN SIE BESEITIGT WERDEN.
DAS WÄRE...
... PRO-BLEMATISCH.
...
...
WIE DEM AUCH SEI...
!
WIRKLICH PROBLE-MATISCH.
SCHON GUT.

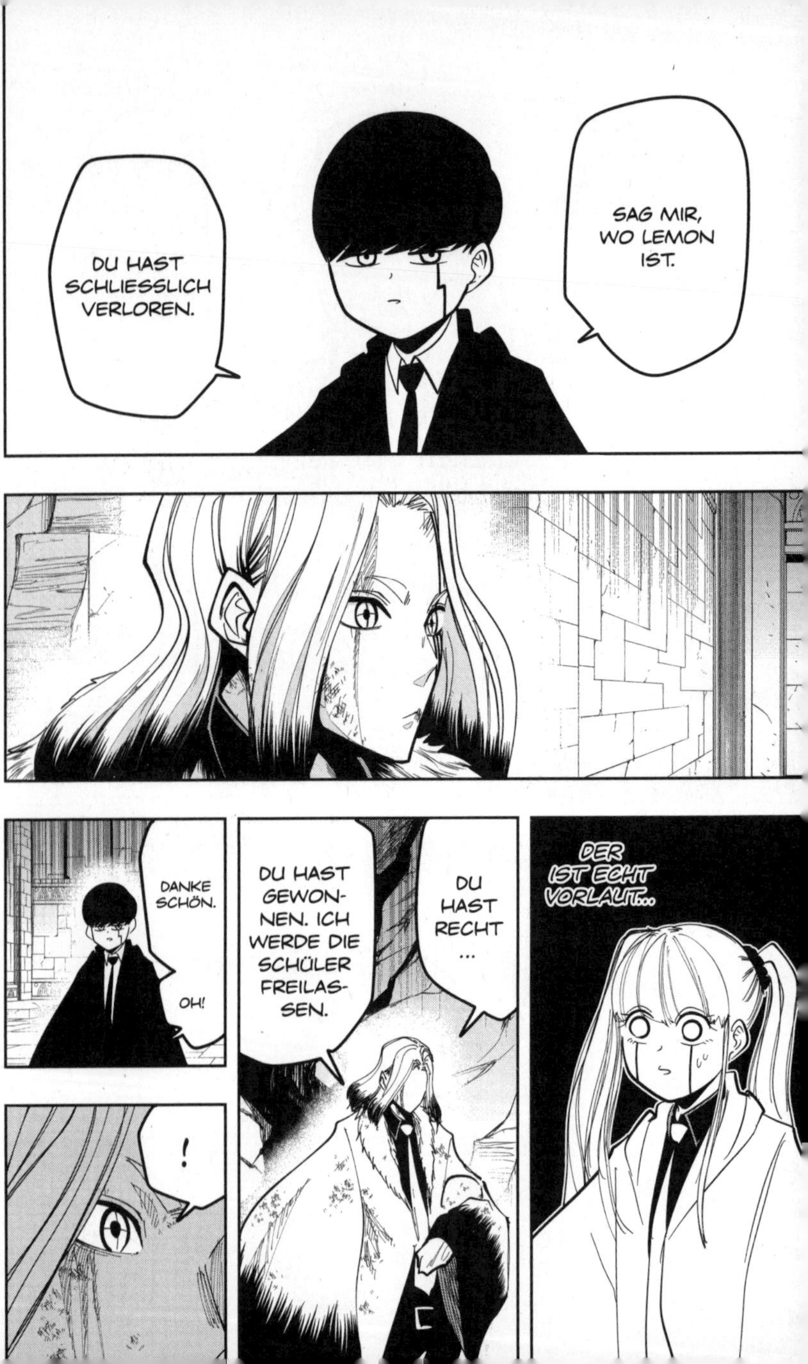
SAG MIR, WO LEMON IST.
DU HAST SCHLIESSLICH VERLOREN.
DER IST ECHT VORLAUT...
DU HAST RECHT ...
DU HAST GEWON-NEN. ICH WERDE DIE SCHÜLER FREILAS-SEN.
DANKE SCHÖN.
OH!
!

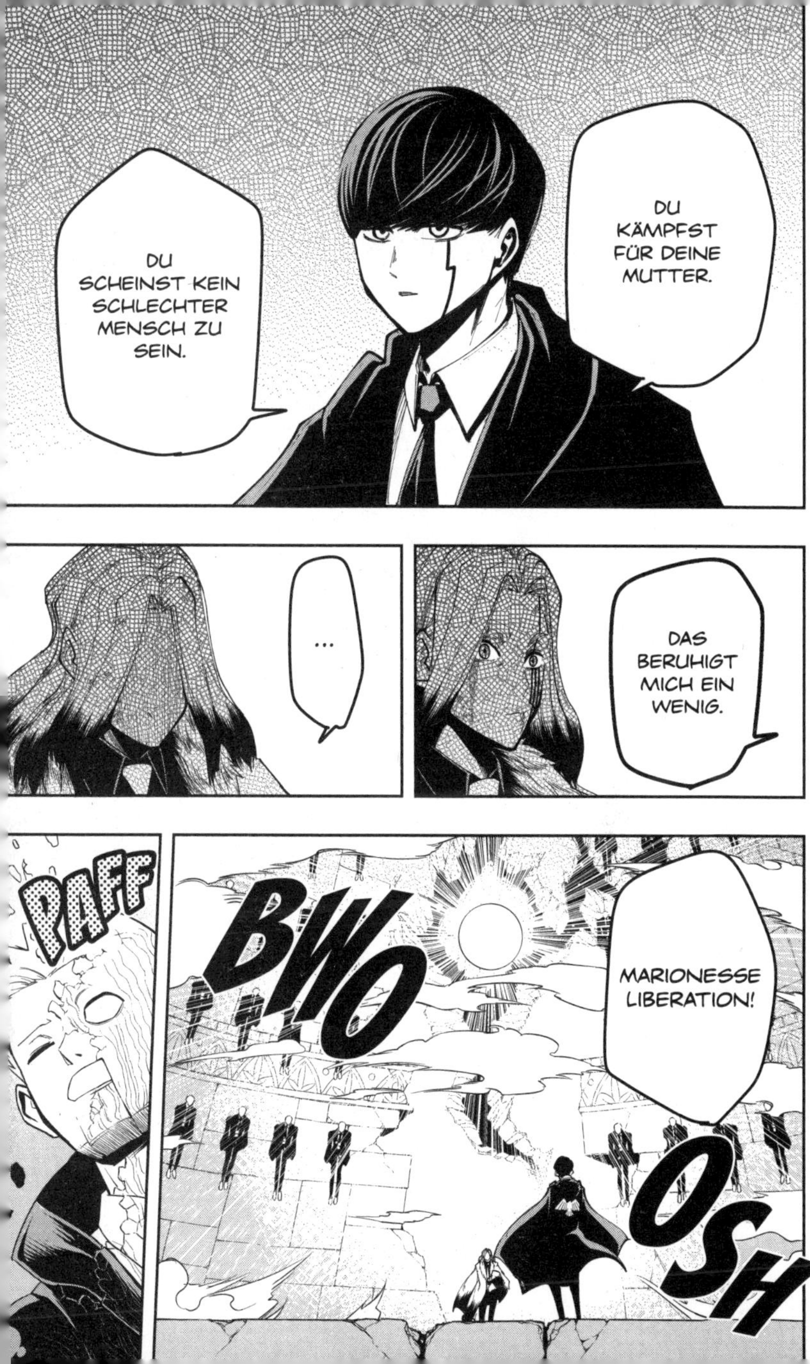
DU KÄMPFST FÜR DEINE MUTTER.
DU SCHEINST KEIN SCHLECHTER MENSCH ZU SEIN.
DAS BERUHIGT MICH EIN WENIG.
...
MARIONESSE LIBERATION!
BWOOSH
PAFF

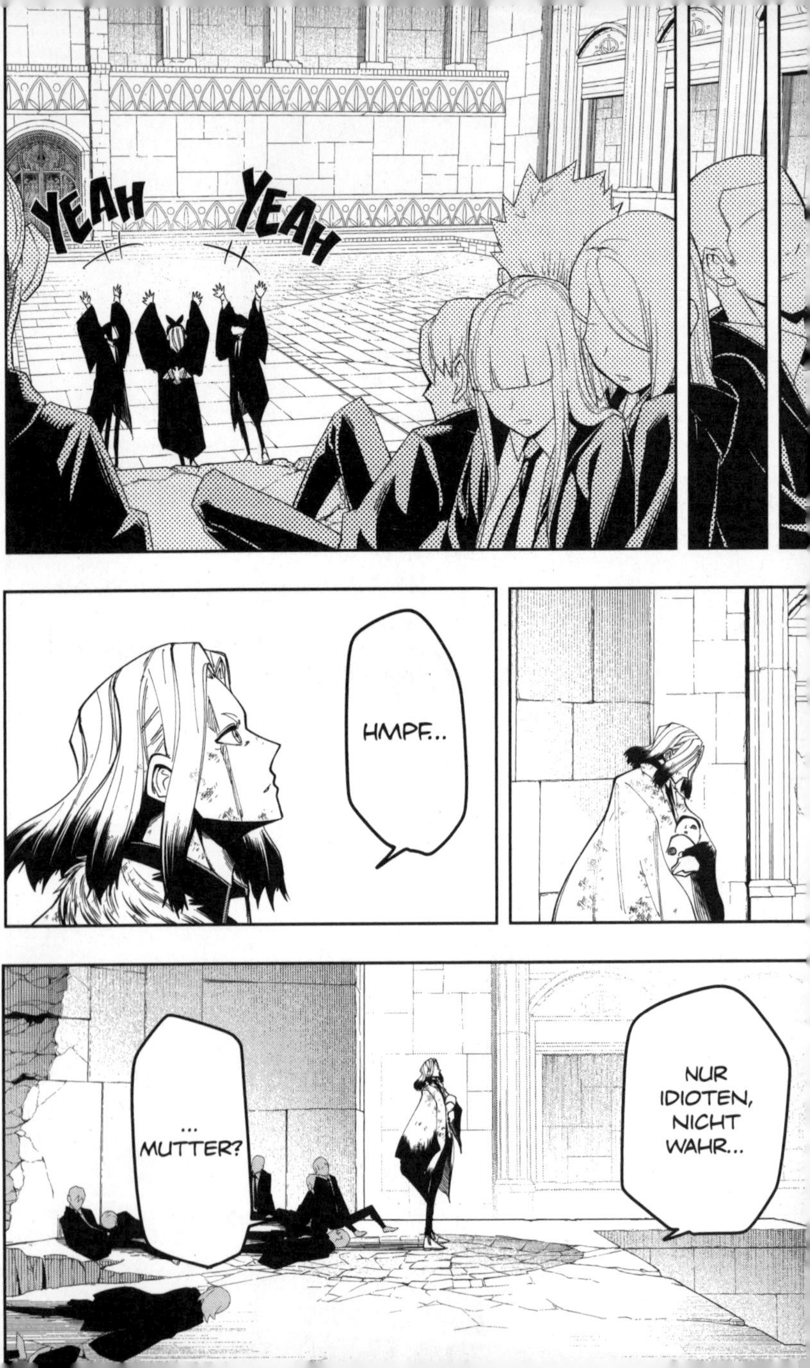
YEAH
YEAH
HMPF...
NUR IDIOTEN, NICHT WAHR...
... MUTTER?

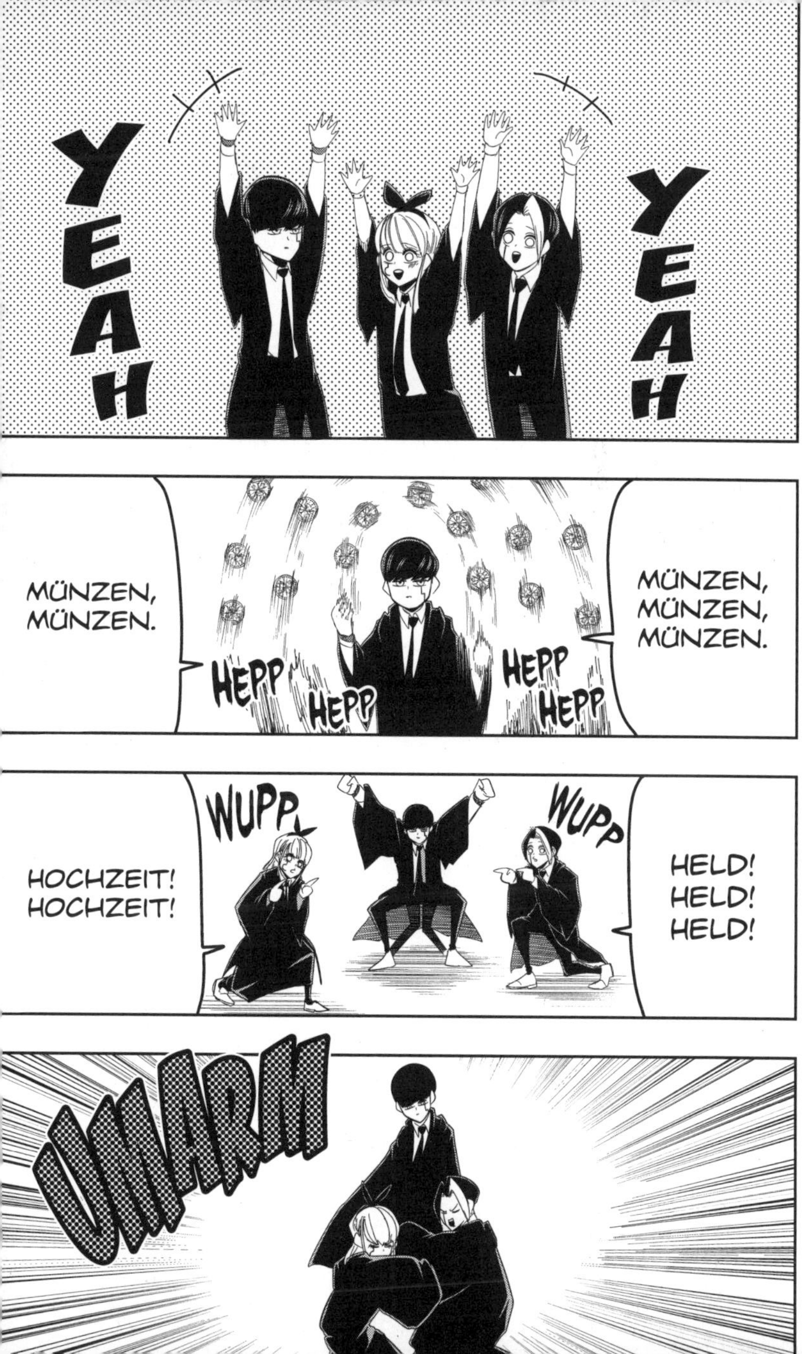
YEAH
YEAH
MÜNZEN, MÜNZEN, MÜNZEN.
MÜNZEN, MÜNZEN.
HEPP HEPP
HEPP HEPP
HELD! HELD! HELD!
HOCHZEIT! HOCHZEIT!
WUPP
WUPP
UMARM

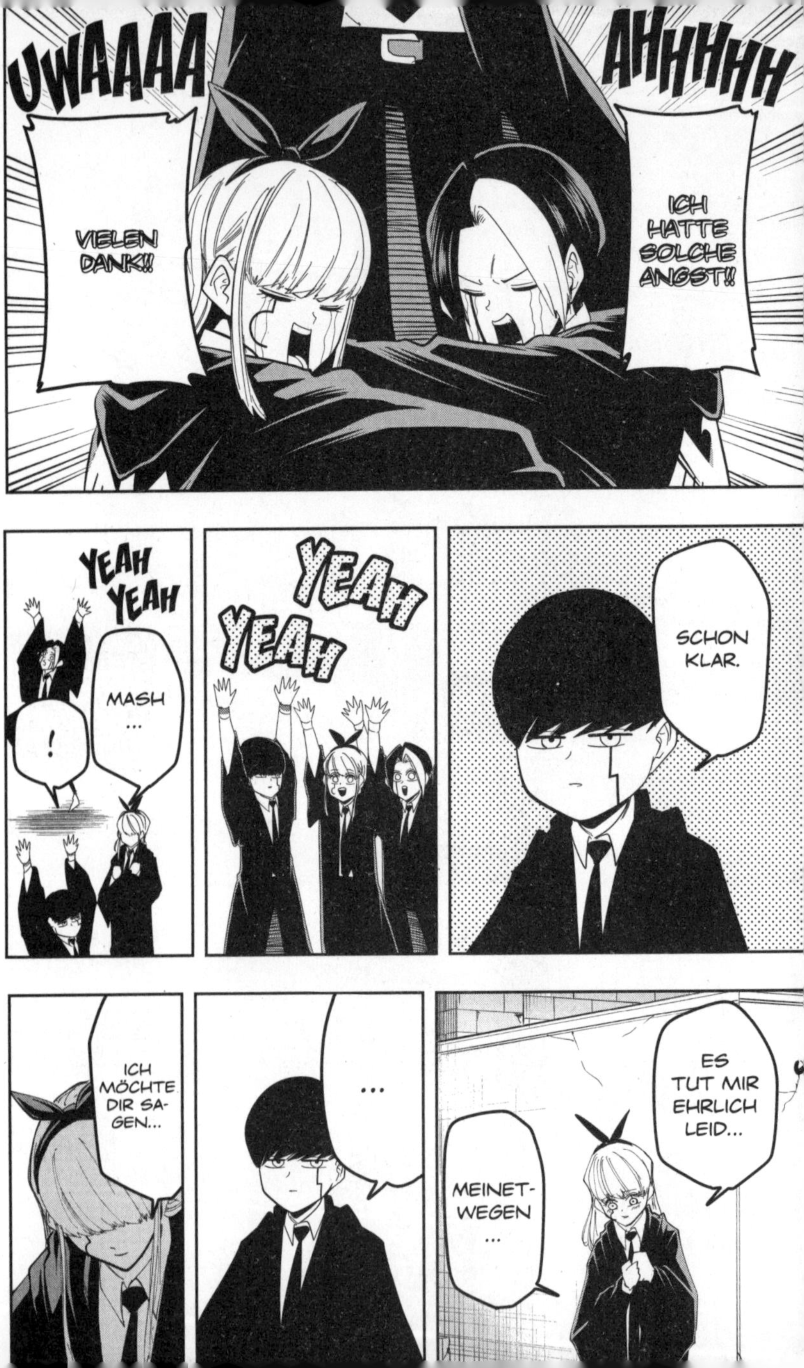
AHHHHH
ICH HATTE SOLCHE ANGST!!
UWAAAA
VIELEN DANK!!
SCHON KLAR.
YEAH YEAH
YEAH YEAH
MASH ...
!
...
ES TUT MIR EHRLICH LEID...
MEINET-WEGEN ...
...
ICH MÖCHTE DIR SA-GEN...

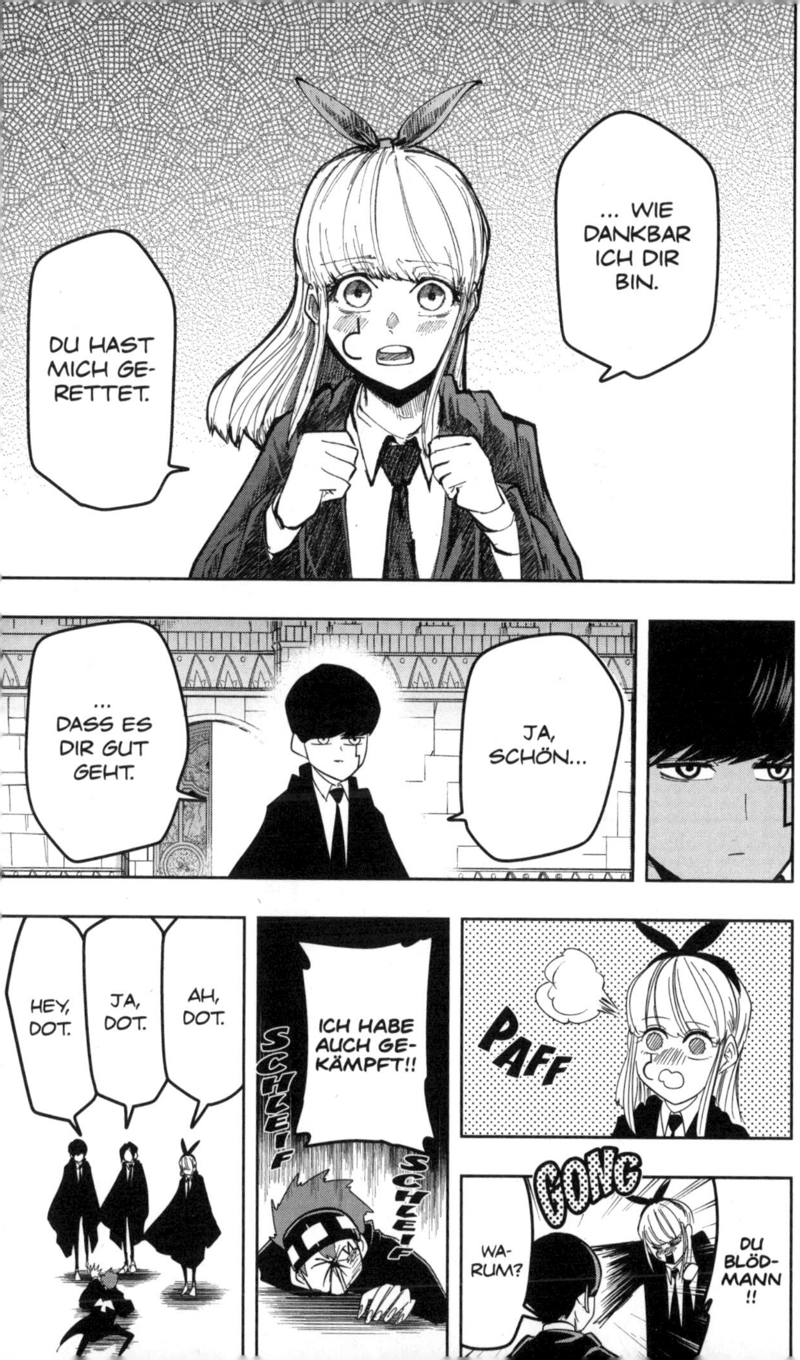

... WIE DANKBAR ICH DIR BIN.
DU HAST MICH GE-RETTET.
JA, SCHÖN...
... DASS ES DIR GUT GEHT.
PAFF
GONG
DU BLÖD-MANN!!
WA-RUM?
ICH HABE AUCH GE-KÄMPFT!!
SCHLEIF
SCHLEIF
AH, DOT.
JA, DOT.
HEY, DOT.

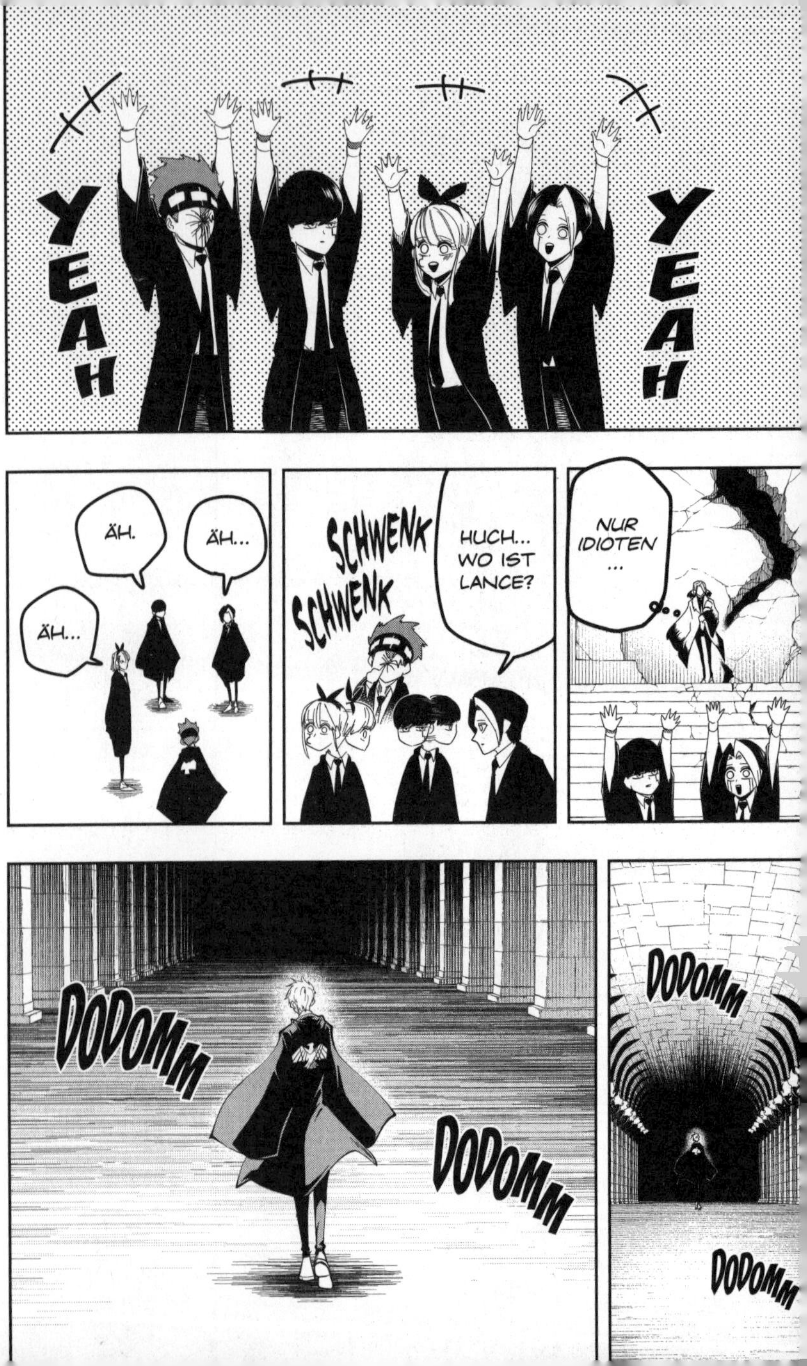
YEAH
YEAH
ÄH.
ÄH...
ÄH...
SCHWENK
SCHWENK
HUCH... WO IST LANCE?
NUR IDIOTEN ...
DODOMM
DODOMM
DODOMM
DODOMM

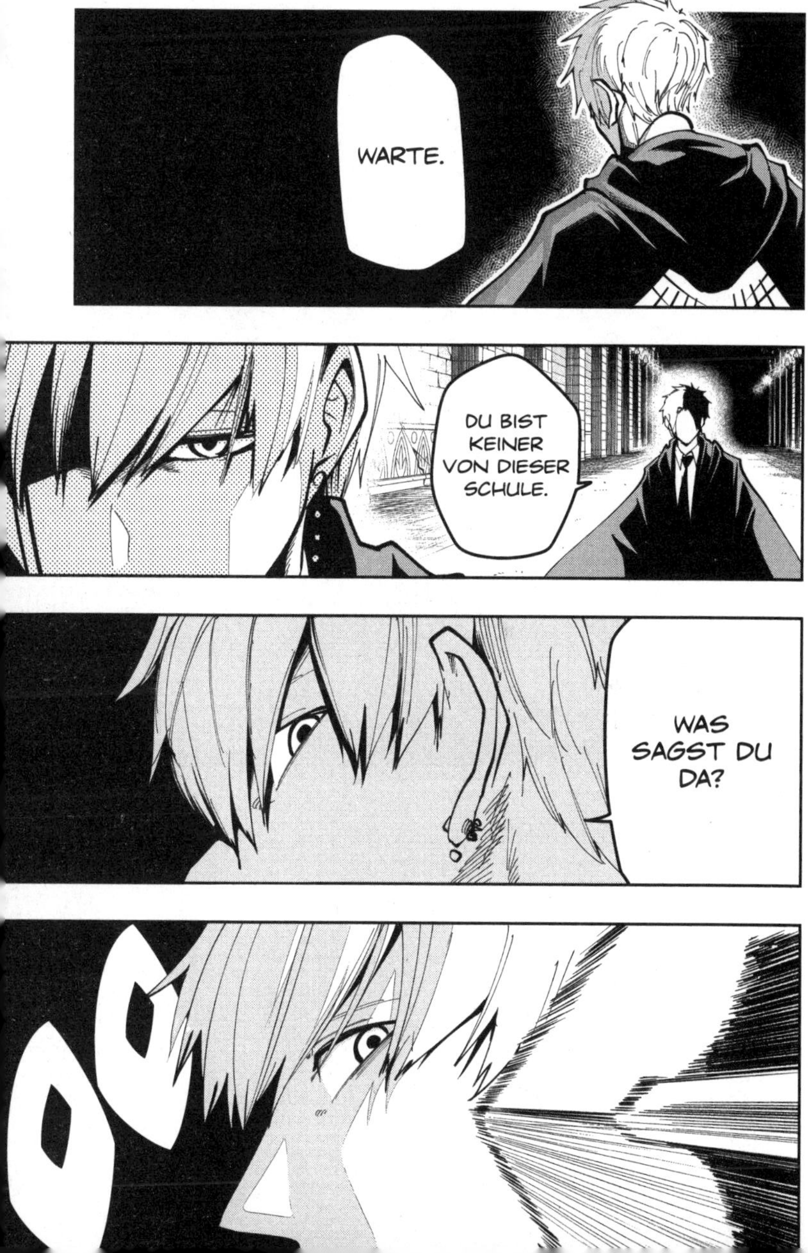
WARTE.
DU BIST KEINER VON DIESER SCHULE.
WAS SAGST DU DA?

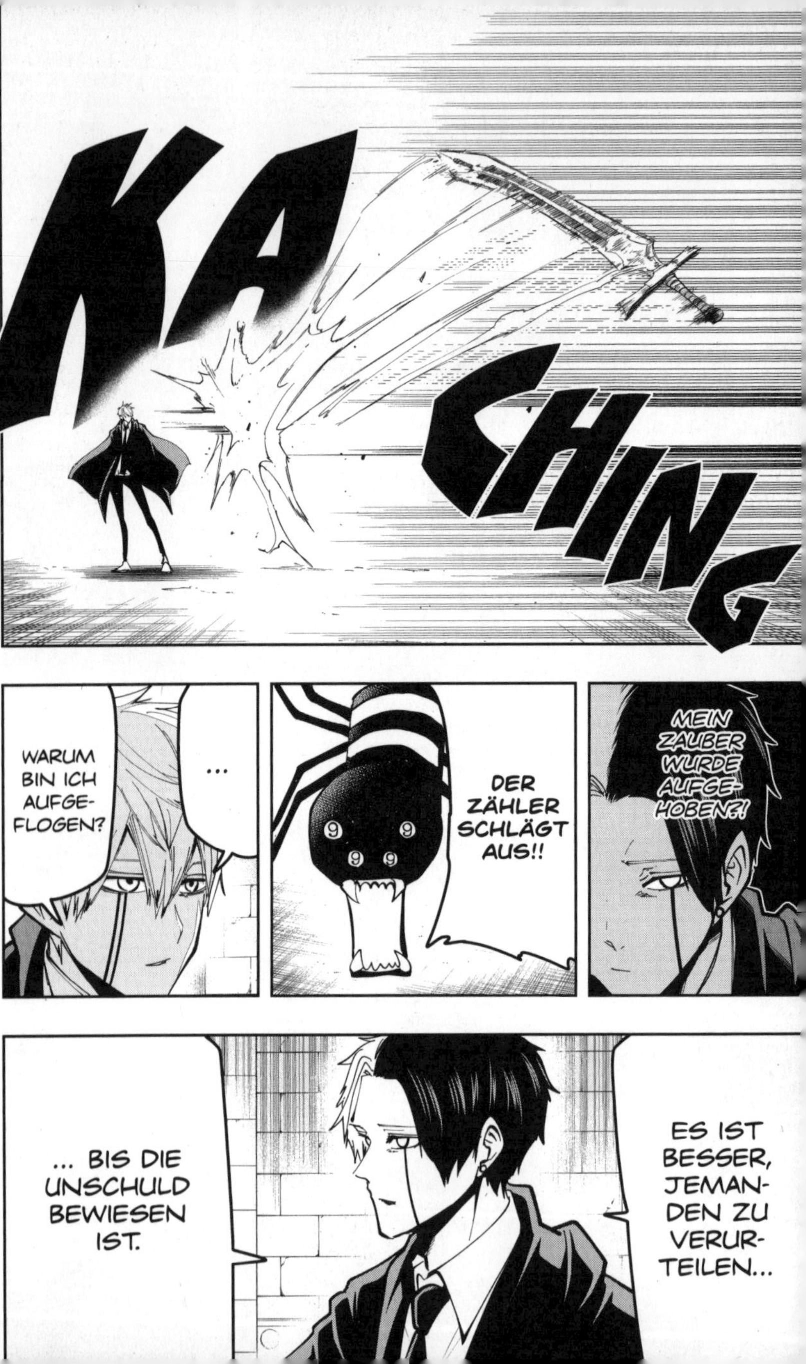
KA
CHING
MEIN ZAUBER WURDE AUFGE-HOBEN?!
DER ZÄHLER SCHLÄGT AUS!!
...
WARUM BIN ICH AUFGE-FLOGEN?
ES IST BESSER, JEMAN-DEN ZU VERUR-TEILEN...
... BIS DIE UNSCHULD BEWIESEN IST.

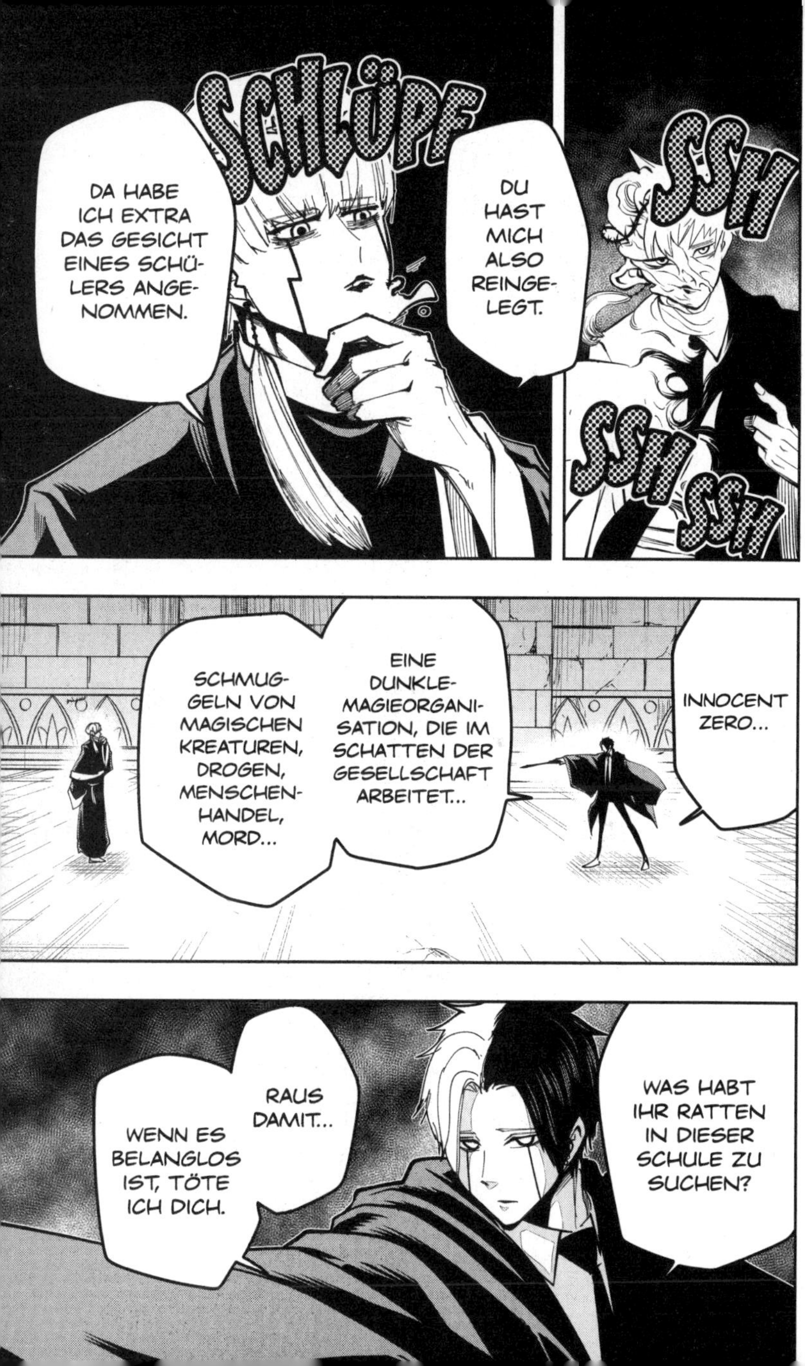
SSH
SSH SSH
DU HAST MICH ALSO REINGE-LEGT.
SCHLÜPF
DA HABE ICH EXTRA DAS GESICHT EINES SCHÜ-LERS ANGE-NOMMEN.
INNOCENT ZERO...
EINE DUNKLE-MAGIEORGANI-SATION, DIE IM SCHATTEN DER GESELLSCHAFT ARBEITET...
SCHMUG-GELN VON MAGISCHEN KREATUREN, DROGEN, MENSCHEN-HANDEL, MORD...
WAS HABT IHR RATTEN IN DIESER SCHULE ZU SUCHEN?
RAUS DAMIT...
WENN ES BELANGLOS IST, TÖTE ICH DICH.

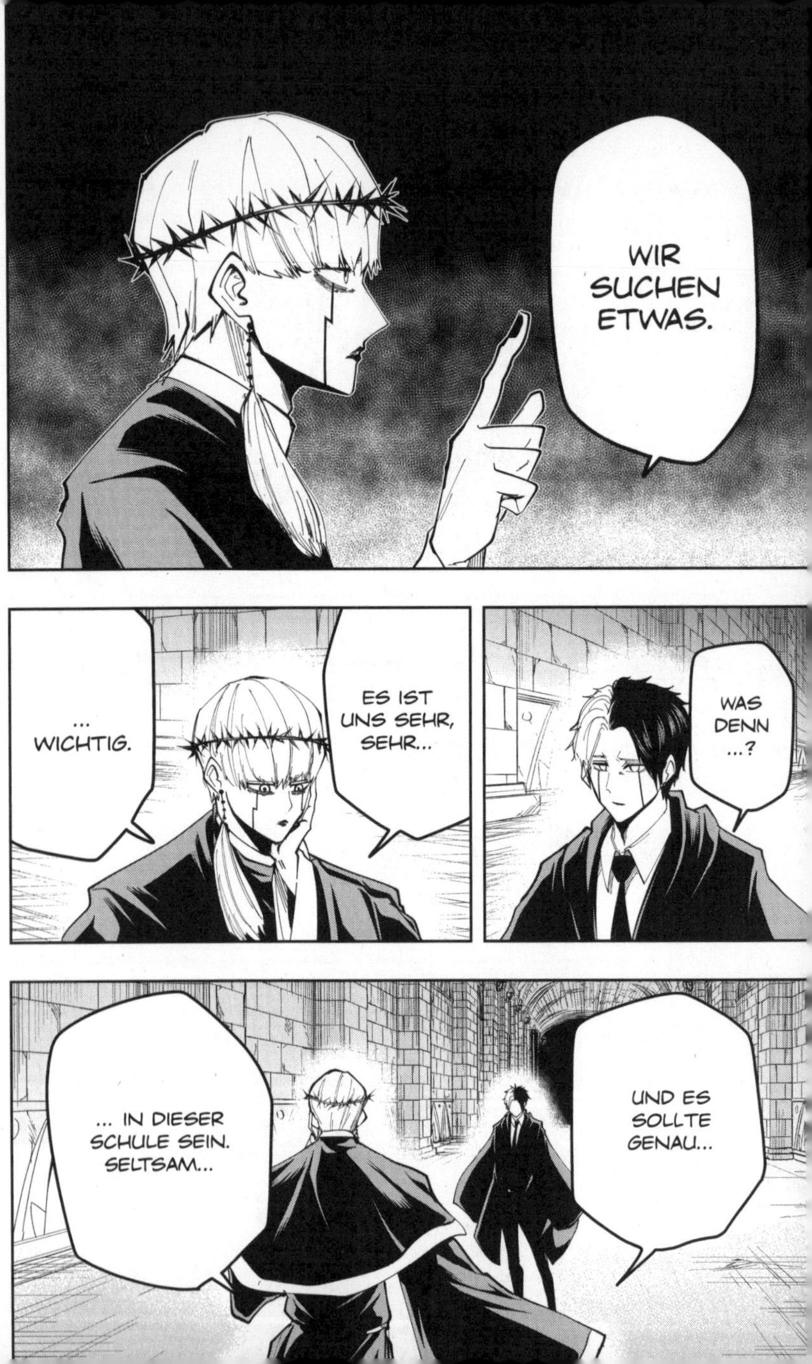
WIR SUCHEN ETWAS.
WAS DENN ...?
ES IST UNS SEHR, SEHR...
... WICHTIG.
UND ES SOLLTE GENAU...
... IN DIESER SCHULE SEIN. SELTSAM...

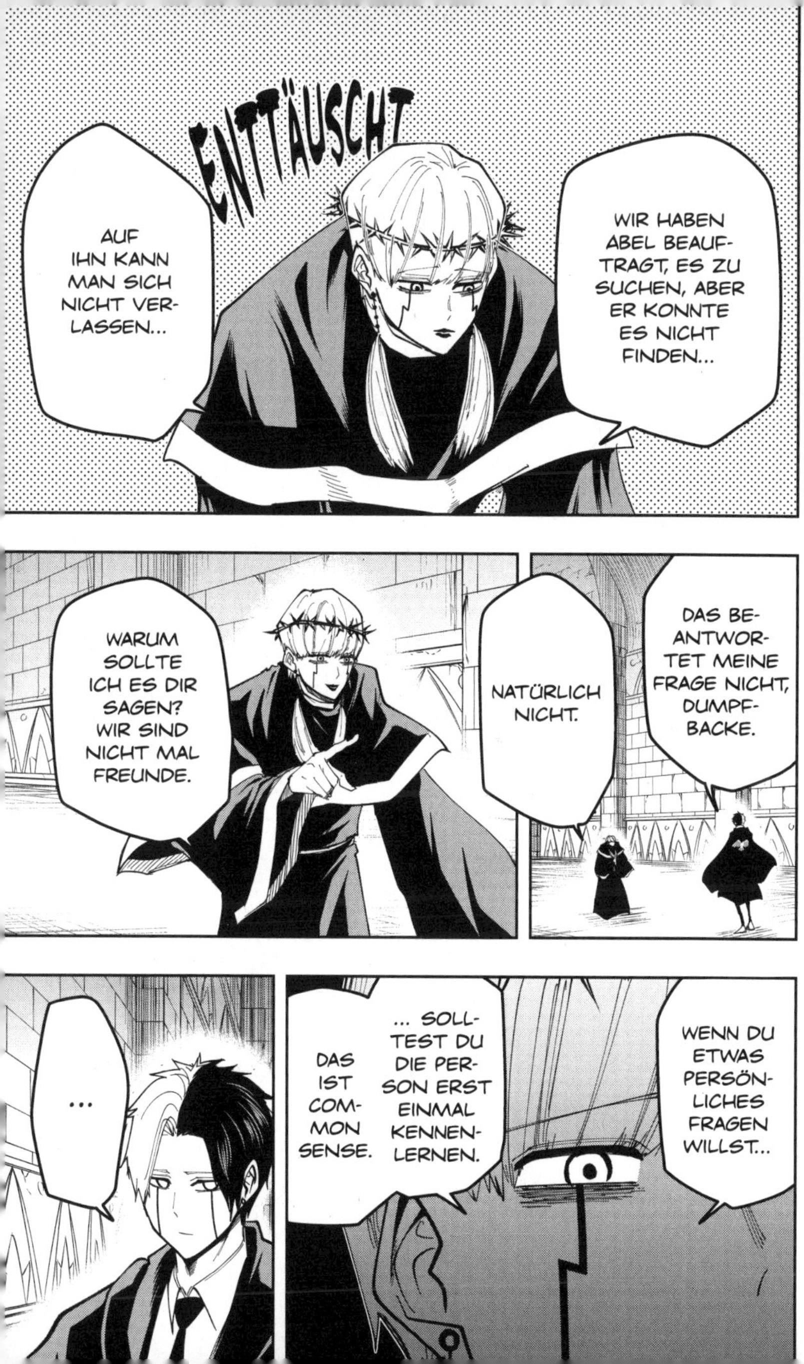
WIR HABEN ABEL BEAUFTRAGT, ES ZU SUCHEN, ABER ER KONNTE ES NICHT FINDEN...
ENTTÄUSCHT
AUF IHN KANN MAN SICH NICHT VERLASSEN...
DAS BEANTWORTET MEINE FRAGE NICHT, DUMPFBACKE.
NATÜRLICH NICHT.
WARUM SOLLTE ICH ES DIR SAGEN? WIR SIND NICHT MAL FREUNDE.
WENN DU ETWAS PERSÖNLICHES FRAGEN WILLST...
... SOLLTEST DU DIE PERSON ERST EINMAL KENNENLERNEN.
DAS IST COMMON SENSE.
...

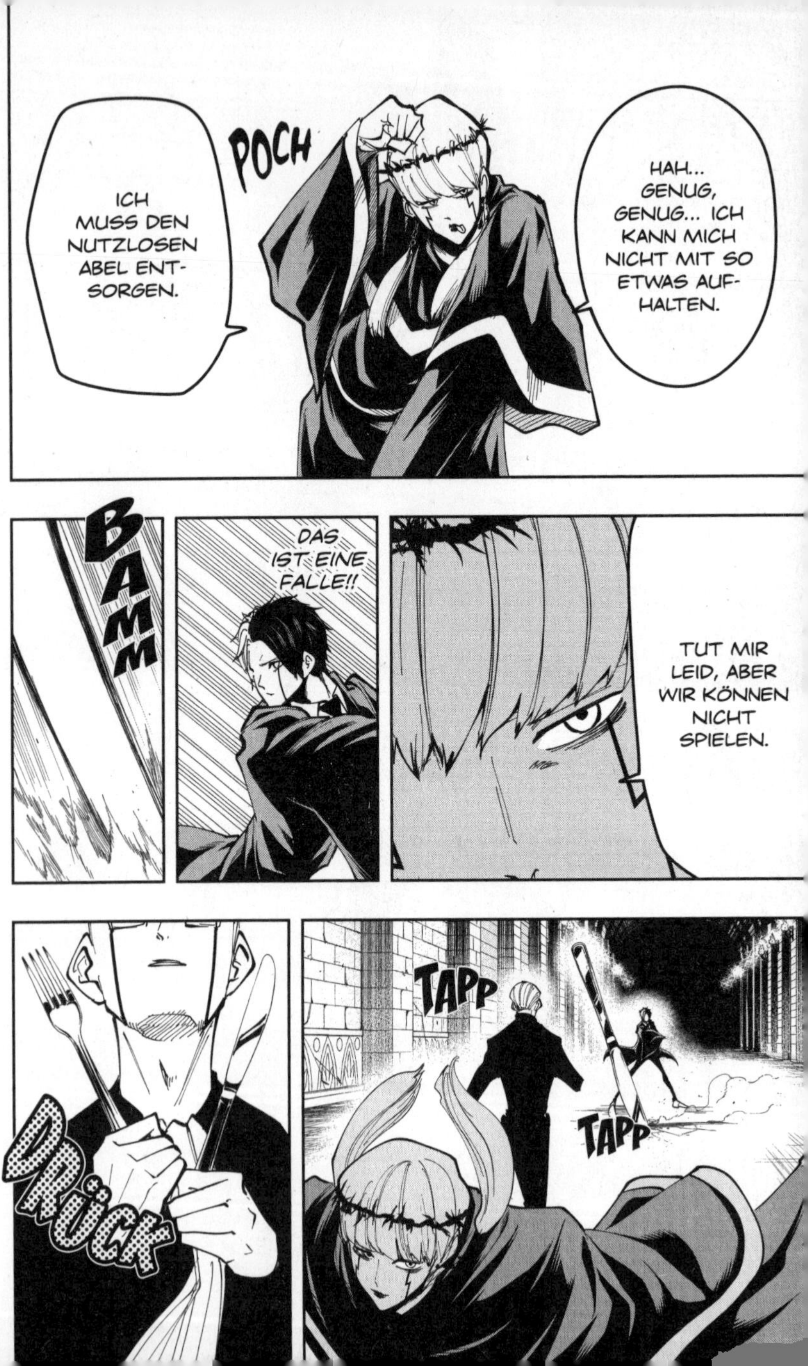
HAH... GENUG, GENUG... ICH KANN MICH NICHT MIT SO ETWAS AUF-HALTEN.
POCH
ICH MUSS DEN NUTZLOSEN ABEL ENT-SORGEN.
TUT MIR LEID, ABER WIR KÖNNEN NICHT SPIELEN.
DAS IST EINE FALLE!!
BAMM
TAPP
TAPP
DRÜCK

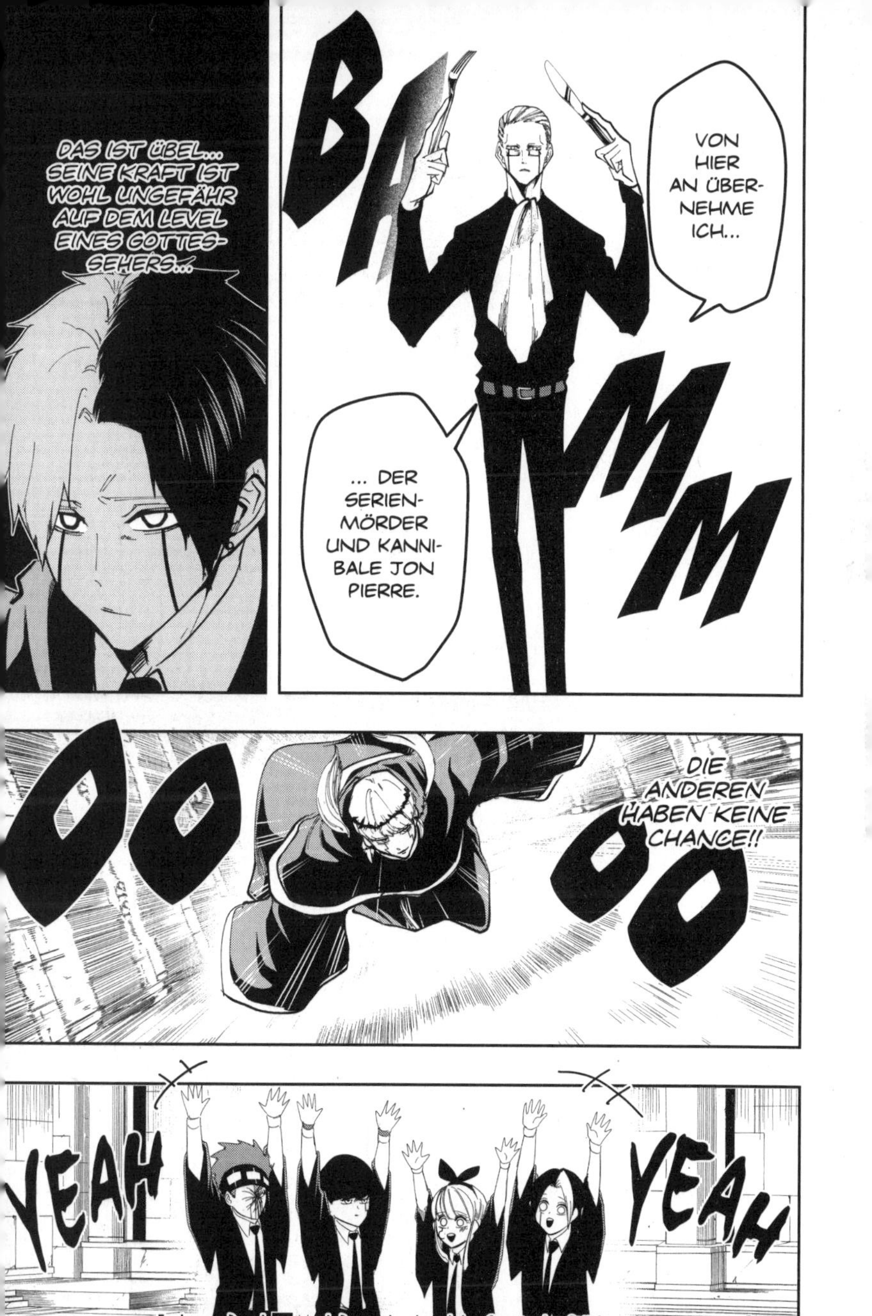

Ende von Band 4 Mash Burnedead und das Gesetz des Stärkeren

Frage-Antwort-Ecke ② Q&A

F.4 GIBT ES IN DER WELT DER MAGIE BASEBALL?

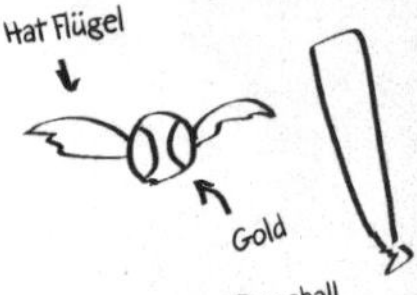

magisches Baseball

A.4 Ja!! Ihre Kultur unterscheidet sich zwar von der unseren, aber Baseball existiert. Es hat jedoch eine etwas andere Form angenommen. Ähnlich wie sich auch Schriftzeichen je nach Kultur unterschiedlich entwickelt haben...

F.5 GIBT ES IN DER WELT DER MAGIE BOWLING?

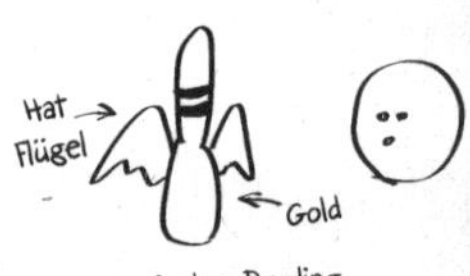

magisches Bowling

A.5 Ja!! Ihre Kultur unterscheidet sich zwar von der unseren, aber Bowling existiert. Es hat jedoch eine etwas andere Form angenommen. Ähnlich wie sich auch Schriftzeichen je nach Kultur unterschiedlich entwickelt haben...

F.6 WIE ENTSCHEIDEN DIE MAGIA LUPUS IHRE RÄNGE?

A.6 Durch die Anzahl der gesammelten Münzen.

F.7 WANN HAT ABEL FINN GEFANGEN?

A.7 Nach dem Kampf mit Nummer Vier, als Rayne sie verlassen hat.

F.8 WIE KANN MASH WINDBEUTEL ESSEN, OHNE EINE SAUEREI ZU MACHEN?

A.8 Wenn er reinbeißt, saugt er mit immenser Kraft die Sahne aus dem Inneren.

F.9 KANN MASH AUCH ETWAS ANDERES, ALS WINDBEUTEL ZUZUBEREITEN?

A.9 Nicht wirklich!!

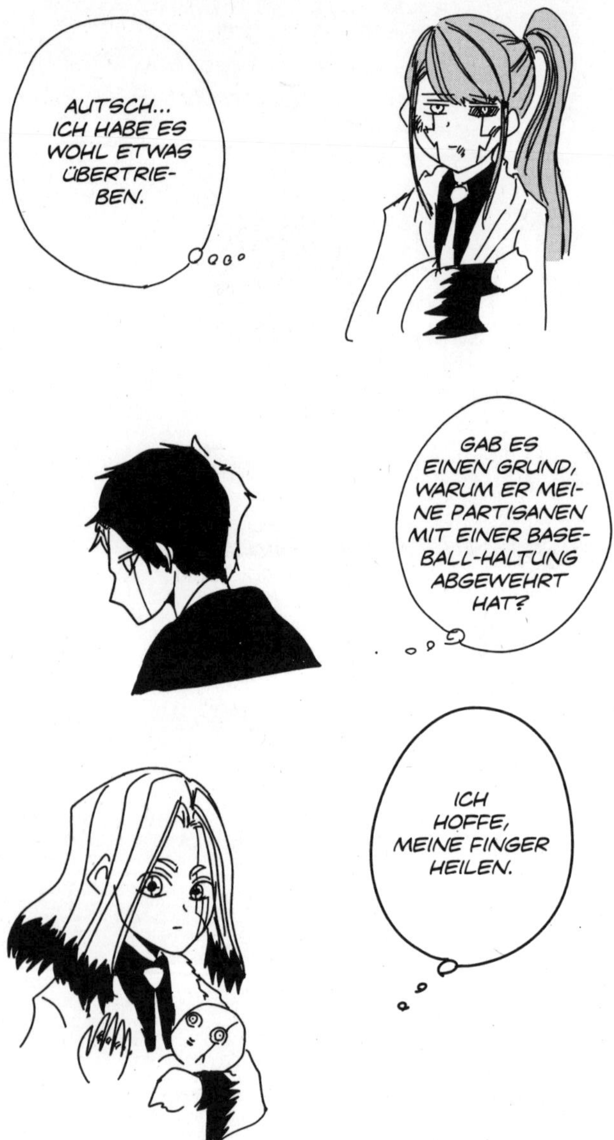
AUTSCH... ICH HABE ES WOHL ETWAS ÜBERTRIE-BEN.
GAB ES EINEN GRUND, WARUM ER MEI-NE PARTISANEN MIT EINER BASE-BALL-HALTUNG ABGEWEHRT HAT?
ICH HOFFE, MEINE FINGER HEILEN.

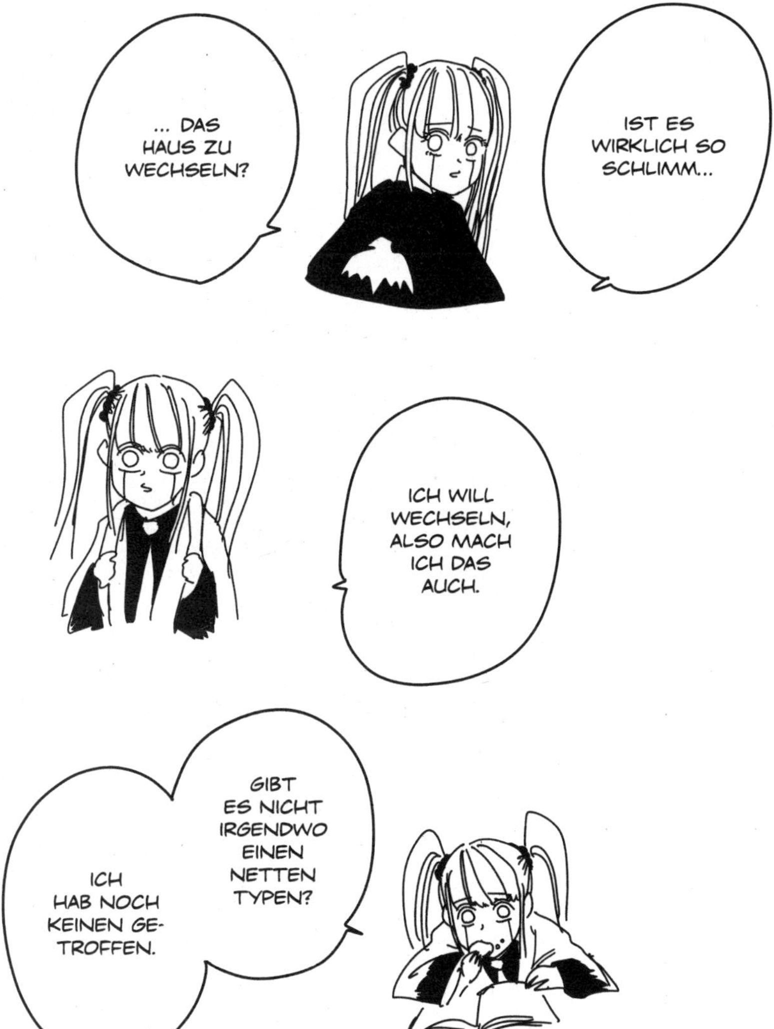
IST ES WIRKLICH SO SCHLIMM...
... DAS HAUS ZU WECHSELN?
ICH WILL WECHSELN, ALSO MACH ICH DAS AUCH.
GIBT ES NICHT IRGENDWO EINEN NETTEN TYPEN?
ICH HAB NOCH KEINEN GE-TROFFEN.

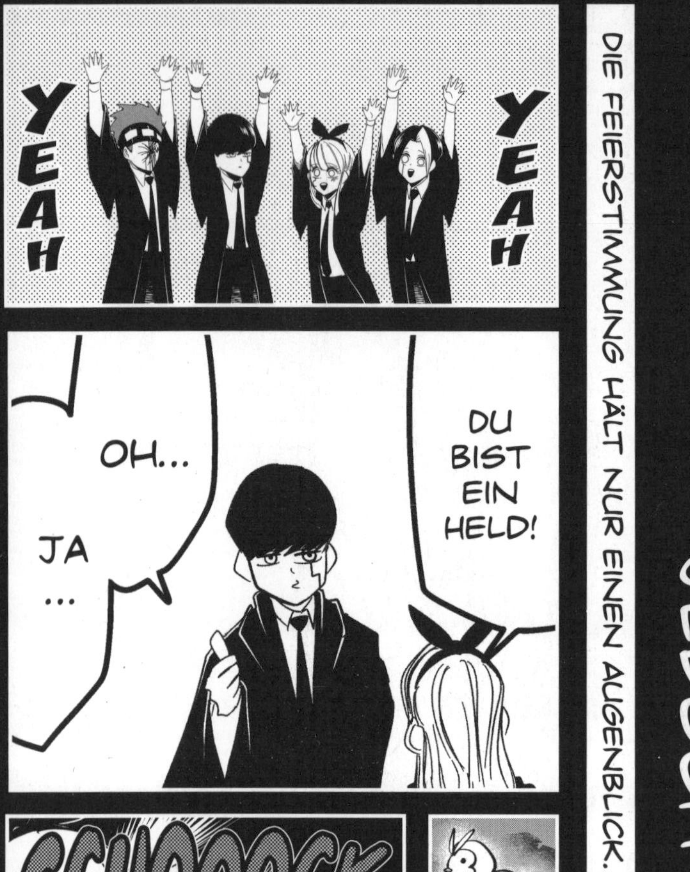
DIE MAGIA LUPUS SIND VERNICHTET! JEDOCH ...
DIE FEIERSTIMMUNG HÄLT NUR EINEN AUGENBLICK...
YEAH
YEAH
DU BIST EIN HELD!
OH... JA ...
SCHOOOCK
DIESER BENGEL RAFFT ABER AUCH GAR NICHTS...

MASHLE 5

VOR MASH TAUCHT EIN NEUER FEIND AUF!! UND DIE GOTTESSEHER TRETEN IN AKTION?!

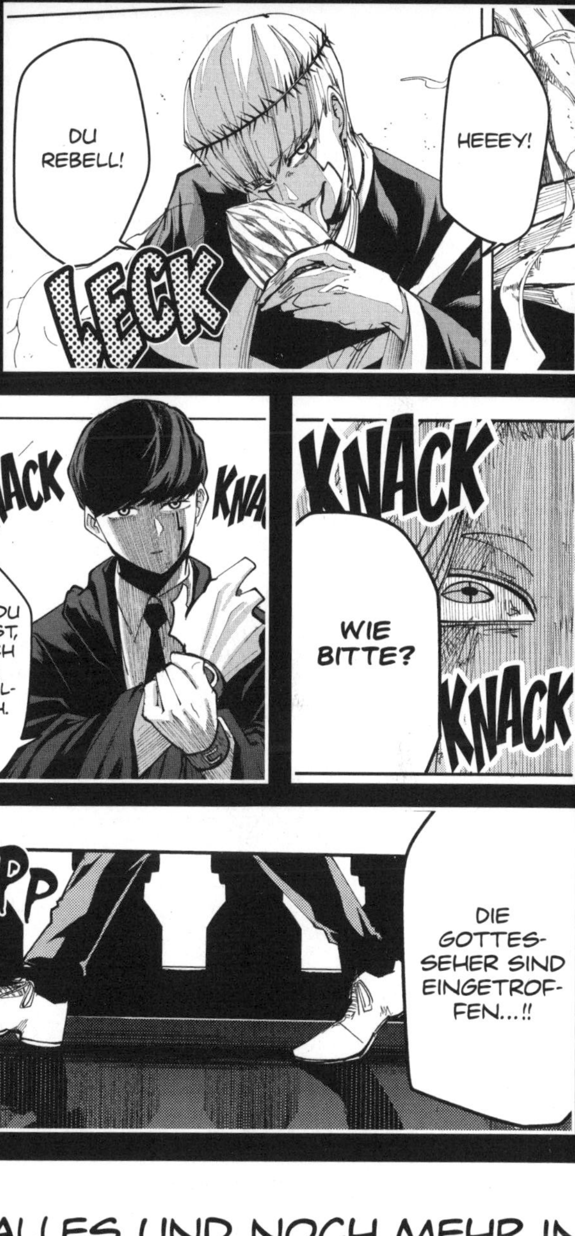

DAS ALLES UND NOCH MEHR IN

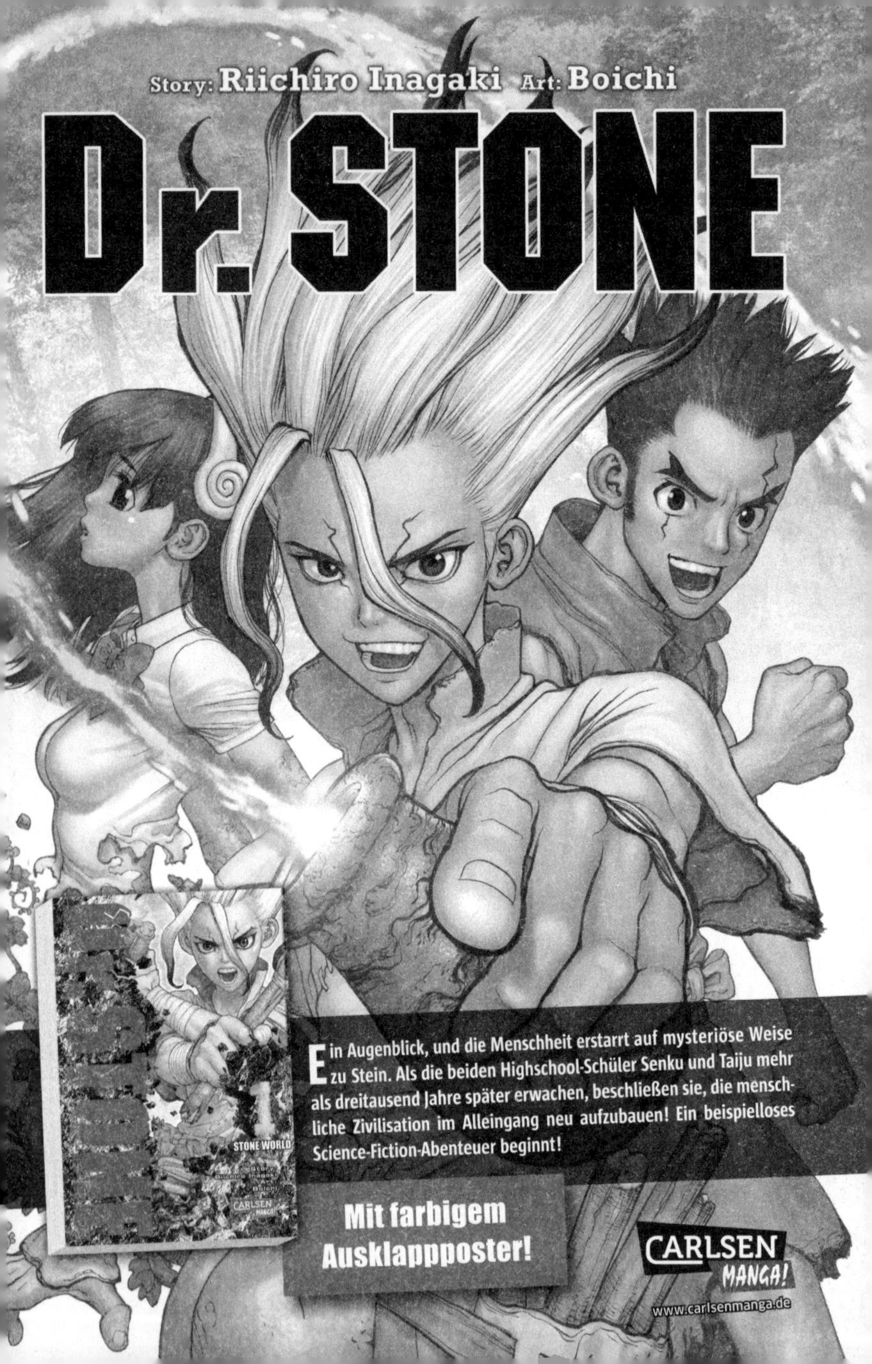
Story: Riichiro Inagaki Art: Boichi
Dr. STONE
1
STONE WORLD
Ein Augenblick, und die Menschheit erstarrt auf mysteriöse Weise zu Stein. Als die beiden Highschool-Schüler Senku und Taiju mehr als dreitausend Jahre später erwachen, beschließen sie, die menschliche Zivilisation im Alleingang neu aufzubauen! Ein beispielloses Science-Fiction-Abenteuer beginnt!
Mit farbigem Ausklappposter!
CARLSEN MANGA!
www.carlsenmanga.de

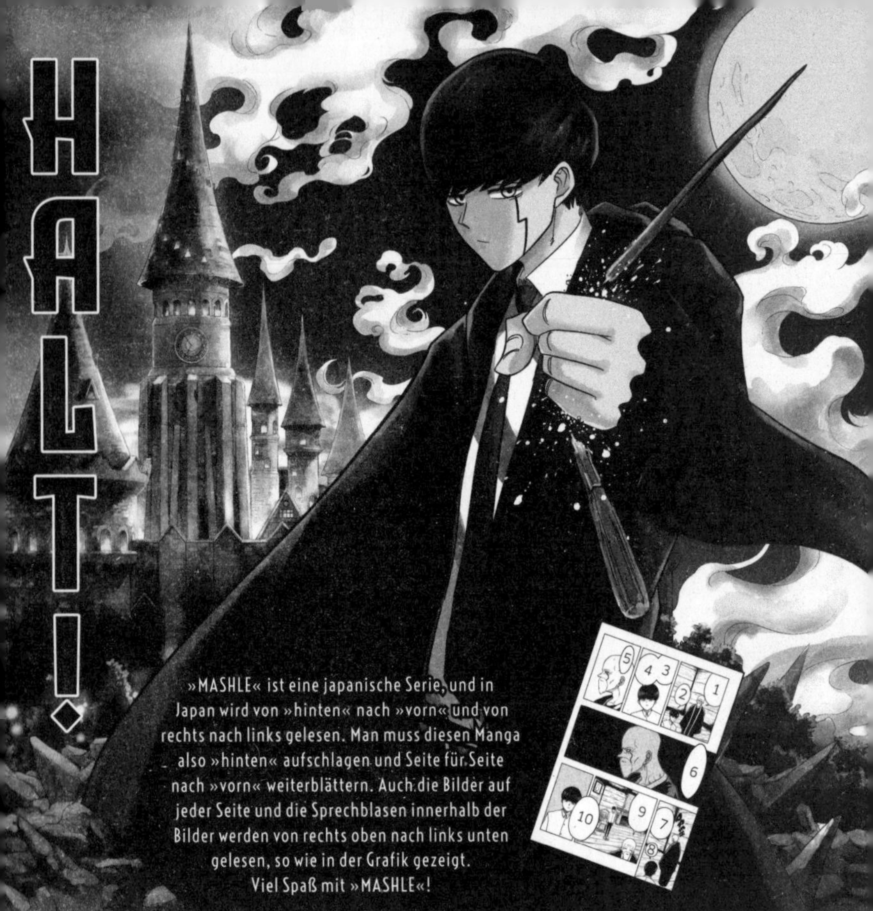

HALT!

»MASHLE« ist eine japanische Serie, und in Japan wird von »hinten« nach »vorn« und von rechts nach links gelesen. Man muss diesen Manga also »hinten« aufschlagen und Seite für Seite nach »vorn« weiterblättern. Auch die Bilder auf jeder Seite und die Sprechblasen innerhalb der Bilder werden von rechts oben nach links unten gelesen, so wie in der Grafik gezeigt.
Viel Spaß mit »MASHLE«!

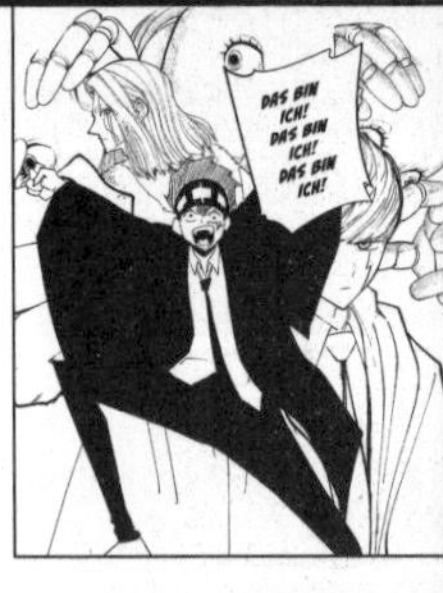

CARLSEN MANGA! NEWS jeden Monat neu per E-Mail
www.carlsenmanga.de · www.carlsen.de

CARLSEN MANGA
Deutsche Ausgabe/German Edition

Aus dem Japanischen von Katrin Stamm

First published in Japan in 2020 by SHUEISHA Inc., Tokyo.
German translation rights in Germany, Austria, Luxembourg and German-speaking Switzerland arranged by SHUEISHA Inc. through VME PLB SAS, France.
Redaktion: Philipp Nakata
Textbearbeitung: Steffi Korda
Herstellung: Tobias Hametner

ISBN: 978-3-551-02477-0

MIX
Papier | Fördert gute Waldnutzung
FSC® C083411
Klimaneutrales Produkt